suhrkamp taschenbuch
wissenschaft 11

R. F.
V 75

Siegfried Kracauer, geb. 1889, starb 1966 in New York. Bis 1933 gehörte er dem Redaktionsverband der Frankfurter Zeitung an. Er emigrierte über Frankreich in die USA. Publikationen: *Soziologie als Wissenschaft, Ginster, Die Angestellten, Jacques Offenbach und das Paris seiner Zeit, Propaganda and the Nazi War Film, From Caligari to Hitler, Satellite Mentality, Theory of Film, Das Ornament der Masse.*

Kracauers *Geschichte — Vor den letzten Dingen* ist kein Versuch, eine Philosophie oder Methodologie der Geschichte in Form einer systematischen Darstellung zu liefern. Die »anders geartete Wissenschaftlichkeit von Geschichte« — Kracauer schreibt ihr epische Qualitäten zu — inspiriert ihn zu dem Vergleich mit der Fotografie. Kracauer betont aber, daß Geschichte keine Wissenschaft und Fotografie keine Kunst sei. Kennzeichnend für den ästhetischen Ansatz, den er in die Geschichtsschreibung einbringt, ist die »Akkuratesse im Approximativen«. Sie führt zu bemerkenswerten Einsichten.

Siegfried Kracauer
Geschichte –
Vor den letzten Dingen

Suhrkamp

Titel der Originalausgabe: *History. The Last Things Before The Last*
Aus dem Amerikanischen von Karsten Witte

suhrkamp taschenbuch wissenschaft 11
Erste Auflage 1973

Druck: Nomos, Baden-Baden
Printed in Germany
Umschlag nach Entwürfen
von Willy Fleckhaus und Rolf Staudt

Inhalt

Vorwort

Als Siegfried Kracauer am 26. November 1966 starb, waren seine Freunde nicht nur betrübt über sein unerwartetes Hinscheiden, sondern auch besorgt, was aus dem Buch zur Geschichte werde, dem während seiner letzten Jahre seine Hauptbeschäftigung galt und das er, als er starb, unvollendet hinterließ. Offensichtlich war, aus seinen Unterredungen und Abschnitten des Manuskriptes, die er ausgewählten Lesern und Diskussionsgruppen vorstellte oder im Vorabdruck veröffentlichte, daß Kraucauer zum Thema Geschichte Bedeutendes zu sagen hatte, und da er auf das Thema erst spät in seinem Leben stieß und in seinen früheren Schriften wenig davon handelte, stellt das Buch über Geschichte eine neue Facette in Kracauers Denken dar, ohne die unsere Würdigung, unser Verständnis des Menschen und Denkers unvollständig bliebe. So war es eine große Erleichterung für seine Freunde und Kollegen zu erfahren, daß die meisten Kapitel des Buches von Kracauer vor seinem Tod abgeschlossen waren und daß er für die noch nicht ausgearbeiteten Abschnitte detaillierte Exposés hinterließ, die hinreichten, die Lücken zu füllen und die Richtung des Gedankens zu verstehen. Wir alle sind Frau Lili Kracauer und der Oxford University Press zu Dank verpflichtet für die aufgewandte Sorgfalt, dieses wichtige Werk zu erhalten und uns und anderen Lesern vorzustellen in einer Form, in der es zu uns sprechen kann.

Der Name Siegfried Kracauers war mir vertraut seit der Zeit, als ich in den Zwanziger Jahren in Heidelberg studierte und viele der Artikel, die er in der *Frankfurter Zeitung* veröffentlichte, mit Bewunderung verfolgte. Obwohl ich ihn erst später in New York kennenlernte, entwickelte sich unsere Bekanntschaft zu einer Art enger Freundschaft, die unter älteren Leuten sich weder leicht noch oft einstellt. Wir unterhielten uns sehr häufig, persönlich und am Telephon, und Kernpunkt dieser Unterredungen war das Thema, das ihn in diesen Jahren am meisten beschäftigte und das zudem eines meiner Hauptinteressen war: Geschichte.

Wenn Kracauer auch wenig lehrte oder Vorlesungen hielt, nahm er doch aktiv an vielen Kolloquien und Diskussionsgruppen, einschließlich des Seminars über Interpretation an der Columbia Universität teil. Wohl in mehr als einer akademischen Disziplin gebildet, gehörte Kracauer zu keiner einzigen Disziplin oder Sparte und schon gar nicht zu einer besonderen philosophischen Schule. Er war Philosoph, Soziologe, Historiker und vor allem Kritiker und Schriftsteller. Im Rückgriff auf viele verschiedene Quellen gelang es ihm, sie seinem eigenen originalen Denken anzugleichen und bedeutende Beiträge zu einer Reihe verschiedener Fachrichtungen zu leisten. Er zeigte sich desinteressiert und mißtrauisch gegen rigide Systeme und Methoden und war bemerkenswert immun gegen Modeströmungen und Kompromisse. Gesättigt mit genuiner Erfahrung, die viele Facetten menschlicher Realität in sich umfaßte, beeindruckte er sowohl durch den Reichtum seiner Einsichten wie die Sicherheit und Klarheit seines Ausdrucks. Die Kraft seines Stils spiegelt die seines Denkens, und je weniger ihm daran lag, seine Worte den vorübergehenden Tagesmoden anzupassen, desto mehr wird er künftigen Lesern zu sagen haben.

Kracauers Mißtrauen gegen fixierte und definitive Denksysteme sitzt tief und ist bewußt. Er meidet jegliche Theologie, und seine Haltung zur fachlichen Philosophie ist ambivalent. Er bewundert Husserl, doch hauptsächlich seiner Neigung zur *Lebenswelt* wegen. Er bewundert Erasmus gerade deshalb, weil er es ablehnt, eine je fixierte theologische oder philosophische Stellung zu formulieren oder zu beziehen. Kracauers Beharren auf dem, was konkret und persönlich ist, läßt ihn Schriftstellern wie Proust oder Kafka näher stehen als den klassischen Philosophen. Weil er unserer Fähigkeit, »die letzten Dinge« kraft philosophischer oder theologischer Systeme zu erfassen, keinen Glauben schenkt, ist Kracauer so sehr mit der »vorläufigen Einsicht in die letzten Dinge vor den letzten« befaßt. Wenn Geschichte Kracauer ihrer vorläufigen Natur wegen anzieht, so auch aus einem anderen Grund. Als Gelehrter und Moralist hat Kracauer den tiefen Wunsch, »die Bedeutung von Bereichen herauszuschälen, deren Anspruch, um ihretwillen anerkannt zu werden, noch nicht Genüge geschah«, und »die Rehabilitierung von Zielen und Verhaltensweisen zu erreichen, die eines Namens noch ermangeln und folglich übersehen oder falsch beurteilt werden«. Dieses Interesse, wie Kracauer selbst wohl wußte, verbindet sein späteres Werk über Geschichte mit seinen früheren Werken, die scheinbar so verschiedenen Problemen galten, und insbesondere mit seinen Studien zur Photographie und zum Film. So war es ihm möglich zu betonen, daß Geschichte keine Wissenschaft sei, in dem Maß, wie die Photographie keine Kunst, und aus einem Vergleich von Geschichte und Photographie einige bemerkenswerte Einsichten zu gewinnen.

In Übereinstimmung mit Kracauers allgemeiner Haltung versucht das vorliegende Buch nicht, eine Philosophie oder Methodologie der Geschichte in Form einer systematischen Darlegung zu liefern. Es ist eher zu betrachten als eine Reihe von Meditationen über einige Grundprobleme, wie sie das Schreiben und Verstehen von Geschichte aufwirft. Er tendiert dazu, die allgemeinen, von Hegel und Nietzsche, Spengler und Toynbee, Croce und Collingwood formulierten Geschichtstheorien zu kritisieren und die Theorien von Heidegger und den analytischen Philosophen nicht zu berücksichtigen. Kracauer ist eher geneigt – und ich teile diese Neigung –, auf die ausübenden Historiker, auf Ranke und Huizinga und besonders auf Burckhardt, auf Droysen und Marrou, Pirenne und Bloch, auf Butterfield, Kaegi, Hexter und Kubler zu hören. Kracauer ist scharf im Kritisieren und gut im Zitieren und dennoch in Kritik wie Zustimmung von eigener Einsicht geleitet. Seine meisterliche Kritik an Croces Geschichtstheorie des »Gegenwart-Interesses« wie seine Kritik an Nietzsche oder an der »kurrenten Vorliebe für Sozialgeschichte« ist einmal mehr zeitgemäß geworden. Und einige seiner treffenden Einsichten sollten zu weiterem Denken und Studieren Anstoß geben. »Die Geschichte der Ideen ist eine Geschichte von Mißverständnissen ... Die Annahme, die Marxisten und Nichtmarxisten gleichermaßen teilen, daß die Errichtung eines Zustandes der Freiheit von materieller Not zu gegebener Zeit der condition humaine schlechthin zugutekäme, hat viel von Wunschdenken an sich ... Die Auswirkungen von gesellschaftlichen Übereinkommen auf den Gang der Kultur sind ziemlich trübe.« Vergleicht Kracauer den Historiker mit einem Schaulustigen oder spricht von der Exterritorialität des Exils, so kommt ihm eigene Erfahrung zugute. Und legt er dar, daß Wahrheit in der Zeit wie über ihr sei, liefert er einen Schlüssel zum Verständnis der Philosophiegeschichte und Geistesgeschichte, der als Ansatz gelten darf.

Für mehrere wichtige Fragen zögert Kracauer eine definitive Lösung anzugeben, formuliert aber eher ein Problem und eröffnet so den Weg zu weiterem Denken. Die Diskrepanz zwischen allgemeiner und besonderer Geschichte oder, wie er es nennt, Makro- und Mikro-Geschichte erweist sich als ernstes Dilemma. Kracauer scheint der Ansicht, daß die Ergebnisse der Spezialforschung so kompliziert sind und einer Verallgemeinerung widerstreben, daß der Allgemeinhistoriker sie zum größten Teil nicht zur Kenntnis nehmen kann. Ich neige dazu, etwas mehr Hoffnung zu hegen und zu glauben, daß die Ergebnisse der Spezialforschung nach einem gewissen Zeitraum die allgemeinen Geschichten *(histories)* durchdringen, und daß die Verschiedenheit widersprüchlicher Einzelheiten in Form von vergleichenden und qualifizierten Erörterungen in den Griff zu kriegen ist.

Ein anderes Grunddilemma, auf das Kracauer mit Nach-

druck weist, ohne es zu lösen, ist jenes zwischen chronologischer und »geformter« Zeit, oder zwischen der allgemeinen Folge all der Ereignisse, die in einem gegebenen Zeitraum sich abspielen, und der besonderen Folge von Ereignissen, die nur einem bestimmten Bereich oder einer Tradition zu eigen sind. Auch hier wäre ich wieder optimistischer und versuchte, die Betonung auf den Pluralismus der Kulturgeschichte zu legen und dennoch den Begriff einer universalen Kulturgeschichte beizubehalten, zumindest als regulative Idee im kantischen Sinn.
Kracauers Weigerung, ein System zu formulieren, zeitigt zudem das willkommene Ergebnis, daß sein Buch weit weniger fragmentarisch ist, als man vom Zustand, in dem er es hinterließ, erwarten sollte. Jedes Kapitel, jeder Abschnitt, ja jeder Satz hat Substanz und trägt, abgesehen vom Stellenwert, den sie im Buch als Ganzes einnehmen, sich selbst. Seine Einführung legt dar, wie Kracauer zum Thema Geschichte fand, und bestimmt den Ort, den das Buch in bezug auf seine früheren Werke einnimmt. Das erste und zweite Kapitel handeln vom Status der Geschichte im Vergleich zu den Naturwissenschaften. Das dritte Kapitel enthält eine Kritik der Geschichtstheorie des »Gegenwart-Interesses«. Kapitel 4, »Die Reise des Historikers«, unterstreicht die Konkretheit geschichtlicher Ereignisse und erörtert die Frage, in welchem Maß der Historiker seinen eigenen subjektiven Ansatz überwinden könne. Kapitel 5, »Die Struktur des historischen Universums«, diskutiert das Dilemma zwischen allgemeiner und besonderer Geschichte. Kapitel 6, »Ahasver oder das Rätsel der Zeit«, gilt in erster Linie dem Dilemma von chronologischer und »geformter« Zeit. Kapitel 7, »Allgemeine Geschichte und ästhetischer Ansatz«, liegt schon gedruckt vor und handelt von der Beziehung zwischen Geschichte und den Künsten. Das letzte Kapitel, »Der Vorraum«, erörtert die Beziehung zwischen Geschichte und Philosophie und setzt einen Akzent auf die vermittelnde Natur der Geschichte.

Dankbar begrüße ich die Aufforderung, einem Buch, das es kaum nötig hat, einige Zeilen vorauszuschicken. Denn dieses Buch verkörpert viel von dem, was ich an Kracauer als Mensch, Denker und Schriftsteller am meisten bewunderte. Kracauer war einer der zivilisiertesten Menschen, die ich je kannte, und begabt mit einem unfehlbaren Sinn für das, was genuin ist und was falsch in der Welt, in der wir leben, und in den Traditionen, die dahinterstehen. Indem er aus diesen Überlieferungen wählte, was er für wert und wahlverwandt erachtete, vermochte er, seine ihm eigene Welt zu errichten. Zutief weiß ich mich mit dem Geist, aus dem sich sein Gesamtwerk herschrieb, einig. Ich bewundere seine Erfahrung und Einsicht wie den Ausdruck, den er ihr zu geben vermochte. Ich habe das Gefühl, daß alles, was Kracauer sagt, auf eine Welt verweist, die wirklich ist, auf seine Welt, die mir teilweise eigen ist und die ich mir ganz zu eigen wünschte. Alles, was er sagt und schreibt, ist ein kostbares Zeugnis seines Denkens und Lebens und einer Welt, die er, unvollkommen wie sie ist, erfuhr, erlitt und meisterte. Er trägt eine Botschaft, die in den schrillen Schlagworten des Tages hoffentlich nicht untergeht, sondern weiterhin gehört wird, solange das Wissen und Vermögen unserer Zivilisation, alt und beständig neu, seine Bedeutung für die bewahrt, die lesen und denken, leben und handeln wollen im Einklang mit ihrem Denken.

New York, Columbia Universität
August 1968 *Paul Oskar Kristeller*

Vorbemerkung

Als der Autor dieses Buches 1966 starb, hatte er bereits in so gut wie endgültiger Form die Kapitel 1, 2, 3, 4, die erste Hälfte des 5. Kapitels und Kapitel 7 abgeschlossen.* Das letztgenannte wurde in *Poetik und Hermeneutik III*, München 1968, veröffentlicht. Für die zweite Hälfte des Kapitels Fünf hinterließ er eine Übersicht und einen Abriß. Zu Kapitel Sechs existiert ein Exposé und der Essay *Time and History*, veröffentlicht in: *Zeugnisse, Theodor W. Adorno zum sechzigsten Geburtstag*. Frankfurt a. M. 1963; außerdem in: *History and Theory*, Beiheft 6, Middletown, Conn. 1966. Exposé und Essay waren zu verschmelzen. Zu Kapitel Acht hinterließ der Autor ein Exposé, das an einigen Stellen weniger detailliert war.

Die Exposés des Autors für die nicht vervollständigten Kapitel enthielten die Grundideen wie auch Hinweise auf Zitate, die dem Text einzufügen waren. Doch mußte die endgültige Wahl hinsichtlich des Inhaltes der Zitate wie des genauen Ortes ihrer Einfügung getroffen werden. Es existiert eine große Anzahl Zettelkästen, die wichtiges Material an Gedanken und Kommentaren des Autors enthalten, das zu einem gewissen Grad in den Text eingewoben wurde. Um die Exposés der nicht abgeschlossenen Kapitel und verwandtes Material zur Veröffentlichung einzurichten, war es unumgänglich, verbindende Wörter und Sätze beizusteuern, Zitate einzufügen und oft aus anderen Quellen zu übersetzen wie auch bei verschiedenen Fassungen einiger Abschnitte eine Entscheidung zu treffen. Außer diesen editorischen Entscheidungen blieb der Text, wie ihn der Autor hinterließ.

* (Der Abschnitt über Erasmus aus der Einführung, S. 20–25, erschien im Vorabdruck in *Ernst Bloch zu ehren*, hrsg. von S. Unseld, Frankfurt am Main 1965, S. 150–55.)

Einführung*

Die antiken Historiker pflegten ihre Geschichten mit einer kurzen autobiographischen Vorrede einzuleiten – als ob sie den Leser unverzüglich über ihren Standort in Zeit und Gesellschaft in Kenntnis setzen wollten, jenen archimedischen Punkt, von dem sie alsdann aufbrachen, die Vergangenheit zu durchstreifen. Ihrem Beispiel folgend darf ich wohl erwähnen, wie ich kürzlich unvermutet entdeckte, daß mein Interesse an Geschichte – das vor etwa einem Jahr sich geltend machte und von dem ich bislang annahm, es sei durch den nachhaltigen Eindruck unserer gegenwärtigen Situation auf meinen Intellekt hervorgerufen – eigentlich aus den Ideen hervorging, die ich in meiner *Theorie des Films* auszuführen suchte. Indem ich mich Geschichte zuwandte, führte ich nur Gedanken fort, die in jenem Buch manifest waren. Und während dieser Zeit war ich mir dessen nicht bewußt, sondern nahm vielmehr an, ich bewegte mich auf Neuland und entginge so einer Voreingenommenheit, die viel zu lange mich im Bann gehalten hatte. Auf einmal hatte ich entdeckt, daß mich Geschichte in Beschlag nahm, und zwar nicht weil sie außerhalb meiner bisherigen Arbeiten lag, sondern weil sie mich in den Stand setzte, auf ein viel weiteres Feld anzuwenden, was ich vorher gedacht hatte. Blitzartig wurden mir die vielen Parallelen klar, die zwischen Geschichte und den photographischen Medien, historischer Realität und Kamera-Realität bestehen. Vor kurzem stieß ich auf meinen Aufsatz zur »Photographie«** und war völlig überrascht festzustellen, daß ich den Vergleich von Historismus und Photographie bereits in diesem Artikel aus den Zwanziger Jahren gezogen hatte. War ich denn

* Die Einführung wurde von Januar 1961 bis Februar 1962 geschrieben.
** (in Kracauer, *Das Ornament der Masse*, S. 21–39.)

bislang mit Blindheit geschlagen? Seltsame Macht des Unterbewußten, die einem verborgen hält, was so offensichtlich und kristallklar ist, deckt es schließlich sich selbst auf. Diese Entdeckung beglückte mich aus zweierlei Gründen: unerwartet bestätigte sie die Legitimität und innere Notwendigkeit meiner historischen Studien, und gleichzeitig rechtfertigte sie mir selbst gegenüber und im Nachhinein die Jahre, die ich mit der *Theorie des Films* zugebracht hatte. Dieses Buch, das immer eine Ästhetik der photographischen Medien, nicht mehr und nicht weniger, hat sein wollen, erscheint mir nun, da ich den Schleier, der die innigsten Bemühungen einhüllt, durchdrungen habe, in seinem wahren Licht: als ein weiterer Versuch von mir, die Bedeutung von Bereichen herauszuschälen, deren Anspruch, um ihretwillen anerkannt zu werden, noch nicht Genüge geschah. Ich sage »ein weiterer Versuch«, weil ich genau das mein Leben lang versucht habe – in den *Angestellten**, vielleicht in *Ginster*** und bestimmt in *Offenbach****. So schließen alle meine Hauptbemühungen, so unzusammenhängend an der Oberfläche sie erscheinen, sich auf lange Sicht zusammen: sie alle dienten und dienen noch einzig der Absicht, jene Ziele und Verhaltensweisen zu rehabilitieren, die eines Namens noch ermangeln und folglich übersehen oder falsch beurteilt werden. Vielleicht trifft das weniger für Geschichte als für Photographie zu, obwohl auch Geschichte eine Geistesrichtung kennzeichnet und eine Region der Wirklichkeit abgrenzt, die, ungeachtet all dessen, was über sie geschrieben wurde, immer noch auf weite Strecken *terra incognita* ist.

Ich darf auf zwei oder drei Gründe verweisen, die mich in verstärktem Maß dazu bewogen, Geschichte zum Mittelpunkt meiner Bemühungen zu machen. Der erste ist das Verlangen, zu einem besseren Verständnis der Probleme zu

* (jetzt in: *Schriften*, Bd. 1)
** (jetzt Bibliothek Suhrkamp, Bd. 107)
*** (jetzt München 1962)

gelangen, auf die wir in der Auseinandersetzung mit Zeiten der Vergangenheit stoßen, die etwa ähnliche Erfahrungen durchmachten. Natürlich kann die Kenntnis dessen, was damals geschehen ist, uns nichts über unsere eigenen Aussichten verraten, doch setzt sie uns zumindest in den Stand, auf den Schauplatz gegenwärtigen Geschehens mit Distanz zu blicken. Geschichte gleicht Photographie unter anderem darin, daß sie ein Mittel der Entfremdung ist.

Als Beispiel sei auf einen Sachverhalt verwiesen, der die Luft, die wir einatmen, förmlich durchdringt: die gewaltige Expansion unserer physischen und geistigen Umwelt. Es wird schwierig, nicht in globaler Sicht zu denken, und die Vision vom Ganzen der Menschheit ist nicht mehr aus der Luft gegriffen. Doch so, wie die Welt zusammenrückt – virtuell sind wir allgegenwärtig –, so weitet sie sich, jeder Kontrolle entzogen, auch aus. Vertrieben aus unserer vertrauten Umgebung sind wir in den offenen Raum geworfen, in dem viele herkömmliche Ansichten und gewohnte Verfahren nicht mehr gelten. Die sich daraus ergebende Ungewißheit über die Form der Dinge und die Richtungen, die einzuschlagen wären, wird noch erhöht durch den Zusammenbruch von Teilen unseres Ideensystems. Insbesondere denke ich an den Vertrauensschwund, der die fortschrittliche Natur der Wissenschaft betraf, was die jubelnden Anhänger der Idee des Fortschritts wie ein Schlag traf. Daher das weitverbreitete Gefühl von Machtlosigkeit oder Verlassenheit. Und so wie in der hellenistischen Ära, als die Geborgenheit in der Gemeinde einer kosmopolitischen Verwirrung wich, scheint dieses Gefühl der Verlorenheit in unbezeichnete und feindliche Räume nach zwei Richtungen zu wirken. Es erzeugt ein allgemeines Mißtrauen gegen Ideologien und löst so den Bann, den sie uns auferlegten; und bringt im Gegenteil viele, vermutlich die meisten Leute soweit, nach dem Obdach eines einigenden und stärkenden Glaubens anzustehen.

Religiöse Einbildung und theologische Spekulation im helle-

nisierten Universum eröffneten spirituelle Dimensionen, die dem modernen Menschen keineswegs unzugänglich sind. Hängen wir ihnen gar nach? Wir sind vielmehr einer Aufgabe konfrontiert, die die Spätantike noch nicht voraussehen konnte. Dank unserer technologischen Fertigkeit sind wir gerüstet und daher verpflichtet zu versuchen, die materiellen Bedingungen, unter denen der größte Teil der Menschen noch immer lebt, zu verbessern. Die Annahme übrigens, die Marxisten und Nichtmarxisten gleichermaßen teilen, daß die Errichtung eines Zustandes der Freiheit von materieller Not zu gegebener Zeit der condition humaine schlechthin zugutekäme, hat viel von Wunschdenken an sich. Kulturelle Bedürfnisse und geistige Neigungen dürften sich verflüchtigen, sind sie zeitweilig eingeklammert oder auf gefällige Art in Obhut genommen, um den Massen zu entsprechen. (Ist die Plattheit des modernen Denkens, die in dieser Behauptung anklingt, vielleicht der Preis, den wir zu zahlen haben für unser unvermeidliches Aufgehen im sozio-ökonomischen Aspekt menschlicher Verhältnisse?)
Der zweite Grund für meine Eingenommenheit für Geschichte ist etwa das Gegenteil des ersten: weit entfernt vom Bezug auf aktuelle Streitfragen gründet sie in einem wohlwollenden Interesse – einem quasi antiquarischen Interesse – an gewissen Momenten der Vergangenheit. Sie neigen sich mir zu wie Prousts Geisterbäume, die ihm eine Botschaft mitzuteilen schienen. (Manchmal frage ich mich, ob mit fortschreitendem Alter nicht unsere Empfänglichkeit zunimmt für das sprachlose Plädoyer der Toten; je älter man wird, desto mehr sieht man sich gezwungen zu erkennen, daß seine Zukunft die Zukunft des Vergangenen – Geschichte – ist.)
Grob gesagt gilt mein Interesse dem statu nascendi großer ideologischer Bewegungen, jenem Zeitraum, da sie noch nicht institutionalisiert waren, sondern mit anderen Ideen sich um die Herrschaft stritten. Und es konzentriert sich weniger auf die Richtung, die die triumphierenden Ideologien in

der Folge einschlugen, als auf die Fragen, die zur Zeit ihres Auftauchens zur Debatte standen. Ich sollte sogar sagen, daß es primär um diese Debatten selbst kreist und besonders die Möglichkeiten erwägt, die Geschichte einer Erforschung nicht für wert erachtete.

Dieses Interesse geht mit einer Erfahrung Hand in Hand, die Marx einmal prägnant auf einen Nenner brachte, als er erklärte, er selbst sei kein Marxist. Gibt es je einen einflußreichen Denker, der seine Gedanken nicht vor dem zu schützen hätte, was seine Anhänger – oder auch seine Feinde – daraus machen? Jegliche Idee wird plump, platt und verzerrt auf ihrem Weg durch die Welt. Die Welt vereinnahmt sie nur nach Maßgabe ihres eigenen Verstandes und Bedarfs. Wird aus einer Vision erst eine Institution, ziehen Staubwolken auf, die ihre Konturen und Inhalte verwischen. Die Geschichte der Ideen ist eine Geschichte von Mißverständnissen. Mit anderen Worten, eine Idee bewahrt ihre Integrität und Weite nur so lang, wie sie der Verfestigung eines weithin sanktionierten Glaubens ermangelt. Vielleicht ist der Zeitraum ihres Anbeginns den Wahrheiten, auf die sie inmitten der Zweifel zielt, am meisten transparent.

Man könnte hier einwenden, daß Geschichte solche Zäsuren nicht kenne, daß vielmehr die Kontroverse erst in Gang komme, nach dem eine Idee – oder ihr Überbleibsel – zur Macht gelangte. Tatsächlich ist die Tradition jeder herrschenden Lehre eine Geschichte (*story*) fortgesetzter Versuche, sie wie prekär auch immer aktuellen Forderungen und sich stets ändernden Situationen anzupassen. Und diese Versuche, die Lehre neu auszulegen, dürften weit von ihr ablenken: Kein Dogma ist immun gegen Ketzerei und Korrosion. Doch selbst dann scheint der Eingangsphase einer angenommenen Idee eine ihr eigene Signifikanz zuzukommen, die sie von allen folgenden Phasen abhebt. Träfe dies nicht zu, so enthielte die Geschichte vieler machtvoller Glaubensrichtungen keine Kräfte, die dazu neigen, ihr Ziel aus der Zeit ihrer

Entstehung zu rechtfertigen. Stets entspringen solche Anstrengungen der Überzeugung, daß das herrschende Glaubensbekenntnis der Epoche durch Akkreszenz, Fehlauffassung und Mißbrauch korrumpiert sei, die zusammen sein kostbares Inneres trüben. Und es ist logisch, daß diese Ansicht das Verlangen äußert, die Beschädigung, die Tradition erwirkt, aufzuheben und jenes Glaubensbekenntnis in seiner ursprünglichen Reinheit wiederherzustellen. Von seinem korrumpierten Zustand, in dem es gleichwohl noch erkennbar ist, wendet sich der Blick auf seine noch unbefleckten Ursprünge. So ein Fall ist Luther. Auch seine Entwicklung zeigt, daß die Rückkehr zu den Quellen oft einem kühnen Aufbruch gleichkommt, in dem sich der Restaurator als Innovator erweist.

Wie auch immer, ich verspüre eine immense Anziehungskraft jeweils der Ära, die der endgültigen Errichtung des Christentums in der graeco-romanischen Welt, der Reformation, der kommunistischen Bewegung voranging. Die Faszination, die sie auf mich ausüben, muß mit meiner Vermutung zusammenhängen, daß sie eine Botschaft bringen, die ähnlich bedeutend und schwer faßlich ist wie jene der Bäume, die Prousts Mitgefühl erregten. Und was wäre die Botschaft? Soviel ist sicher: sie findet sich nicht unter den Auseinandersetzungen jener Zeiträume, sondern ist versteckt in ihren Zwischenräumen. Sie liegt zum Beispiel in der Debatte zwischen Celsus und Origenes verborgen oder in den religiösen Disputen zwischen Katholiken und den Reformern. Ihr Standort ist bezeichnend für den Inhalt. Die Botschaft, die ich meine, betrifft die Möglichkeit, daß keiner der widerstreitenden Standpunkte das letzte Wort sei zu den letzten Fragen, um die es geht; daß es im Gegenteil eine Weise des Denkens und Lebens gibt, die, sofern wir ihr Folge leisteten, gestattete, daß wir uns erschöpfend durch die Standpunkte hindurcharbeiten, um uns ihrer zu entledigen – eine Weise, die in Ermangelung eines besseren Ausdrucks, oder eines Ausdrucks überhaupt, human zu nennen wäre. Werner Jaeger spielt darauf an, wo er das Verlangen nach wechselseitiger Durchdringung von griechischer Kultur und christlichem Glauben im 2. Jahrhundert erörtert: »Schließlich hatten beide Seiten anzuerkennen, daß ... letzten Endes eine Einheit und ein gemeinsamer Kern an Ideen zwischen ihnen existierte, die ein so sensitiver Denker wie Santayana nicht zögerte ›humanistisch‹ zu nennen ...« Im Grunde genommen scheiterten beide Seiten darin, jene letztendliche »humanistische« Einheit zu erlangen. Muß ich ausdrücklich erwähnen, daß ihre Möglichkeit sich zu jedem Zeitpunkt der Kontroverse bietet, die den historischen Prozeß durchzieht? Es gibt immer Löcher in der Wand, durch die wir entweichen können und das Unwahrscheinliche sich einschleichen kann. Und obschon die Botschaft des Humanen virtuell allgegenwärtig ist, meldet sie nicht mit gleicher Dringlichkeit zu aller Zeit ihren Anspruch an. Zweifellos ist diese Botschaft, ob sie aufgenommen wird oder nicht, besonders dringlich und deutlich zu Zeiten, in denen Geburtswehen folgenschwerer Ideen nachklingen. Dann kommen die Antagonisten zusammen und sehen sich herausgefordert, die fundamentalen Fragen zu stellen, anstatt dieses oder jenes Scheinproblem anzugehen, das kraft Tradition auf sie kam.

Die Figur des Erasmus, der unter den Antagonisten einer solchen Ära lebte, ohne ihnen anzugehören, illustriert einen Großteil von dem, was bislang gesagt ist, so auffällig, daß ich der Versuchung nicht widerstehen kann, einige Bemerkungen über ihn einzublenden. Sie gründen sich auf die Annahme, daß ihm, soweit es seine Situation nur ermöglichte, gelang, einen Weg zu zeigen, von ideologischen Zwängen frei zu leben; daß alles an ihm in der Tat den Stempel des Humanen trug.

Erasmus wurde es nie müde, diese Botschaft zu verbreiten. Seine Ausgaben des Neuen Testaments in Griechisch und der Kirchenväter sowie seine *Adagia* und *Colloquia* in ihrem beständigen Verweis auf griechische und lateinische Autoren bezeugen eindeutig sein Verlangen, die originale

Schlichtheit christlicher Lehre neu zu beleben und die Alten, die er bewunderte, in die Gemeinschaft der Heiligen aufzunehmen. Seine Satiren gegen das Klosterwesen und die Korruption des Klerus waren nicht weniger Gemeingut als seine Forderungen nach Kirchenreform aus dem Geist des christlichen Humanismus. Er ließ sich auch so leicht keine Gelegenheit entgehen, seine Ideen über die erbärmlichen Verhältnisse der Armen, die Knauserei der Fürsten wie über andere weltliche Affären zu verbreiten. Seine Traktate und Briefe wimmeln von Stellungnahmen zu aktuellen Fragen und vermitteln Einsichten, deren oft weitreichender Modernismus vieles seiner entdogmatisierten christlichen Ansicht verdankt. Er verabscheute Gewalt und sympathisierte mit dem gemeinen Mann, der schlichten Seele. Dies alles wußten seine Zeitgenossen. Sie wußten weiter, daß er unwillig war, Partei zu ergreifen, und eindeutigen Entscheidungen auswich. Und sie konnten nicht umhin zu notieren, daß er Positionen, wie sie ihm Päpste und Könige anboten, durch die Bank zurückwies. (Die landläufige Meinung, daß er dabei aus dem Bewußtsein seiner Unabhängigkeit gehandelt habe, ist ein Paradefall von Denkfaulheit.)
Der Schluß, Erasmus ragte wie ein Denkmal hervor, auf das alle Blicke fallen, scheint unvermeidbar. Es ist jedoch merkwürdig, daß er trotz allen Freimuts sich jeder Festlegung entzog. »Niemandem war es vergönnt«, so schrieb ein Freund, »Erasmus ins Herz zu blicken, und dabei ist es von eloquentem Gehalt erfüllt.«
Geheimnisse fordern den Interpreten auf den Plan. Allem Anschein nach wirkte die psychologische Ausrichtung von Erasmus auf die Struktur seines Geistes sich bedeutsam aus. Es sollte deshalb möglich sein, die verschiedenen Aspekte dieser Figur aus einer gemeinsamen hypothetischen Quelle abzuleiten. Ein solcher Versuch ergäbe weniger Einblick in Erasmus' Innerstes, deckte aber zumindest einige jener Kräfte auf, die dessen Inhalte formten. Nun fallen bei Erasmus persönliche Neigungen und intellektuelles Streben in

eins und legen nahe, daß er besessen von der Furcht vor allem endgültig Fixierten war. Um das Gleiche im Hinblick auf sein geistiges Ich zu sagen: er war wesentlich von der Überzeugung motiviert, daß die Wahrheit aufhört wahr zu sein, sobald sie zum Dogma wird und so die Ambiguität verwirkt, die sie als Wahrheit kennzeichnet. Seine Furcht – oder sollte ich es seine Sehnsucht nach vollkommener Unmittelbarkeit nennen? – spiegelte diese Überzeugung; eine eher spirituelle als psychologische Furcht, die zum großen Teil mit seinem Zug zur Mystik identisch ist, der in der Literatur wiederholt zur Sprache kommt.

Alles geht auf, vergegenwärtigt man sich erst einmal diese Furcht als Hauptmovens hinter den Kulissen. Dann liegt die selbstverständliche Erklärung verschiedenartiger, scheinbar unverbundener Charakterzüge des Erasmus in den Wirren jener Furcht. Sie macht einem sein Mißtrauen gegen philosophische Spekulation, seine mangelnde Bereitschaft verständlich, an theologischen Disputen teilzunehmen, die notgedrungen auf ein Sammelsurium kategorischer Behauptungen hinausliefen. Sie erklärt seinen eingefleischten Widerwillen gegen jede bindende Verpflichtung und seine skeptische Haltung zu vorgeblichen Lösungen gewisser religiöser Probleme, die man, wie er gelegentlich bemerkte, besser auf den Tag verschöbe, an dem »wir Gott gegenüberstehen«. Und sie lag natürlich auf dem Grund seines Hasses gegen absolute Selbstbewußtheit, in der sich Luther gütlich tat, derselbe, dessen Besinnung auf die Bibel und Kämpfe gegen Mißstände der Kirche Erasmus unbeirrbar guthieß und so Gefahr lief, noch stärker in Polemiken verwickelt zu werden, die ihm schwer zu schaffen machten.

Seine Furcht vor dem Fixierten erklärt noch entschiedener den Standort, den sein christlicher Humanismus unter den widerstreitenden Ideologien des Zeitraums einnehmen sollte. Gewiß hat auch Erasmus eine Sache verfochten, in dem Maß wie er sich für religiöse Erneuerung und gesellschaftliche Verbesserungen einsetzte. Da jedoch seine Aversion gegen

Formeln und Rezepte mit geronnenen Gehalten ihm Anlaß war, seine Ideen in sozusagen flüssigem Zustand zu halten, war es undenkbar, daß sie sich in einem institutionalisierten Programm verfestigten. Schon von der Anlage her lag ihr wahrer Ort in den Zwischenräumen von katholischer, kraft Tradition gefestigter Lehre und dem erstarkenden Glauben der Reformer. Es wäre sogar anzunehmen, daß Erasmus seine eigene Botschaft, hätte er sich ihr in Gestalt einer dieser Glaubensrichtungen konfrontiert gesehen, verworfen hätte oder selbst nicht länger für sie eingestanden wäre; ihr Einfluß auf die Massen wäre zu einem Preis erstanden, den er zu zahlen nicht bereit war. Seine Sache nämlich war, den historischen Ursachen den Prozeß zu machen.
Dies hat für die Weise, in der die Welt auf Erasmus einging, gewichtige Folgen. Der weltweite Ruf, den er schnell gewann, zeigt an, daß zumindest einige seiner Ideen und Bestrebungen bei breiten Schichten Anklang fanden. Abgesehen von seinem Einfluß auf die Spiritualisten, die spanischen Mystiker und später auf die aufgeklärten Geister des 18. Jahrhunderts – Einflüsse, die zum Teil Mißverständnissen zuzuschreiben sind –, wies er die Theologen zurück auf die Quellen der Christenheit, breitete das Evangelium des Humanismus aus und ermutigte zu freierem Ausdruck des Wortes. Es herrscht kein Zweifel, daß sein Einsatz für eine bessere Gesellschaft, sein Glaube an Vervollkommnung kraft Wissen und Erziehung und sein Beharren auf dem, was immer wieder mit Toleranz verwechselt wird, jenem Verlangen eine Stimme verlieh, dessen Existenz der milde Glanz, der sein Bild in der Öffentlichkeit umgibt, zu bestätigen scheint. Viele dürften Erasmus begrüßt haben als Befreier, der sie aus Beschränktheit und Befangenheit des Geistes erlöste. In der »Erasmus-Atmosphäre«, um Walther Koehlers Ausdruck aufzunehmen, konnten sie freier atmen.
Doch waren sie vereinzelt in der Menge; sie scharten sich nicht um Erasmus. Praktisch hatte seine Botschaft nur geringe Konsequenz; sie schuf eher eine Bewegtheit als eine

Bewegung, eine Stimmung, so unfaßbar wie ein vergänglicher Schein in der Nacht, ein Versprechen im Märchen. Es gab Lutheraner, keine Erasmianer. Wie sollte es anders sein? Erasmus wollte Institutionen verändern, gewiß, aber ohne daß die Welt sein innerstes Sehnen mittels Institutionalisierung korrumpierte. Aus dieser alles durchdringenden Furcht vor dem Fixierten bewahrte er seine Sache davor, zu einer »Sache« zu verkommen, obwohl er sich bewußt war, daß sein Widerwille, sich zu »engagieren«, Unterliegen besagte. »Ich fürchte«, schrieb er sieben Jahre vor seinem Tod, »daß schließlich die Welt den Sieg davontragen wird.«
Und genauso kam es: die Welt, eine in Lager geteilte Welt, verwischte seine Absichten und Ziele. Ungeachtet, daß er weithin sichtbar war, blieb Erasmus größtenteils unsichtbar. Konservativen Katholiken wie Reformern gebrach es gleichermaßen an einer Sprache, eine Botschaft zu erfassen, die den Lehren, denen sie anhingen, zuwiderlief und sie transzendierte. Die Sprache, die sie führten, war jeweils auf die Sache eingeschaltet, die sie vertraten. So verschwand Erasmus' Vision hinter einem Schleier von Fehldeutungen. Kein Wunder, daß er zwischen allen denkbaren Stühlen saß. Luther schalt ihn groberweise einen Epikureer, was bedingt zutrifft, und eifernde Scholastiker klagten ihn an, eine religiöse und soziale Revolution in Gang gesetzt zu haben, was ebenfalls nicht ganz falsch ist. Und da er seinem eigenen Rat folgte, wenn er in den widerstreitenden Lehren das Gute vom Schlechten schied, stellten ihn die streitbaren Antagonisten, gekränkt durch seine Weigerung, in die Rolle eines Parteigängers gedrängt zu werden, als Schwächling dar, der verantwortungslos zwischen Rom und Wittenberg schwankte und Zuflucht bei nutzlosen Kompromissen suchte.
Vom Standpunkt der Welt aus gesehen war Erasmus in der Tat ein unsicherer Kantonist. Er verteidigte die Erhebung der deutschen Bauern als einen Aufstand des Elends und der Verzweiflung, sobald sie jedoch sich in Exzessen ergingen, gestand er (betrübt) die Unumgänglichkeit re-

pressiver Gegenmaßnahmen zu. Er griff die Verstocktheit einer Tradition an, die gegen die philologische Revision heiliger Texte sich sperrte, ermahnte aber die Frommen, die herkömmlichen Mißstände geduldig zu ertragen, mit dem Argument, es sei unmöglich, eine neue Welt über Nacht zu schaffen. Seine ausweichende Haltung zum Heiligenkult und zur Beichte – Institutionen, die er weder kritisierte noch aus ganzem Herzen bejahte – vermochte nur, den Eindruck seiner ihm eigenen Ambiguität zu stärken. Und diese Ambiguität ging einher mit seinen endlos wiederholten Plädoyers für friedliche Abkommen um jeden Preis. »Ich schätze Eintracht in solchem Maße«, schrieb Erasmus 1522, »daß ich fürchte, sollte sich ein Streit erheben, entsagte ich eher einem Teil der Wahrheit, als den Frieden zu stören.«
Diese Worte weisen auf die Motive, die hinter seinem Verhalten stehen. Bei Erasmus ist der Begriff des Friedens mit christlichen Bedeutungen aufgeladen. Er ließ eine Erfüllung jenseits der etablierten Glaubensrichtungen erahnen, die für die unerreichbare Wahrheit nur armseligen Ersatz boten und nichts bewirkten als Konflikte und Blutvergießen. Was die unerschütterlich Frommen unter Katholiken und Protestanten als unentschiedenes Wanken an ihm brandmarkten, war in Wirklichkeit nur die äußere täuschende Erscheinung seiner standhaften Entschlossenheit, sich geradewegs in Richtung Frieden, wie er ihn vor Augen hatte, zu begeben. Zum Glück war er ein vorzüglicher Navigator; denn wie die Dinge lagen, war er gezwungen, seinen Weg zwischen den rivalisierenden Parteien mit Umsicht und Geschick zu steuern. Und obwohl er auf Mittelkurs hielt, oder was der Welt so schien, war Erasmus das Gegenteil eines Kompromißlers. Sein Bemühen, die Abtrünnigen der Gemeinde wieder zuzuführen und der Kirche die Dringlichkeit nach Reformen klarzumachen, war nicht Folge von opportunistischen, von Grund auf anti-utopischen Erwägungen, sondern lief vielmehr auf einen zuäußerst unnachgiebigen Versuch hinaus, die Streitfragen auszuräumen, die der Ankunft

des Friedens im Wege standen. Utopische Visionäre verdammen alle, die sich an den Mittelweg halten, mit der Behauptung, daß jene im Versuch, den Zustand der Unvollkommenheit zu perpetuieren, die Menschen bedenkenlos verrieten. Im Fall des Erasmus war der Mittelweg der direkte Pfad nach Utopia – der Weg des Humanen. Nicht von ungefähr war er der Freund von Thomas Morus.

Daß die meisten seiner Zeitgenossen einen Ansatz, der seine Bedeutung gänzlich verloren hätte, wäre er zu einer Glaubenssache geworden, nicht zur Kenntnis nahmen, liegt in der Natur der Dinge. Die Frage ist, ob Erasmus selbst sich Rechenschaft ablegte, wohin der eingeschlagene Weg ihn führen würde. Seine Botschaft deutete auf einen Abgrund: hat er seine Tiefen ausgelotet? In einem seiner *Colloquia* läßt er Eusebius den Protagonisten, die göttliche Macht in den Himmel heben, die antike Autoren wie Cicero oder Plutarch bewegt habe, und dazu erwägen, daß »der Geist Christi vielleicht weiter verbreitet ist, als uns erkenntlich«. Was Eusebius in dieser Form auf einen Nenner bringt, ist in Wahrheit das Denken von Erasmus. Erasmus war der Meinung (und stützt sich dabei auf die Apologetiker und den verehrten Origenes, daß auch die heidnischen Weisen von göttlicher Offenbarung inspiriert waren und daß, aufgrund der strahlenden Manifestation des Logos in Jesus Christus, das Christentum die Konsummation des Besten der Antike sei. Diese Erweiterung des Christentums auf das virtuelle Ziel aller würdigen nichtchristlichen Strömungen erlaubte ihm, seine Verehrung des »Sancte Socrates« mit seinem Glauben an die Transsubstantiation zu versöhnen und die christliche Eigenart seiner humanistischen Belange zu bekunden. Die Humanität, nach der er strebte, hielt er für einen Auswuchs der Freiheit eines Christenmenschen.

Bei allem, was wir wissen, könnte es hierbei bleiben. Aber ist es die ganze Geschichte (*story*)? Bekanntlich gilt Erasmus als so unergründlich wie freimütig. Es dürfte aber etwas geblieben sein, was er unausgesprochen ließ, – Dinge vielleicht, die zu gefährlich waren, um offenbart zu werden? Um eine Vermutung in einer Sache zu wagen, die für immer sein Geheimnis bleibt: es ist nicht gänzlich aus der Luft gegriffen, daß Erasmus beim Erwägen seines Wegs und Ziels zu Schlüssen gelangte, die ihn mit solchem Entsetzen erfüllten, daß er sie lieber in seinem Innersten verschloß. Er mag vielleicht den Verdacht gehegt haben, daß er letzten Endes auf etwas zielte, was jenseits der Grenze des Christentums lag, und daß sein Vorhaben, zu Ende gedacht, in Wahrheit war, die Mauern der Verfestigung samt ihren Dogmen und institutionalen Abkommen ein für alle Mal niederzureißen, um jener »letztendlichen Einheit« willen, die die gerechten Sachen wollen und vereiteln.

Einer alten jüdischen Legende zufolge gibt es in jeder Generation sechsunddreißig Gerechte, die die Welt aufrechterhalten. Ohne ihre Gegenwart würde die Welt zerstört werden und untergehen. Doch keiner kennt sie, noch wissen sie selbst, daß die Welt verschont ist vom Verhängnis, weil sie da sind. Die unmögliche Suche nach diesen verborgenen Gerechten – sind es auch wirklich sechsunddreißig in jeder Generation? – scheint mir eines der erregendsten Abenteuer, auf die Geschichte sich einlassen kann.

Sollte der Leser erwarten, daß die bisherigen Äußerungen in eigentlichen historischen Studien mündeten, fürchte ich, er wird durch das Folgende enttäuscht sein. Denn wie der Autor des *Tristram Shandy* komme ich vor lauter Schwierigkeiten und Reflexionen, die bildlich gesprochen der Geburt meines Helden vorausgehen, nicht weiter. So ist vielleicht der Hauptgrund für meine Beschäftigung mit Geschichte ein Drang, mehr über die Verfassung und Bedeutung dieser umstrittenen Wissenssparte herauszufinden. Ist Geschichte, nachdem sie von der Herrschaft metaphysischer Spekulation und theologischen Dogmas sich mehr schlecht als recht emanzipierte, eine Wissenschaft geworden? Ihr Anspruch auf Wissenschaftlichkeit ist keineswegs unbestritten. Noch kann behauptet werden, sie sei eine Kunst, obschon sie Züge eines literarischen Genres enthält. Und selbstredend ist sie auch keine Angelegenheit impressionistischer Meinungen. Geschichte, wie wir heute wissen, liegt irgendwo zwischen den Dimensionen, wie sie von diesen Vorhaben und Vorlieben abgesteckt sind. Sie gehört einem vermittelnden Bereich an. Doch ist dieser Bereich noch längst nicht als solcher anerkannt. Der herkömmliche Habitus des Denkens läßt uns vor seiner Existenz die Augen schließen. Besonders der wissenschaftliche Ansatz und philosophische Besessenheit von letzten Fragen neigen dazu, die Probleme zu entstellen, die historisches Forschen aufwirft. Ich werde im folgenden versuchen, einige dieser Probleme – so zum Beispiel die Besonderheit der »historischen Realität«, die Beziehungen zwischen Gegenwart und Vergangenheit, die Beziehungen zwischen Geschichten auf verschiedenen Stufen von Allgemeinheit, die Frage, ob die historischen Schriften zugrundeliegende Subjektivität nicht sich transzendieren könne etc. – in einer Perspektive zu bestimmen, die ihrer besonderen Natur Genüge tut. Mein Ziel ist hierbei, den vermittelnden Bereich von Geschichte als einen Bereich eigenen Anspruchs zu begründen – jenen der vorläufigen Einsicht in die letzten Dinge vor den letzten.

I. Natur

Moderne Historiographie hat sich in gewissem Maße – unter großen Schwierigkeiten und zu beträchtlichem Preis – von den alten philosophisch-theologischen Spekulationen über die (vorgebliche) Bedeutung des totalen Geschichtsprozesses emanzipiert. Doch wie steht es mit ihren Beziehungen zu den eigentlichen Wissenschaften? Wer diese Frage aufwirft, nimmt einen ehrwürdigen Streit wieder auf, der schon deutsche Historiker im 19. Jahrhundert zum Zweifronten-Krieg veranlaßte: kaum hatten sie mehr schlecht als recht sich abgemüht, hegelianischer Metaphysik und eingefleischter theologischer Vorverständnisse sich zu entledigen, wandten sie sich gegen die Versuche eines Comte und Buckle, Geschichte in den Rang einer Wissenschaft zu »erheben«.[1] Es sei erinnert auch an Dilthey und sein beharrliches, ja heroisches Bemühen, diese antiwissenschaftliche Attitüde aufzuwerten, indem er den *Geisteswissenschaften*, wie er den Zweig der historischen Wissenschaften nannte, eine von den *Naturwissenschaften* unterschiedene Art des Ansatzes beimaß: jenen geht es darum, geschichtliches »Leben« zu »verstehen«, wo diese hingegen Gesetze in den Brennpunkt stellen, die natürliche Prozesse steuern.[2] Er hielt sich für den Kant der Geschichte und war gewissermaßen der Philosoph des Historismus. Und obschon von seinen Ideen ein beträchtlicher Einfluß ausging, gelang es ihm nicht, die vordringliche Streitfrage zu klären. Natürlich gelang dies auch Rickert nicht, dessen formale Differenzierung zwischen individualisierender, wertgebundener historischer Methode und generalisierender, wertfreier wissenschaftlicher Methode ein schwacher Widerhall von Einsichten ist, die bei Dilthey umfassender und wesentlicher waren.[3] Man könnte eher sagen, die Debatte, ob Geschichte als Wissenschaft anzusehen sei oder nicht, füllt weiterhin die Fachorgane und hält ungemindert an.[4] Der Fortgang, den sie nimmt, legt nahe, daß die Tendenz heute erklärtermaßen dahin läuft, Historiographie in den Bereich der exakten Wissenschaften einzubringen. Ermahnungen in dieser Hinsicht kamen aus unvermuteter Richtung: Valéry, im Bann von Transparenz und Reinheit wissenschaftlicher Methode, macht den Allgemeinhistorikern zum Vorwurf, unkritisch von wirren Annahmen auszugehen, und fordert sie auf, ihre Axiome und Postulate wie ein Naturwissenschaftler akkurat darzulegen.[5] Daß sein Rat auf der Linie bestehender Präferenzen liegt, darf aus einem Gutteil zeitgenössischer Theorie und Praxis geschlossen werden. So erklärt Hans Mommsen 1961 in einem Artikel über die historische Methode, daß Dilthey und Rickert darin irrten, allen Nachdruck auf das Interesse des Historikers am Individuellen und Einzigartigen zu legen. Ihre These gilt nicht mehr, meint er, weil es ihr nicht gelingt, gewissen Ähnlichkeiten von historischen und wissenschaftlichen Verfahren gerecht zu werden. Historiker typisieren, setzen ihr Vertrauen in Verallgemeinerungen und sind wie die Naturwissenschaftler bestrebt, die eine oder andere Arbeitshypothese zu verifizieren.[6] Diese Neudefinitionen reflektieren und anerkennen einen tatsächlichen Richtungswechsel historischer Studien. Im Hinblick auf die Zukunft seiner Zunft äußerte Marc Bloch im Zweiten Weltkrieg die Hoffnung, daß Geschichte – »eine Wissenschaft im Werden« – der »Embryonalform des Erzählens« (*récit*) entwachsen, Legende und Rhetorik abstreifen werde, um ein »kritisch-analytisches Unternehmen« zu werden.[7] Geht Geschichte diesen Weg? In jedem Fall ist das einst geehrte Genre des Erzählens nicht weiter attraktiv, wo analytische Darstellungen eine prominente Rolle einnehmen – eine Interessenverlagerung, die dem Aufkommen von Studien zur Sozialgeschichte spürbar zugute kam. Aus welchem Grund auch immer, diese Wende vom Erzählen zum Argument, vom Beschreiben zur heuristischen Untersuchung spielt sich in einem intellektuellen

Klima ab, das ihr günstig ist. Das Prestige der Wissenschaft kann gar nicht umhin, den Trend zu stärken, wie er Bloch und Valéry vorschwebte. Ich kann mir wohl vorstellen, daß manch ein Historiker wegen der hybriden Natur seines Mediums an Schuldgefühlen leidet. Um das Bild abzurunden, darf ich noch erwähnen, daß einige ergebene Sozialwissenschaftler und Anthropologen sich sonnen in jenem Prestige und die herkömmliche Historiographie mit einer Mischung von Verachtung und Herablassung scheel ansehen, die schlichtweg erheiternd ist. Einer von ihnen nennt die »Geschichtsschreibung ... so wie man sie bislang handhabte ... ein semi-rationales Unterfangen« und vergleicht diejenigen, die damit befaßt sind, ohne Zögern mit den »Barden noch wenig entwickelter Völker«.[8] Schwerlich ist das, was einen Historiker ausmacht, gröber zu verkennen. Da tauchen wieder die »zwei Kulturen« von Snow auf: den literarisch Gebildeten dürfen die Feinheiten der Kernphysik entgehen, ihre Antipoden werden das schon wieder wettmachen.

Offenbar würden die Chancen für Barden, sich zu Wissenschaftlern zu entwickeln, merklich steigen, könnte man zeigen, daß menschliche Verhältnisse von Gesetzen gelenkt werden, die für die Beziehungen zwischen wiederholbaren Elementen der historischen Realität gelten. Es ist darauf zu achten, daß der Begriff »Gesetz« hier nicht im strengen Sinn verwendet ist; er deckt sowohl die naturwissenschaftlichen Gesetze, die uns Voraussagungen ermöglichen, wie die von Wissenschaften wie Psychologie, Ökonomie, Sozialwissenschaften und Anthropologie angestrebten »Gesetze«, die allesamt verschiedene Aspekte menschlicher Natur, menschlichen Verhaltens untersuchen. Die »Gesetze« dieser sogenannten »Verhaltenswissenschaften« – eine Fachbezeichnung, die eher irreführend ist – sind höchstens Annäherungen an die eigentlichen Naturgesetze. Sie treffen auf Ereignismuster zu, die sich perpetuieren mögen oder nicht; und der ihnen eigene Anspruch, über die Zukunft zu herrschen, ist kaum mehr als vermeintlich. Aus der Sicht der Historiographie jedoch kann man die Natur- und Verhaltenswissenschaften ohne Bedenken zusammenfassen, weil auch letztere (anscheinend) invariante Ähnlichkeiten suchen und konstruieren.* Nun ist nicht von der Hand zu weisen, daß die Verhaltenswissenschaften, deren Material sich mit dem der Geschichte überschneidet, einen reichen Ertrag an »Gesetzen« mit historisch signifikanten Daten einbringt – eine Tatsache, die häufig im Verweis auf statistische Regelmäßigkeiten im sozialen Leben illustriert wird.[9] Keine Frage, daß ihre Funde historischen Schriften zugute kommen sollten. Gilbert Murray hat bereits zu einem Zeitpunkt, als viele seiner Kollegen es noch ablehnten, über die Grenzen der herkömmlichen klassischen Gelehrsamkeit zu schauen, mit Nachdruck auf die Bedeutung der Anthropologie für die Geschichte der griechischen Religion gewiesen.[10] Seit kurzem macht sich die Tiefenpsychologie als Hauptlieferant geltend. Namier besteht darauf, daß menschliches Verhalten adäquat nur in psychoanalytischen Begriffen zu interpretieren ist[11]; E. R. Dodds meint, daß die Griechen der hellenistischen Ära beim Astraldeterminismus Zuflucht suchten aus einer unbewußten »Furcht vor Freiheit«, die sie nach dem Verlust der Polis befiel.[12] Man sollte auch nicht vergessen, daß seit den Tagen von Max Weber die Grenzen, die Geschichte von Soziologie trennen, fließender geworden sind. Nicht allein die Historiker machen Anleihen bei den Sozialwissenschaften, sondern auch die Sozialwissenschaftler

* Es wird davon ausgegangen, daß wissenschaftliche Gesetze doppelten Ursprungs sind: im beobachteten Material und in der Vorstellung des Beobachters. Sie sind Entdeckungen wie Konstruktionen. Der Anteil des Subjekts an ihrer Formation jedoch kann hier außer acht bleiben. Die Fragestellung zielt vielmehr auf das Problem, ob die Welten von Natur und Geschichte gleichermaßen der Errichtung von Natur- oder quasi-Naturgesetzen unterworfen sind. Und da dieses Problem vor allem die besondere Natur der gegebenen Realität betrifft, kann der dazwischentretende subjektive Faktor konstant gehalten werden.

ihrerseits brechen ins Gebiet der Historiker ein, wie im Verlangen, es als Kolonie zu vereinnahmen.

So ist allem Anschein nach historische Realität voll von Regelmäßigkeiten, die denen ähnlich sind, die das Universum der Naturwissenschaften ausmachen. Es ist dementsprechend anzunehmen, daß die menschlichen Verhältnisse größtenteils ins Reich von Natur fallen oder ein Auswuchs von ihm sind. Prinzipiell kann eine solche Fusion auch umgekehrt Gestalt annehmen; es ist denkbar, Natur als Teil der Geschichtlichkeit des Menschen sich vorzustellen. Diese Möglichkeit fand in Marx einen mächtigen Verfechter. Er begreift den Menschen als Produkt und Kraft der Natur und setzt Geschichte gleich einem dialektischen Prozeß, in dessen Verlauf der Mensch mittels seiner Arbeit nicht nur die äußere Natur domestiziert, sondern, indem er sie seinen Zwecken anpaßt, auch seine eigene Natur, das Wie und Was seiner Existenz verändert.[13] So wird Natur in Bewegung gesetzt, ihr Gleichsein weicht ihrem Werden in der Zeit. Kürzlich ist ein Versuch unternommen worden, diese Idee wissenschaftlich zu untermauern. Von Weizsäcker, der theoretische Physiker und Philosoph, argumentiert, daß sie aus dem »zweiten Gesetz« der Thermodynamik schlüssig folgt[14] – ein Argument jedoch, das, wie ich fürchte, die potentielle Reichweite eines streng physikalischen Gesetzes überschreitet. Wie auch immer, der Satz von der Geschichtlichkeit der Natur ist praktisch zu übergehen. Marx selbst steht nur teilweise für ihn ein; während er darauf baut, daß Natur, wie sie im Menschen manifest ist, historischem Wandel unterworfen sei, scheint er äußerer Natur, Natur um uns, einen nichtdialektischen, unabhängigen Status und mithin (relative) Unveränderlichkeit zuzusprechen.[15] Und da v. Weizsäcker die Lebenserwartung des historisierten Kosmos auf über hundert Milliarden Jahre schätzt[16], dürfen wir sicher sein, daß natürlich Ursachen weiterhin ihre vorgesehenen Wirkungen auf unbegrenzte Zeit hervorbringen.

Das Ergebnis ist, daß Natur, wenn sie überhaupt sich ändert, dies unglaublich langsam tut. Und der Mensch ist in der Tat tief in sie eingebettet. Geographie und Klima, physiologische Ausstattung und animalische Triebe bestimmen gemeinsam sein Verhalten.* Die Wirkkraft dieser vertrauten Faktoren wird beträchtlich verstärkt durch die Tatsache, die bislang weniger beachtet wurde, daß das Leben des Geistes durch ein Prinzip gesteuert wird, das Bezug hat auf die Menge und Verteilung der Energien, über die ein Individuum verfügt. Es wäre das »Prinzip geistiger Ökonomie« zu nennen und wie folgt zu formulieren: Gesetzt, ein Individuum arbeitet in einem Bereich menschlichen Strebens intensiv, so wird es in anderen kaum mehr sein als rezeptiv; Produktivität auf der einen Seite zieht Trägheit auf der anderen nach sich; praktisch ist niemand imstande, mit gleichem *élan* an allen Fronten, in alle Richtungen vorzurücken. Einsteins Auftreten als politischer Denker fällt weit hinter seine einzigartige Leistung als Physiker zurück. So lagert im inneren Leben eine »Sphäre der Trägheit«, in der Kritik unkritischem Aufnehmen weicht und planlos ungestümes Suchen trägem *laissez faire*. In dieser Sphäre ergeben wir uns Konventionen und Vorurteilen, werden Geschöpfe der Gewohnheit und handeln in voraussehbarer Weise. Sie ist allem Zweck und Ziel nach die Dimension von Naturphänomenen. Der Geist kann nicht umhin, ihr anheimzufallen.[17]

Was für das Individuum zutrifft, gilt um so mehr für viele Gruppen, die darauf aus sind, eine Idee zu verwirklichen oder ein Ziel zu erreichen. Nach liberalem Standpunkt sind solche Gruppen – eine politische Partei, eine religiöse Sekte

* Es ist selbstverständlich, daß menschliches Verhalten ebenso reguliert und kanalisiert wird durch die Entscheidungen der bestehenden Mächte und durch die Initiative von Individuen, Gruppen oder Parteien, die in den gesellschaftlichen Prozeß eingreifen. Auf diese Weise überlagert eine vom Menschen geschaffene Natur beständig die ursprüngliche Natur. Im gegenwärtigen Zusammenhang jedoch halte ich es für gerechtfertigt, nur solche Einflüsse zu betrachten, wie sie aus der letzteren sich herleiten.

oder, sagen wir, eine Organisation zur Verteidigung der Bürgerrechte – als gerade die Summe der Individuen anzusehen, die sie umfaßt. Diese Ansicht ist jedoch nicht weniger unhaltbar als die romantische Vorstellung vom Kollektiv als überpersönlicher Wesenheit, die einen eigenen Geist hätte. Tatsächlich ist die Grundeinheit einer Gruppe nicht die selbständige menschliche Person, sondern nur ein Teil von ihr – jener Teil, der mit dem gemeinsamen Streben konform geht. In dem Maß, wie ein Individuum »dazugehört«, fällt auch mehr oder weniger von ihm aus dem Rahmen. Dies wird durch die Tatsache, daß viele Parteimitglieder sich mit Leib und Seele der Sache verschrieben haben, nicht widerlegt; der leidenschaftliche Parteigänger tilgt Teile seiner Möglichkeiten, um ganz seinen Part zu spielen. Die Gruppe besteht dann aus reduzierten Individuen, aus Komponenten von Persönlichkeitsfragmenten, die durch die Idee, die sie in Wirkung setzen soll, ausgewählt oder selbst geschaffen wurden. So zieht ein Magnet verstreute Eisenteilchen aus einer Materialmasse an. Aus diesem Grund ist Gruppenverhalten rigider, berechenbarer als Individualverhalten. Unter dem Druck der Ziele, die ihre Alternativen abstecken und eingrenzen, reagiert eine Gruppe beispielsweise nicht auf den graduellen Wandel der gesellschaftlichen Umwelt, sondern geht, als ob sie ihn nicht wahrnähme, eine Zeitspanne geradeaus – bis sie den Punkt erreicht, an dem sie sozusagen formal ihren Kurs ändert, um sich auf die neue Situation einzustellen. An diesem Punkt spaltet sie sich oft in einen konservativen und einen progressiven Flügel, da die divergierenden Ansichten ihrer Mitglieder darüber, wie die Gruppenzielsetzungen am besten zu erfüllen seien – Ansichten, die bislang unter der Oberfläche schwelten –, nicht länger zu ersticken noch zu versöhnen sind. Während die Sequenz von Anpassungen und Reaktionen des Individuums in Form einer Kurve zu denken ist, kommt der Weg der Gruppe durch die gesellschaftliche Realität einer Folge von Geraden gleich, deren jede in eine andere Richtung weist, um den Erfordernissen des Augenblicks zu entsprechen. Ihr Schnittpunkt markiert oft eine Krise. Im Vergleich mit Individuen verhalten Gruppen sich wie plumpe Riesen. Ihre Bewegungen verlaufen regelmäßig und gewissermaßen voraussehbar. Sie nähern sich natürlichen Prozessen an.[18]

Gruppen und Individuen sind die Hauptkomponenten einer Gesellschaft insgesamt. Nun ist Gesellschaft aber nicht einfach die Arena vielfältiger konkurrierender Interessen, die sie verkörpern, sondern etwas mit eigenem Anspruch – eine Entität mit spezifischen Eigenschaften. Auffallend ist zumal eine eigenartige Qualität der Materialien, aus denen sie besteht: sie gehören zum größten Teil jener »Sphäre der Trägheit« an, in welcher geistesabwesend der Geist wohnt. Viele dieser Materialien wie Gebräuche, Riten, gewisse Institutionen, ständig wiederkehrende Routinetätigkeiten und Ähnliches wirken gemeinsam bei der Bildung des Hintergrunds unserer gesellschaftlichen Existenz. Ob Überbleibsel aus vergangenen Tagen der Erregung und Inspiration, Sedimente oder Vereinbarungen, die für laufende Arbeiten zu treffen waren, man nimmt sie als gegeben hin, anstatt sie herauszustellen und als kontroverse Fragen zu behandeln. Dazu kommt ihre enorme Überlebensfähigkeit, die viel der geringen Aufmerksamkeit, die man ihnen widmet, und der bedingenden Macht, die sie mit der Zeit entwickeln, verdankt.[19] Diese verhältnismäßig soliden Bestandstücke bleiben erhalten in einer flüssigeren Substanz: der Brandung und Flut der Meinungen. Man sollte von den Meinungen, die in der Luft liegen und in aller Munde sind, nicht erwarten, daß sie herrschende Interessen und Ideologien des Augenblicks exakt spiegeln. Sie gründen sich auf Hörensagen und ermangeln der Kohärenz, was unvermeidlich ist zu einer Zeit wie der unsrigen, wo es ständig schwieriger wird, sich authentisches Wissen zu verschaffen, und der Überfluß einen größeren Spielraum für die Auswahl läßt. Ihr Verlauf übermittelt Eindrücke, die sich aus unbewußten Präferenzen und wetterwendischen Stimmungen (die häufig jedoch manipuliert sind) erheben. Im Ausdruck »Meinungsklima« klingt trefflich die Unbeständigkeit der Meinungen und ihre Ähnlichkeit mit dem Wetter an. Sie mögen zu Krisenzeiten sich vereinigen, Kräfte sammeln, Bewegungen und folgenreiche Entscheidungen in Gang setzen, – geschichtliche Veränderung käme also durch ein Sammelsurium aus Empfindungen und Abneigungen und das Getöse verworrener Ansichten zustande. Platon, der solche Stürme aufziehen sah, riet dem Philosophen, daß er »Staub und Regen, den der Wind beim Unwetter durch die Luft treibt, aus dem Wege geht und an eine Mauer tritt«.[20] (Aber gibt es nicht Gewitter, die Wolken und Staub hinwegfegen?)

Kurz, die Geschichte ist reich an Vorfällen, die jeder Steuerung spotten, da sie nun einmal in einer spärlich erleuchteten Gegend sich ereignen, wo geistige Intensität gleich Null ist. Was bestätigt wird durch die abgegriffene Erfahrung, daß Gesellschaft wie aus eigenem Antrieb alles, was in ihren Netzen aufgefangen wird, sich anverwandelt. Sie schluckt alle Ideen, mit denen sie gefüttert wird, und indem sie diese ihren unausgesprochenen Bedürfnissen anpaßt, verzerrt sie oft völlig deren ursprüngliche Bedeutung. Ähnlich wird jegliches Handeln, das den vorgegebenen Stand der Dinge ändern soll, von den komplexen Kräften, die in der Gesellschaft operieren, so umgeleitet, daß sein eigentliches Ergebnis mit seiner beabsichtigten Wirkung wenig gemein hat. Tocqueville vergleicht den Lauf, den alles Handeln durch die soziale Welt nimmt, der Bahn eines »Drachens, der aus zweifachem Antrieb steigt: Wind und Schnur«[21] – der Wind weht von der Gesellschaft her, die Schnur bezeichnet die Vision, die hinter dem Handeln steht. Abgeleitet aus unserem Umgang mit physischer Realität legen die Metaphern von Wind und Sturm nahe, der Geist sei machtlos, in gesellschaftliche Prozesse einzugreifen, und dementsprechend gehorchten diese Prozesse unbestechlichen Gesetzen. Das gesellschaftliche Universum mit seinen standhaften Gebräuchen und sprunghaften Meinungen, seinen kleinen

Gruppen und Massen schiene der Herrschaft der Natur anheimzufallen. Mit anderen Worten, es ist denkbar und gerechtfertigt, die Phänomene, die dieses Universum ausmachen, in wiederholbare Elemente zu zerlegen und ihre wechselseitigen Beziehungen und Interaktionen auf Gesetzlichkeiten hin zu analysieren.[22] Bei der Untersuchung sozialer Struktur und sozialen Wandels fallen die Interessen des Historikers auf weite Strecken mit denen des Sozialwissenschaftlers zusammen. Gesellschaft ist eine zweite Natur – wie die Großstädte, in denen sie uns buchstäblich verschlingt. Die heutigen Sozialwissenschaften übrigens machen sich verstärkt Computer zunutze, um formale Theorien zu erstellen, die verschiedene Sozialprozesse, insbesondere im Gebiet der Massendynamik decken.[23] Ich darf beiläufig zu bedenken geben, daß diese Tendenz in Richtung Mathematisierung der Natur des Materials entspricht, das der Behandlung durch Computer unterworfen wird. Es scheint, daß die moderne Massengesellschaft bezüglich ihrer Fortdauer abhängt von der Vorausberechnung – das heißt Manipulation – aller individuellen Reaktionen und Verhaltensmuster, die gesellschaftlich von Belang sind. Wir sind längt dabei, die Haltungen der Leute vorzuprägen; falls die Gesellschaft diesen Weg fortsetzte, schrumpfte die sogenannte »Persönlichkeit« zu einem mathematischen Punkt, was hieße, daß der Mensch zum Traum des Statistikers würde. (Bei den herrschenden Umständen wirft die Frage, wer wen manipuliert, Probleme erster Ordnung auf.)

Das Bewußtsein von der Wirkkraft gesellschaftlicher Mechanismen kann nicht umhin, den Glauben an die Vervollkommnung menschlicher Gesellschaft zu untergraben. Alle spekulativen Versuche, diesen Glauben mit der Evidenz zu versöhnen, die ihn diskreditiert, nehmen ihre Zuflucht zu jenem Argument, das exemplifiziert wird in Goethes Definition des Mephistopheles als »Ein Teil von jener Kraft,/ Die stets das Böse will und stets das Gute schafft.« Das Argument, das sich augenscheinlich christlicher Theologie verdankt, besteht aus den zwei miteinander verknüpften Thesen: Erstens sind die Kräfte, die jene unermeßliche lebende Masse lenken, die sich Gesellschaft nennt, unempfindlich gegen menschliches Streben nach Höherem wenn nicht sogar böse. Zweitens sind diese Kräfte dank der Dazwischenkunft einer geheimnisvollen, über unseren Köpfen waltenden Macht bewogen worden, den Zielen der Humanität zu dienen, trotz – oder vielleicht gerade wegen – der ihnen eingeborenen Gemeinheit. Ob die Macht, die die Fäden zieht, Vernunft sei oder ein anonymer, eingebauter Plan oder irgendein anderer Ersatz für die gute alte Vorsehung, macht nicht viel aus. Mandeville stellt private Laster mit öffentlichen Tugenden auf die gleiche Stufe; und wenn Adam Smith bei Eigennutz nur widerwillig an Laster denkt, bedarf er doch einer »unsichtbaren Hand«, um die egoistischen Geschäfte der Marktteilnehmer im allgemeinen Guten münden zu lassen. Und selbstredend gehört hierher auch Kants regulative Idee einer providentiellen Natur, die sich Eitelkeit, Geiz und Selbstsucht der Menschen zunutze macht, um das Menschengeschlecht zu befördern, und Hegels Weltgeist oder Vernunft, die mit List blinde Leidenschaften für sich arbeiten läßt. Die Vorstellung von einer Macht, die unser Schicksal durch versteckte Steuerung lenkte, scheint unverwüstlich. Ranke mutmaßt die Existenz einer solchen »okkulten Kraft«[24]; der Hegelianer in Marx übernimmt das dieser Idee zugrundeliegende Denkschema; und selbst Burckhardt ist nicht dagegen gefeit, gelegentlich mit ihm zu liebäugeln.[25]

Seine anhaltende Anziehungskraft ist auf eine Reihe von Gründen zurückzuführen. Erstens findet das stereotype Motiv einer überpersönlichen Macht ein Quentchen Unterstützung in alltäglicher Erfahrung: scheinbares Mißgeschick mag sich als verkappter Segen erweisen; der Sieg einer lohnenden Sache könnte den Mühen von Leuten zu verdanken sein, die beim Einsatz für diese Sache nur ihre eigene Karriere im Auge haben, usw. Wichtiger noch, das Motiv soll im

Verein mit der Behauptung, daß menschliche Gesellschaft durch und durch korrupt sei, zwingender erscheinen. Kant ist der Ansicht, daß Geschichte von außen gesehen sich als einzigartiges Archiv von Tollheit und als die Raserei der Zerstörung darstellt. Ist diese Behauptung, in der die Lehre der Ursünde nachklingt, einmal akzeptiert, wird in der Tat eine Agentur hinter den Kulissen wie Hegels listige Vernunft oder Kants planende Natur nötig, um das Gute dem Bösen zu entreißen und so zu erlangen, was der Voraussetzung gemäß der Mensch allein nie hätte vollenden können. Das ganze Argument steht und fällt mit der Annahme seiner Blindheit oder Korruptheit. Nun ist diese Annahme virtuell identisch mit der Ansicht, daß menschliche Angelegenheiten alle Züge von Naturereignissen an sich hätten und daß Geschichte daher unter die Wissenschaften zu zählen sei. Es ist die Ansicht, der ich auf den vorausgegangenen Seiten gerecht zu werden versuchte. Allerdings verlangt diese Konzeption von gesellschaftlicher oder historischer Realität nach Einschränkungen.

Unter neueren Darlegungen zur Erfahrung menschlicher Freiheit ragt Rankes noch immer als ein klassisches Zeugnis hervor, und sei es nur aus dem Grund, daß sie spürbar von seiner intensiven Versenkung ins Schauspiel der Geschichte herrührt: »Jeden Augenblick könnte wieder etwas Neues beginnen ...; nichts ist ganz um des anderen willen da; keins geht ganz in der Realität des anderen auf.« Dieses Anerkennen einer disruptiven Kraft der Freiheit geht einher mit dem Bewußtsein ihrer Begrenzungen. Sie ist nicht absolut. Was immer wir unternehmen, fährt Ranke fort, ist bedingt durch das bereits Unternommene, so daß die sich ergebende Folge von Ereignissen – Geschichte – sich selbst als kohärente Textur gewoben aus Freiheit und Notwendigkeit darstellt.[26] Abgesehen vielleicht von dem Akzent, der auf Kohärenz fällt, darf angenommen werden, daß diese Darlegung eine gültige Erfahrung vermittelt. Der Mensch ist ein relativ frei Handelnder. (Natürlich variiert die tatsächliche Freiheit eines Individuums mit den gegebenen sozialen Bedingungen. Es gibt keine Freiheit in totalitären Regimen; und vergeblich suchte man nach ihr in einer Gesellschaft, die ihre Mitglieder zu selbstgefälliger Einförmigkeit manipuliert.* Doch wirkt dies nicht auf den Wahrheitswert jener Erfahrung ein. Und schließlich, sind nicht zu allen Zeiten Rebellen aufgestanden und Märtyrer unter der Folter gestorben?) Interessanterweise scheinen die heutigen theoretischen Physiker, den nun einmal mechanistischen Begriffen des 19. Jahrhunderts entfremdet, abgeneigt, Tolstoi zu folgen, wenn er das Bewußtsein von Freiheit als psychologische Illusion bezeichnet. Von Weizsäcker erachtet nicht nur die Willensfreiheit als fundamentale Erfahrung, sondern ist auch der Meinung, daß diese Erfahrung zumindest so viel Gewicht hat wie die Lehre des Determinismus, die schließlich eine »Theorie«, keine Erfahrung, eher ein Programm für künftige empirische Forschung als eine unumstößliche Tatsache ist. Und obschon er zugibt, daß das deterministische Prinzip durch keinerlei innere Gewißheit zu erschüttern ist, scheint er desungeachtet bereit, den Gültigkeitsbereich jenes Prinzips in Frage zu stellen. Angriffslustig fordert er seine Verteidiger auf den Plan, ihre Theorie zu verifizieren: »Man möge die determinierenden Faktoren unseres Handelns zum Vorschein bringen, dann werden wir an sie glauben.«[27] Seine Herausforderung läßt an eine Erfahrung denken, die Eisenstein machte. Eisenstein hatte vor, seiner geplanten Verfilmung von Theodore Dreisers Roman *Eine amerikanische Tragödie* – ein Film, der nie gedreht wurde – eine »Montage«-Sequenz einzublenden, die dazu bestimmt war, Clydes monologue intérieur zu veräußerlichen in dem entscheidenden Augenblick, als Clyde den Plan faßt, Roberta zu ertränken und sein Verbrechen als einen Unfall hinzustellen. Daß die Sequenz die verschie-

* Die einzigen Leute, die in einer solchen Gesellschaft vor eine echte Wahl gestellt sind, sind diejenigen, die sie regieren.

denen Faktoren ins Bild bringen sollte, die Clyde dazu brachten, so zu handeln, wie er es dann tat, geht eindeutig aus den »Montage-Listen« hervor, die Eisenstein dafür zusammenstellte. Sie bestehen zu einem großen Teil aus möglichst relevanten Elementen, Wortfetzen vor einer schwarzen Leinwand, die sich mit einer Flut von stummen Bildern oder »polyphonen« Tönen mischt, Impressionen der augenblicklichen Umgebung mit Projektionen von Motiven und Gedankensplittern.[28] Eisensteins Absicht beim Aufstellen dieser Listen war offensichtlich, das Augenmerk der Zuschauer auf die Unendlichkeit von Faktoren zu lenken, die bei Clydes letzter Entscheidung eine Rolle spielten. Im Suggerieren (und mithin ästhetischen Zeigen) von Unendlichkeit erwies die Sequenz allerdings etwas sehr Wichtiges: daß wir uns einer wahrhaft endlosen Anstrengung hingeben müßten, um v. Weizsäckers rhetorischer Forderung nach einer Aufstellung der Ursachen nachzukommen, die angeblich für unsere Entscheidungen und Taten einstehen. Es ist aus theoretischen Gründen unmöglich, seine Herausforderung anzunehmen. Das deterministische Prinzip läßt sich nicht verifizieren. Warum sollte man also seine Bedeutung für die Interpretation überladen? In manch einem konkreten Fall kann dieses Prinzip sich als schiere Fata morgana erweisen, die uns in eine abenteuerliche Unternehmung zu locken versucht. Es gibt Handlungen und unerwartete Situationen, die einer Zerlegung in wiederholbare Elemente oder einer befriedigenden Erklärung aus vorhergehenden oder gleichzeitigen Umständen so hartnäckig widerstehen, daß man sie besser als irreduzible Wesenheiten behandelt.[29] Meine Vermutung geht dahin, daß es selbst einem Laplaceschen Dämon kaum gelänge, sie in die Kette von Ursachen und Wirkungen einzupassen.

Menschliche Verhältnisse transzendieren mithin die Dimension von Naturkräften und kausal determinierten Mustern. Folglich wird jeglicher Zugang zur Geschichte, der in strengerem Wortsinn wissenschaftlich zu sein beansprucht, früher oder später auf unüberwindliche Hindernisse stoßen. Wenn Geschichte eine Wissenschaft ist, dann ist sie eine Wissenschaft, die anders ist. Dies ist in Hinsicht auf die abwegigen Methoden, mit denen einige Soziologen Geschichte zu verwissenschaftlichen trachten, leicht zu illustrieren. Hier nur ein beliebiges Beispiel jüngeren Datums, das sich durch seine schiere Krudheit empfiehlt: der Versuch von Charles Tilly, den Aufstand der Vendée von 1793 aus der Sicht eines Sozialwissenschaftlers zu interpretieren.[30] Um Tillys Hauptschlußfolgerungen zusammenzufassen: er leitet aus dem Beweismaterial, die seine Arbeitshypothesen ihn anhäufen ließen, ab, daß der Aufstand in den Bezirken der Vendée am heftigsten war, in denen herkömmliche Landwirtschaft mit weltoffenem Handel und Marktwirtschaft zusammenstieß; daß der Zusammenstoß der Interessen Konflikte zwischen der revolutionären merkantilen Bourgeoisie, die in der Gegend schon wohl etabliert war, und verschiedenen, ursprünglich heterogenen Oppositionsgruppen zum Zünden brachte; und daß ideologische Schlagwörter erst später auftauchten und eine bedeutende Funktion übernahmen, als mit Verhärtung des Konflikts die Aufständischen sich gezwungen sahen, ihre Reihen zu schließen. Tilly vollendet sein Interpretationsvorhaben durch Aufgebot und Ausputz gewisser Gesetzmäßigkeiten des Verhaltens, oft bemerkter Züge des gesellschaftlichen Lebens – z. B. die Unvermeidbarkeit von Reibungen unter Gruppen, deren Wirtschaftsinteressen miteinander konkurrieren; die Wahrscheinlichkeit einer wachsenden Polarisierung der anstehenden Streitfragen, wenn ein Kompromiß nicht möglich scheint; das daraus folgende Bedürfnis nach kollektivem Handeln seitens der Gruppen, die, wie zerstritten sie untereinander auch sind, gegen einen gemeinsamen Feind stehen usw. Und was bringt Tilly auf diese Art zustande? Selbst unter der Voraussetzung, daß seine soziologische Analyse sich für Historiker, die sich mit diesem Zeitabschnitt befassen, als nützlich erweisen sollte, ist sein Glaube an deren Wert als

historische Interpretation kaum abgesichert. Mit allen ihren Allgemeinheiten ergibt diese Analyse höchstens eine verschwommene allgemeine Vorstellung von *einer* Konterrevolution in irgendeinem Niemandsland, aber trägt gewiß nichts bei zu einer maßgefertigten Erklärung *der* Konterrevolution, die 1793 in der Vendée stattfand. Um der Sache wirklich auf den Grund zu kommen, müßte er seine Standard-Gesetzmäßigkeiten durch determinierende Faktoren ergänzen, die mit den Entwicklungen, die ihn interessieren, inniger verknüpft sind; damals war eine Revolution im Gang, die Luft war erfüllt von Agitation und Schlachtrufen, und alles war im Fluß. Kurz, er müßte den Vendée-Aufstand als ein historisches Phänomen begreifen.
Geschichte ist auch das Reich von Zufällen und neuen Anfängen. Alle in ihr entdeckten oder in sie hineingelesenen Gesetzmäßigkeiten sind von begrenzter Reichweite. Tatsächlich bietet die Vergangenheit genug Beispiele für die Kraft des Geistes, selbst die Kruste der Gewohnheit zu durchdringen und die Trägheit, die gesellschaftlicher Übereinkunft innewohnt, zu überwinden. Wenn der Mensch jedoch in gewissem Maße frei ist zu wollen und zu handeln – verpflichtet nur dem, was er gewollt hat –, braucht man keinen Schein-Puppenspieler, um die Dinge ins Lot zu bringen (gesetzt, sie sind ins Lot zu bringen). Noch müssen wir gegen jegliche Alltagserfahrung annehmen, daß gerade widrige Geister und tierische Triebe, die sich den Künsten eines hypostasierten Drahtziehers verdanken, die Menschheit dazu brächten, menschlich erstrebenswerte Ziele zu erreichen. Mephistopheles sollte das Gute schaffen, indem er das Böse will? Der Segen religiöser Toleranz sollte sich auf wunderbare Weise aus den Schrecken der Religionskriege herleiten? Diese zutiefst theologische Behauptung entlarvt sich im Lichte irdischer Argumentation als leeres Paradox; sie exemplifiziert den Trugschluß des Monismus, oder vielmehr den Trugschluß des eingefleischten Glaubens, daß das monistische Prinzip – oder jegliche andere universale Idee dieser Art

– automatisch auf die konkreten Fälle zuträfe, die es logisch deckt. Was immer die Gültigkeit solch hoher Abstraktionen innerhalb ihrer eigenen Dimension sei, der Weg von ihnen herunter in die Regionen der Einzelheiten verläuft keineswegs in Form einer Geraden. Es klingt schrecklich prosaisch – und der Himmel weiß, wie viele dazwischentretende soziale Mechanismen das Bild trüben – aber dennoch: die Annahme, daß Böses oft Böses erzeuge und das Gute gemeinhin vom Ausüben des Guten herrühre, verdient mehr Kredit als der Verweis auf das Wirken der Vorsehung. (Wäre es anders, so wären wir letzten Endes verpflichtet, Hitler als den unfreiwilligen Erlöser der Menschheit anzuerkennen.) Burckhardt bestätigt diese Ansicht mit ihren pragmatischen Anklängen. Er erklärt kategorisch, daß »überhaupt nichts gutes Folgende ein böses Vorangegangenes entschuldigt«, und schreibt jegliche Linderung der Leiden, die der (an sich böse) Staat seinen Bürgern auferlegt, den vorsätzlichen Anstrengungen der »Gerechten und Gesitteten« unter ihnen zu.[31]

An diesem Punkt wird es möglich, die negative Charakterisierung von Geschichte als einer Nichtwissenschaft oder einer Wissenschaft, die anders ist, durch eine erste positive, wenngleich noch unvollständige Definition zu ergänzen: der Historiker muß eine Geschichte *(story)* erzählen. Es ist zu beachten, daß der Ausdruck »Geschichte« *(story)* hier in einem weiteren Sinn verwendet wird, der alle Arten erzählender Aussagen einschließlich der Beschreibung deckt. Und warum muß der Historiker eine Geschichte erzählen? Weil er immer wieder auf irreduzible Wesenheiten stößt – Einheiten, die, außer daß sie der Verbindung sonst unverbundener Ereignisfolgen entspringen, das Auftauchen von etwas Neuem kennzeichnen, von etwas, das jenseits der Gesetzgebung der Natur liegt. Gewiß sprechen sie am besten auf ein Vorgehen an, das sie nicht fälschlich als unvermeidbare Wirkungen einer unerschöpflichen Menge von Ursachen hinstellt, sondern ihrer Tatsächlichkeit Tribut zollt. In unserem Eingehen auf diese Vorgänge, Ideen oder Situationen dient Determinismus nicht länger als verläßlicher Führer. Die angemessenste Methode, ihnen Rechnung zu tragen, besteht darin, sie zu erzählen. Indem der Historiker eine Geschichte erzählt, gehorcht er einer Notwendigkeit, die sich auf eine besondere Eigenschaft historischer Realität gründet. Das wird heutzutage nicht allgemein anerkannt. In ihrem Eifer, Geschichte zu einer Wissenschaft zu machen, neigen zeitgenössische Historiker wie aus Unwillen, »Barden« genannt zu werden, dazu, alle Betonung auf wissenschaftliche Verfahren und Erklärungen zu legen, während sie das Bedürfnis nach Erzählung herunterspielen. Bezeichnend genug hielt ein glänzender amerikanischer Historiker in jüngster Zeit es für angebracht, seine Kollegen vor dieser Tendenz zu warnen. »Viele von uns«, sagt J. H. Hexter, »sind dermaßen von Analyse und Argumentation eingenommen, daß wir Gefahr laufen zu vergessen, wie man eine Geschichte erzählt, und sogar zu vergessen, daß eine Geschichte zu erzählen schließlich die Aufgabe des Historikers ist.«[32] Hexter fügt wohlüberlegt hinzu, daß besonders die »Erschütterungen einer Welt in Aufruhr« eher nach dem erzählenden als dem analytischen Historiker verlangen.[33] In völliger Übereinstimmung mit dieser Forderung läßt Marc Bloch zu Beginn seines Werkes *La Société Féodale* – in dem morphologische Beschreibung und Analyse gegenüber dem Geschichtenerzählen bei weitem vorherrschen – die Invasionen der Araber, Hunnen und Skandinavier im Europa des 9. und 10. Jahrhunderts schlicht und einfach in Erzählform vorüberziehen. In der Tat behauptet das Unerklärbare sich in solchen bewegten Zeiten am nachdrücklichsten.

Die Tatsache hingegen, daß Historiographie in wechselnden Graden zur Erzählung Zuflucht nehmen muß, hebt sie nicht von allen Wissenschaften ab: die Naturgeschichte der Erde und des Kosmos sind gewissermaßen auch erzählerisch. Aber die Geschichten *(stories)*, die sie erzählen, sind von spürbar vorläufiger Natur. Das diesen »Geschichten« innewohnende Ziel ist tatsächlich, universale Gesetze für alles das zu unterstellen, was sie in rein erzählerischem Modus zu berichten haben – ein Ziel, das in dem Glauben wurzelt, daß Natur, die reduzierte Natur der Wissenschaft, durchaus für das Erstellen solcher Gesetze geeignet sei. Und welche Art Gesetze wären angebracht, das Erzählen zu ersetzen? Sie müßten von denen, die bislang betrachtet wurden, darin unterschieden sein, daß sie nicht nur wiederholbare Bestandteile der erzählten Geschichte *(story)* enthalten, sondern der gesamten Zeitsequenz, auf die sie sich erstreckt, Rechnung tragen. Darwins Theorie der Evolution lebender Organismen durch natürliche Selektion steht repräsentativ für diese »Längsschnitt«-Gesetze, wie sie zu bezeichnen wären. Sie überwinden reines Geschichtenerzählen mittels der Erklärung, warum das, was sich zutrug, sich hat zutragen müssen.

Sind wir ermächtigt anzunehmen, daß Längsschnitt-Gesetze dieser Art auch auf das Ganze menschlicher Geschichte Anwendung fänden? Ich denke an Gesetze, die nicht theologisch-metaphysischer Spekulation entwachsen wie bei Hegel, sondern einen mehr oder weniger wissenschaftlichen Charakter haben. Jedenfalls bedroht das Streben nach ihnen die Neuzeit seit ihrem Beginn. Daß dieses Streben angeregt, wenn nicht ausgelöst wurde durch die christliche Konzeption eines göttlichen Plans, der die Schicksale der Menschheit regele, ist zu schließen aus Vicos *Scienza Nuova,* die die Trennung theologischer und weltlicher Ideen über Geschichte markiert, wobei letztere schon auf der Kippe stehen. Vico war sowohl ein unerschütterlich gläubiger Christ wie ein Denker, der dem intellektuellen Klima des aufkommenden Zeitalters der Wissenschaft und der Emanzipation des Menschen von übernatürlicher Autorität verhaftet war. So stellt sein großes und bizarres Werk (welches übrigens vieles an moderner Methodik historischer Forschung vorwegnimmt) unter anderem einen gültigen Versuch dar, den transzendentalen Satz von der Vorsehung mit der immanenten Notwendigkeit des gesamten historischen Prozesses zu versöhnen. Sein Ziel ist nicht, über die herkömmliche christliche Auffassung zu verfügen, sondern sie in ein wissenschaftliches Schema von den Dingen einzupassen. Um dieses Ziel zu erreichen, postuliert er ein geschichtliches Gesetz, nach dem es in der Natur aller Nationen liege, von einem »göttlichen« Stadium über die »heroische« Periode zu einem »menschlichen« Stadium überzugehen; und gleichzeitig ist er der Ansicht, daß dieses »Naturgesetz der Nationen«, das denjenigen, die ihm gehorchen, gänzlich unbewußt ist, kraft göttlicher Vorsehung errichtet sei und sich durchsetze, um die menschliche Gesellschaft vor dem Rückfall ins Barbarentum zu bewahren. (Es ist zu beachten, daß sein Beharren auf einer wohlwollenden Vorsehung, die über unseren Köpfen walte, dem Typus treu bleibt; gleich allen anderen monistisch ausgerichteten Denkern, die von der scheinbaren Diskrepanz zwischen »privaten Lastern« und »öffentlichen Tugenden« betroffen sind, kann er nicht umhin, die Tugenden auf das Wirken einer höheren Macht zurückzuführen.) So wandelt sich die mit den Angelegenheiten der Welt betraute göttliche Macht zu einem Naturgesetz, welches ohne übernatürliche Dazwischenkunft »ewige Idealgeschichte« samt ihren *corsi* und *ricorsi* regiert. Dieses Gesetz gleicht einem Bindeglied zwischen der Ära der christlichen Theologie und jener der irdischen Vernunft; obschon es als vollständig immanent gedacht wird, empfängt es seine Rechtfertigung aus dem Glauben an eine göttliche Herrschaft.

Den Köpfen des 19. Jahrhunderts muß jede solche Rechtfertigung als müßig erschienen sein. Sowohl Comte wie Marx schneiden die Nabelschnur zwischen christlichen Lehren und universalen Geschichtsgesetzen radikal durch. Die von ihnen vorgeschlagenen Gesetze haben rein immanenten Charakter und erheben Anspruch auf wissenschaftliche Gültigkeit. Was nicht besagen will, daß die einst ehrenwerte Frage nach der Bedeutung von Geschichte die beiden Denker gleichgültig gelassen hätte. Im Gegenteil, auch ihre Gesetze sind Versuche, sie in den Griff zu bekommen. Gewiß, diese Frage läßt zu einer Zeit, die bestimmt ist, den Menschen auf seine eigenen Füße zu stellen, nicht länger Lösungen zu, die göttliches Überwachen oder Eingreifen implizieren. Doch hält die Streitfrage noch an und verlangt nach Antwort. Folglich werden weltliche Vorstellungen von Fortschritt und Evolution zunehmend belastet – um nicht zu sagen: überbelastet – mit der Auflage, die theologische Interpretation von Geschichte zu ersetzen. Und unter dem Einwirken von Konnotationen, die ihnen dergestalt zuwachsen, wird die Aufwärtsbewegung zum Jenseits in die horizontale Ebene projiziert und beginnen irdische Ziele eschatologische Erwartungen zu verdrängen.[34] Marx und Comte greifen diese Ideen, wenn auch in unterschiedlicher Weise, auf; und mit ihrer Hilfe veranschlagen sie nicht nur die Signifikanz des Geschichtsprozesses, sondern versuchen das, was sie für dessen Erfüllung halten, zu beschleunigen. Die Gesetze, die sie verkünden, dienen auch als Hebel zur politischen Reform; sie bauen auf die Surplus-Funktion von Aktionsprogrammen.

Diese Gesetze nun – die hier einzig in ihrer Kapazität als wissenschaftliche Thesen von Interesse sind – haben ein Grundmerkmal gemeinsam: sie werden als Naturgesetze aufgefaßt; sie beruhen auf der Annahme, daß menschliche Geschichte der Geschichte von Natur gleich sei, einer Natur, von der angenommen wird, sie sei zur Evolution befähigt. Comtes berühmtes »Gesetz der drei Zustände«, das die fortschrittliche Entwicklung der verschiedenen Wissenschaften und, weiter gefaßt, das Ganze der (europäischen) Geschichte steuert, trägt alle Kennzeichen eines solchen allgemeinen Naturgesetzes. Auch Marx hält dafür, daß Natur und Geschichte nicht voneinander zu trennen seien, und leugnet dementsprechend jegliche methodologischen Unterschiede zwischen der Geisteswissenschaft und den Naturwissenschaften.[35] Dies bezeugt sein sogenannter historischer Materialismus. In der Tendenz, überlieferte Geschichte mit einer progressiven Folge von Klassenkonflikten gleichzusetzen, die auf jeder neuen Stufe zurückzuführen sind auf die unvermeidbaren Widersprüche zwischen den vorwärts drängenden Produktivkräften und der bestehenden ökonomischen Struktur der Gesellschaft, unterwirft Marx den historischen Prozeß genau jener Art von Notwendigkeit, die wir gewohnt sind, dem Wirken der Natur zuzuschreiben.*

Noch einmal, wie steht es um die Gültigkeit dieser Gesetze? Viele Einwände, die gegen sie erhoben wurden, gelten der ziemlich anmaßenden Art, in der sie mit den vorgegebenen Daten umspringen. So hat man mit Recht bemerkt, daß zum Beispiel vorneuzeitliche Geschichte nicht ins Marxsche Schema paßt; daß Marx seine Begriffe von »Klasse« und »Klassenkonflikten« in ihrer Anwendung auf die gesamte Vergangenheit überstrapaziert.[36] Und nichts wäre legitimer als Diltheys Verdikt über die unangemessene Abstraktheit von Comtes Lehre: »Diese abstrakten Bilder der Geschichtsphilosophen stellen den *geschichtlichen Weltlauf* nur in immer *anderen* Verkürzungen dar.«[37] Indem er auf diese Art dem eingefleischten Verdacht des Historikers gegen allgemeine philosophische Feststellungen eine Stimme leiht, gibt Dilthey ebenso zu verstehen, daß die tatsächlichen Irrtümer von Comte und Marx – oder auch von Buckle – zum Teil dem universalen Charakter ihrer jeweiligen Gesetze anzulasten sind. Aufgrund ihrer beträchtlichen Distanz von historischer Realität können solche universalen Gesetze nicht

* Ich will sogleich hinzufügen, daß er so nicht jederzeit verfährt. An mehr als einer Stelle läßt er ein mögliches Einwirken menschlicher Handlungen auf geschichtlichen Wandel zu; so scheint er dafürzuhalten, daß die heutige Menschheit sich vor die Alternative: Errichtung des Sozialismus oder Rückfall in die Barbarei gestellt sieht. Gegenwärtig gibt es eine Tendenz, diesen nicht-naturalistischen Aspekt der Marxschen Dialektik herauszustellen. Ist es der entscheidende Aspekt? Ohne die Wichtigkeit solcher inneren Widersprüche zu leugnen, messe ich immer noch dem Marx, der dachte, das die »Vorgeschichte« beherrschende Gesetz entdeckt zu haben, größere philosophische und historische Bedeutung bei als dem fast existentialistischen Marx, den einige seiner heutigen Exegeten wie z. B. Sartre aus seinen Schriften destillieren.

umhin, das Material in eine Perspektive zu stellen, die dazu angetan ist, große Teile davon zu verzerren und/oder auszulassen.** Ihre mehr oder weniger unvermeidbare Unangemessenheit den Fakten gegenüber ist ein zusätzlicher Mangel.

Und dies führt zu ihren wirklich essentiellen Unzulänglichkeiten. Im Bann der siegreichen Naturwissenschaften gehen jene Gesetzgeber im 19. Jahrhundert von zwei Voraussetzungen aus, die in der Tat angreifbar sind. Auf die erste – die Gleichsetzung von Geschichte mit Natur – ist schon verwiesen. Sie bringt notwendigerweise Gesetze ein, die per definitionem nicht nur zu Unrecht die Rolle der Zufälligkeiten in der Geschichte verkleinern, sondern, was entscheidender ist, auch die Freiheit des Menschen zu wählen, seine Befähigung, neue Situationen zu schaffen, ausschließen. Stattdessen anerkennen sie eine Art natürlicher Evolution, als ob sie die Idee des Fortschritts einräumen wollten, ohne sich von strengem Determinismus loszusagen. Wenn Marx als deterministisch ausgerichteter Wissenschaftler und an Hegel geschulter Dialektiker die Arbeiter auffordert, sich zu vereinen und ihre Ketten abzuwerfen, gesteht er ihnen eine Freiheit zu, die tatsächlich Schein ist; ihre einzige Aufgabe ist, einen Prozeß zu beschleunigen, der ohnehin seinen vorbestimmten Lauf nähme. Nach ihm ist dieser Prozeß eine Notwendigkeit, so verbindlich wie ein physikalisches Gesetz. So bezieht er sich darauf, um Voraussagen nach naturwissenschaftlicher Art zu treffen, die ihrerseits seine Aufforderungen unterstützen. Auch in dieser Hinsicht hat seine Haltung etwas von der eines Comte. Doch erhebt die Freiheit, die sie beide über Bord werfen, augenblicklich ihr Haupt und straft ihre Voraussagungen Lügen. Comte hat als Prophet versagt. Und Marx' Voraussage, daß im Industrie-Kapitalismus die Verelendung zunehmen

** Ich rühre hier an das gewichtige Problem der Beziehungen zwischen dem Allgemeinen und dem Besonderen. Einige Aspekte dieses Problems werden in den Kapiteln 5 und 8 diskutiert.

und dieser Zuwachs das Proletariat zunehmend revolutionieren werde, hat sich als bodenlos falsch erwiesen. Die ökonomische und technologische Entwicklung nämlich, die er voraussah, löste in fortgeschrittenen kapitalistischen Ländern politische Veränderungen aus, die den ihr vorausgesagten Verlauf wirksam umlenkten. Ganz gewiß verdanken diese Veränderungen – starke Gewerkschaften, Demokratisierung von Regierungen usw. – sich zum Teil auch den weitverbreiteten Auffassungen, die von der marxistischen Prophetie selbst hervorgerufen waren. Sie hat, um es mit Carr zu sagen, »sich selbst vereitelt«.[38]

Die andere Voraussetzung auf dem Boden dieser Gesetze hat mit der Frage der geschichtlichen Zeit zu tun. Da Comte und Marx von menschlicher Geschichte in Form von Naturgeschichte denken, nehmen sie es um so mehr als gegeben hin, daß Geschichte wie jeder physische Prozeß in chronologisch meßbarer Zeit sich entfaltet. Ihnen zufolge kommt der geschichtliche Prozeß einer linearen Bewegung gleich – einer notwendigen und bedeutenden Folge von Perioden entlang einem Zeitkontinuum, das sich unbegrenzt in die zeitliche Zukunft erstreckt. Mit anderen Worten, sie verlassen sich bedenkenlos auf die Magie der Chronologie.[39] Was wäre jedoch, wenn ihr Vertrauen sich als unverbürgt erwiese? Wenn Kalenderzeit nicht das allmächtige Medium wäre, das sie unterstellen, sondern ebenso ein leerer, gleichgültiger Strom, der ein Konglomerat unverbundener Vorgänge mit sich führte? Wenn man sich jenen eindimensionalen Strom paradoxerweise als Träger wie Nichtträger aller bedeutsamen geschichtlichen Kräfte und Entwicklungen zu denken hätte? Dann nimmt der Geschichtsprozeß, wie er aus chronologischer Zeit sich entfaltet, einen zweideutigen Charakter an; er ist zumindest kein Scheinprozeß; und seine Zweideutigkeit schlägt sich unvermeidlich in den Gesetzen nieder, die ihn vorgeblich steuern. In der Vorwegnahme von Fragen, die erst später zur Entfaltung kommen*,

* Siehe Kapitel 6.

möchte ich hier nur zu verstehen geben, daß Marx' und Comtes Begriff von historischer Zeit, weit entfernt davon, selbstverständlich zu sein, Probleme aufwirft, die sie nicht einmal wahrnahmen. Und dies diskreditiert des weiteren ihre Verkündungen über den Verlauf der menschlichen Geschichte.

Spengler geht einen Schritt über das Denken des 19. Jahrhunderts dadurch hinaus, daß er »jene hohle Erdichtung von *einer* linearen Geschichte«[40] verwirft. Tatsächlich besteht sein vornehmstes Verdienst in dem, was er selbst als seine Wende vom ptolemäischen zum kopernikanischen System bezeichnet; er entnimmt seine diversen Kulturen dem gemeinsamen Medium der chronologischen Zeit, das auf die Gegenwart verweist – unsere Gegenwart –, und weist jeder eine ihr eigene Zeit zu. (Daß er sie alle in einem unfaßlichen zeitlichen Durcheinander wirbeln läßt, ist freilich recht mißlich.) Muß ich noch weitere Spenglersche Sätze herausarbeiten? Es wird hinreichen, sich ins Gedächtnis zu rufen, da er jene Kulturen als Organismen wie Pflanzen definiert, die, in ihren jeweiligen Mutter-Regionen verwurzelt, durchweg die gleichen Stadien von Jugend, Reife und Alter durchlaufen. Außerdem insistiert er darauf, daß sie sich an den vorgezeichneten Verlauf halten, ohne je aufeinander Einfluß zu nehmen. Jede entsteht mit einer besonderen Vorstellung, bleibt ihr verhaftet und verwirklicht sich selbst in Form von ihr eigenen Werken und Taten; selbst die Wissenschaften dieser Riesenmonaden sperren sich dagegen, auf einen gemeinsamen Nenner gebracht zu werden. Begreiflich, daß solche Ansichten mit der Idee eines fortschreitenden Geschichtsprozesses unvereinbar sind. Was hier jedoch zählt, ist folgendes: daß ungeachtet all dessen, was Spengler von seinen Vorgängern trennt, seine Grundansichten sich nicht von den ihren unterscheiden. Auch er setzt Geschichte gleich Natur und fällt auf diese Art noch hinter Marx und Comte zurück; als Reaktionär, der er ist, nimmt er davon Abstand, Natur mittels evolutionärer

Tendenzen zu verseuchen. Seine biologischen Metaphern verweisen auf eine statische Natur. Und auch er ist so vollständig von Wissenschaft eingenommen, daß er nicht im geringsten zögert, das Ganze der Geschichte unter die Herrschaft eines Gesetzes zu bringen – eines Naturgesetzes, das rigider als alle vorausgehenden nicht nur menschliche Freiheit von Anfang an zunichte macht, sondern unerbittlich ihren Traum erstickt. Folglich ist seine Lehre der gleichen Kritik wie die historischen Gesetze des 19. Jahrhunderts ausgesetzt; gleich ihnen vergrößert es zu Unrecht das Reich von Notwendigkeit. (Eine weitere Schwäche von Spenglers System ist übrigens in der ihm innewohnenden Affinität zu methodologisch fraglichem Vorgehen zu finden. Seine Schar kultureller Einheiten bringt ihn in die Verlegenheit, diejenigen Vollkommenheiten verschiedener Kulturen einander zu vergleichen, denen identische Stadien ihrer Entwicklung zuzuschreiben sind; doch in der Regel sind diese Vergleiche eher angeregt durch sein allgemeines Begriffsschema als aus einer genauen Analyse aller einschlägigen Umstände abgeleitet. Das unvermeidliche Ergebnis sind irrelevante Analogien. An diesen Mißbrauch der vergleichenden Methode denkt Henri Frankfort, wenn er warnt vor einer »Betonung von Ähnlichkeiten, die aus dem kulturellen Kontext gerissen sind, der das Geheimnis ihrer Bedeutung birgt«.[41])

Wo Spengler auftaucht, ist Toynbee nicht weit. Die Dinge liegen etwas schwierig, weil es mindestens zwei Toynbees gibt: den wissenschaftlich orientierten Historiker und den »engagierten« geistigen Führer. Was den Historiker Toynbee betrifft, tritt er auf Spenglers Stichwort auf; der einzige (außerachtzulassende) Unterschied der beiden besteht darin, daß er dessen Kulturen durch zwanzig oder mehr nicht so streng in sich geschlossene Zivilisationen ersetzt – nichtbiologische Wesenheiten, die untereinander kommunizieren und auf der allgemeinen chronologischen Skala erscheinen dürfen. Daß er glaubt, empirisch vorzugehen, wo Spengler von oben herab verordnet, ist eitle Selbsttäuschung. Im Grunde kapitalisiert er seine Vertrautheit mit der griechisch-römischen Zivilisation, um ein Modell zu konstruieren, das ihr Wachsen und insbesondere ihren Verfall bezeugt, und gebraucht dann dieses »hellenische Modell« dazu, Vorgänge in anderen Zivilisationen seiner Kenntnis zu erklären.[42] Letzten Endes scheint es, als zerfielen sie alle dem gleichen Muster entsprechend. So werden seine Zivilisationen zu vergleichbaren Einheiten, deren eher erdachte als gefundene Ähnlichkeiten ihn veranlassen, in vorgefertigten isomorphen Analogien nach Spenglers Art sich zu ergehen. Unvermeidlich, daß sein Interesse für den stereotypen Lebenszyklus, der von diesen Einheiten durchlaufen wird, ihm den Status eines universalen Naturgesetzes verleihen mußte. Zum Glück erspart mir Toynbee selbst die Mühe, mich mit dem Trugschluß seiner panoramischen Vision aufzuhalten. Als geistiger Führer tut er sie in Bausch und Bogen ab. Er erklärt nicht nur, daß die Zukunft nicht vorauszusagen sei[43], sondern läßt den Menschen des Westens die Möglichkeit offen, unbegrenzt fortzufahren, und plädiert für dessen Erneuerung aus christlichem Geist. Toynbee hat etwas Schizophrenes an sich; wo er als Historiker Analogien und Gesetzmäßigkeiten herausstellt, die Voraussagen begünstigen, lehnt er es als Prophet ab, ihre Gewichtigkeit anzuerkennen. Desungeachtet sind die beiden geschaffen, mittels ständiger Modifikationen zusammenzufinden. Der Spenglersche Toynbee, der die Zyklentheorie befürwortet, fügt der hellenischen neue Modelle hinzu, um so sein Schema zu verfeinern; und der andere Toynbee nimmt die sogenannten »höheren Religionen« vom vorgezeichneten Verlauf der mannigfaltigen Zivilisationen in der Absicht aus, ungeachtet aller Zyklen das Christentum zu stärken. Zudem soll das Bild eines Wagens, der sich fortbewegt, indem seine Räder – die Zivilisationen – sich drehen, das unmögliche Verschmelzen der beiden entgegengesetzten Ansichten veranschaulichen und rechtfertigen. So schön das Bild auch ist, trifft es kaum die Sache.

Kurz, im Eifer nach Integration dreht und wendet Toynbee sein System in etwa gleicher Art wie Dali die Uhren auf seinem berühmten Gemälde »Zerrinnende Zeit*« – bis das Ganze, dem Beispiel der Zivilisationen folgend, in eine weiche Masse inkohärenter Bruchteile zerfällt.

Natürlich geht es dabei um mehr, als das Auge erfaßt. Wenn es zutrifft, daß alle diese historischen »Gesetze« bei näherem Zusehen in sich zusammenfallen, trifft es ebenso zu, daß sie alle einen harten Kern von wesentlichen Beobachtungen und Erfahrungen enthalten, von denen einige aus vertrautem Umgang mit historischer Realität erwachsen. Die Dürftigkeit von Comtes Geschichtsphilosophie beeinträchtigt nicht die Vitalität einer ihrer Hauptanreize und Bestandteile – seine Idee von einer Wissenschaft sozialer Statik und Dynamik. Noch wird Spenglers und Toynbees Weigerung, Geschichte als Ereignisfluß in linearer Zeit anzusehen, durch die illusionären Panoramen diskreditiert, die sie aus ihrem Begriff mannigfaltiger historischer Zeiten entwickeln. Und Marx' Basis-Überbau-Theorie ist von weit größerem Gewicht als sein von Hegel eingegebenes Schema vom Geschichtsprozeß, das sie ins Werk zu setzen hilft. Abgesehen davon, daß seine Theorie Licht auf vorher unbekannte geschichtliche Motivationen wirft, liefert sie ein unschätzbares Kriterium dafür, idealistische Anmaßungen und hochtrabende Argumente nüchtern zu veranschlagen und, wenn es sein muß, ihrer Aura zu entkleiden. Alle diese Wahrheiten sind relativ unabhängig von den Systemen, denen sie zugehören. Theoretisch könnten sie genausogut ohne jegliche spekulative Zutaten dargetan werden. Doch sind die universalen historischen Gesetze, in die sie nolens volens münden, vielleicht vonnöten, um sie von ihren Ankerplätzen loszumachen. Außer, daß sie so wie eine Art Katalysator wirken, sind diese »Gesetze« – seltsames Gemisch aus wissenschaftlichem Schein und theologischen Überbleibseln – zudem angetan, Einsicht zu gewähren, die Folgen

* (Als *Persistence of Memory* im Museum of Modern Art, New York.)

hat. Nehmen wir an, sie seien darauf aus, sich auf die Vergangenheit in ihrer Gesamtheit zu erstrecken. Dann müßten sie sozusagen ihre Räume aus extremer Höhe überblicken. Sie gleichen Luftaufnahmen; genau wie diese müssen sie sonst nicht wahrgenommene Muster und Konfigurationen scharf einstellen. Das erklärt ihre potentiell entlarvende Macht. Von seinem erhöhten Standort entdeckt Spengler zum Beispiel das Phänomen der »Pseudomorphose« – eine neue Kultur, in die Bahn einer machtvollen älteren Kultur geworfen und gezwungen, die ihr eigenen Ziele und Visionen in der Sprache der älteren auszudrücken, deren Bedeutungen dann dazu neigen, ihre in den Schatten zu stellen. (Er denkt an Hellenismus und dessen verdunkelnde Wirkung auf das, was er mit dem Etikett »arabische« Kultur versieht.)[44] Dies wäre im übrigen nicht das erste Mal, daß offenkundig abwegige Vorstellungen genuines Wissen hervorbringen.[45]

Um die Bilanz zu ziehen: menschliche Geschichte ist unwiderrufbar von Naturgeschichte dadurch unterschieden, daß sie sich gegenüber geschichtlichen Längsschnitt-Gesetzen – Gesetzen, die stillschweigend Geschichtsprozeß mit Naturprozeß verwechseln – als unzugänglich erweist. Im Gegensatz zur Naturgeschichte, deren erzählerische Bestandteile mittels solcher Gesetze prinzipiell zu überwinden sind, muß die Geschichte menschlicher Verhältnisse eine epische Qualität bewahren. Ihr irreduzibler Anteil an Freiheit spricht letztendlich jeglicher Behandlung auf naturwissenschaftliche Weise, die jene Freiheit aussperrt, Hohn.

Und hier kommt endlich eine Eigenheit von Geschichte in Sicht, die ihre Definition als geschichtenerzählendes Medium vervollständigt. Wo der Wissenschaftler beim Erzählen etwa der Geschichte der Erde die gegebenen Fakten als Fakten verzeichnet – d. h. als mögliche Elemente allgemeiner Gesetze –, gibt der Historiker seinerseits sich nicht mit dem bloßen Bericht vergangener Vorgänge zufrieden (obwohl er das auch tun sollte), sondern erachtet es als seine Pflicht,

ihre spezifischen Formen und Eigenschaften zu erkunden. Er hat es schließlich mit Menschen zu tun. Und das Interesse, das man ihnen erweist, verlangt von ihm, die Vorgänge in ihrer Konkretheit oder tatsächlichen Einmaligkeit zu erfassen, unbeschadet, ob und wie er imstande sein wird, sie in einen Zusammenhang zu bringen. Als die Ermordung von Präsident Kennedy in New York bekannt wurde, bildeten die Leute spontan kleine Gruppen auf den Straßen und sprachen unter dem Eindruck des erlittenen Schocks immer wieder miteinander. Viele weinten. Sprachen sie in ihrem Schmerz über das Verbrechen, suchten sie nach den dahinterstehenden Motiven? Ja und nein. Von diesem natürlichen Gesprächsstoff kamen sie immer wieder auf das Opfer zurück – seine Jugend, seine Art zu leben, seine unerfüllten Ziele. Zweifellos drängte sie ein Primitivinstinkt, auf diese Art eine Vergangenheit zu beschwören, die vor einem Augenblick noch Gegenwart war, und die ganze Reichweite dessen abzuschätzen und sich auszumalen, was sie – wir – gedankenlos besessen und jäh verloren hatten. Sie folgten hierin einem Verlangen, das allem Geschichtsschreiben zugrundeliegt: sie wollten »verstehen«.
Man kann von diesem Verlangen nicht reden, ohne an Dilthey zu erinnern und sein beharrliches Bemühen, »Verstehen« als das Hauptanliegen der Geschichtswissenschaften herauszustellen. »Verstehen« ist einer seiner Leitbegriffe. Dilthey deutet es mit einer Begrifflichkeit, die eigenständig ist, obschon einer psychologisierenden und reichlich trüben Lebensphilosophie verhaftet. Er sieht Geschichte als einen Lebensprozeß an, der durch uns hindurch geht und unsere gesamte Existenz umfaßt; und er argumentiert, daß wir, um die in jenem Prozeß enthaltenen Phänomene zu »verstehen«, sie mit unserem ganzen Sein erfahren müssen, so daß das Leben, das wir sind, dem ihren entspricht.[46] Von Ranke bis Huizinga oder Isaiah Berlin bestehen viele Historiker darauf, daß totales Engagement des Historikers unabdingbar sei.[47]

Im übrigen neigt Dilthey, durchdrungen vom Geist des Historismus, dazu, die Rolle des Verstehens zu Lasten wissenschaftlicher Kenntnis zu betonen – eine Tatsache, die schon zu Beginn dieses Kapitels erwähnt wurde. Nach seiner Sicht hat geschichtliches Verstehen nichts mit wissenschaftlichen Erklärungen zu tun; vielmehr erschöpft es sich, aus Gleichgültigkeit gegen Gesetze und Gesetzlichkeiten, darin, individuelle Wesenheiten vielleicht unerfindlichen Ursprungs zu durchdringen. Mit Recht. Jedoch begrenzt Dilthey so zu Unrecht das zu erforschende Gebiet. Da »die Freiheit der Geschichte sich erhebt auf Grund von Naturnotwendigkeit«[48], enthält historische Realität Gleichförmigkeiten und in der Tat kausale Beziehungen, welche ebenfalls das Augenmerk des Historikers verlangen. Einem Historiker, der sich auf »Verstehen« in Diltheys Sinn beschränkte, würde ein ziemlicher Teil an »Komponenten, Faktoren, Aspekten«[49] entgehen, auf die sein Verstehen Anspruch erhebt. Geschichte ist ein zweischneidiges Unternehmen. Ganz gewiß gehört sie nicht den Wissenschaften an, doch ist sie eine Wissenschaft, der die Bezeichnung nur zukommt, wenn sie alles das sich aneignet, was jene anzubieten haben mögen, und sich ihnen gegenüber allgemein so verhält, als wären sie Genossen.

II. Der historische Ansatz

Moderne Geschichtsschreibung kann anscheinend zu sich selbst kommen, wenn es ihr gelingt, sich nicht nur der Scylla philosophischer Spekulationen samt ihren pauschalen Bedeutungen, sondern auch der Charybdis der Wissenschaften samt ihren Naturgesetzen und Gesetzmäßigkeiten zu entziehen. Was dann ins Blickfeld des Historikers tritt, ist ein Konglomerat aus »besonderen Ereignissen, Entwicklungen und Situationen menschlicher Vergangenheit«[1] – einander folgende und/oder miteinander existierende Phänomene, die zusammengenommen historische Realität ausmachen. Im Lichte irdischer Argumentation zeigt dieses Universum folgende (minimale) Merkmale: Es ist geladen mit Zufälligkeiten, die seine Berechenbarkeit, seine Subsumtion unter das deterministische Prinzip zunichte machen. (Natürlich könnten sich die Dinge unter einheitlicher globaler Steuerung menschlicher Verhältnisse ändern, doch erhebt sich dann die Frage, in welchem Maß die Lebenskräfte, die Zufälligkeiten hervorbringen, einer weltweiten Beherrschung unterworfen werden können, ohne sich aufzulehnen oder zu verfallen. Wenn Anarchie nach Ordnung ruft, neigt Ordnung dazu, Anarchie zu erzeugen.) Zudem ist historische Realität virtuell endlos, da sie ausgeht von einem Dunkel, das zunehmend abnimmt und sich in eine Zukunft offenen Endes weitet. Und schließlich ist sie in Hinsicht auf Bedeutung unbestimmt. Ihre Merkmale bestimmen sich nach dem Material, aus dem sie gewoben ist. Das Universum des Historikers ist so ziemlich aus dem gleichen Stoff wie unsere tägliche Welt – der nämlichen Welt, der Husserl als erster philosophische Würde verlieh. In jedem Fall kommt diese Welt dem am allernächsten, was er die *Lebenswelt* nennt und als die Quelle und letztliche Rechtfertigung aller

Geisteswissenschaften ausweist. Die Wissenschaft, sagt er, idealisiert die Erfahrungen, die wir in dieser gewöhnlichen intersubjektiven Welt machen; sie »schwebt so wie in einem leeren Raum über der Lebenswelt«.[2] In Wahrheit ist Geschichte jedoch dadurch von den Naturwissenschaften unterschieden, daß sie dort in viel geringerer Höhe als jene schwebt, denn sie handelt unmittelbar von dem Leben, das auf der Bahn unserer Alltagserfahrung liegt. Sich dieses Leben als einen kontinuierlichen Prozeß zu denken, wäre ziemlich gewagt. Burckhardt stellt nicht nur Zeiträume von Krise und extremem Wandel heraus, sondern glaubt, daß bestimmte Vorstellungen und Bewegungen aus »verborgenen Tiefen«[3] auftauchen (was ihn allerdings nicht abhält, sich nach geschichtlicher Kontinuität zu sehnen)*; und Marx richtet den Scheinwerfer weniger auf die allumfassende Signifikanz von Geschichte als auf ihre radikalen Brüche[4] (ohne jedoch den Begriff von einem dialektischen Geschichtsprozeß aufzugeben). Dies soll nicht besagen, daß das geschichtliche Universum als unstrukturiert zu denken sei. Zumindest viele Entwicklungen in der Neuzeit sind auf sozioökonomische Einwirkungen zurückzuführen. Kunstformen ist ein Entfalten und Vergehen nach Maßgabe von immanenter Logik eigen. Kontroverse Fragen, die große Teile der Bevölkerung in ihren Bann schlagen – wie z. B. die Kirchenreform in der Renaissance –, haben es an sich, eine Kette einander verbundener Ereignisse in Gang zu setzen. Und einige Zeiträume beeindrucken uns dadurch, daß ihnen eine ausgesprochene Physiognomie zu eigen ist.[5] Diese vorgegebenen Muster, Fasern und Sequenzen durchziehen jedoch ein Material, das auf weite Strecken unfertig, heterogen und dunkel ist. Vieles davon ist eine trübe Masse von Fakten.

Es ist Sache des Historikers, durch diese Räume einen Kurs zu halten. Welche Fragen auch er bei manchem Teil oder Aspekt geschichtlicher Wirklichkeit geltend macht, sieht er sich unausweichlich vor zwei Aufgaben gestellt: 1. Er muß

* Vgl. Kapitel 6, S. 173–176.

die relevante Evidenz so unparteiisch wie möglich begründen, und er muß 2. versuchen, das so gewonnene Material intelligibel zu machen. Natürlich ist mir bewußt, daß Fakten zu erstellen und sie auszulegen zwei Seiten ein und desselben unteilbaren Vorgangs sind. Der Historiker kann die gewünschte Evidenz nicht ansammeln, wenn er nicht von einer sei's auch vagen Vorstellung geleitet wird, was er der Vergangenheit abgewinnen will und warum er es ihr abgewinnen will, und umgekehrt mag die angehäufte Evidenz ihn ihrerseits verpflichten, seine ursprünglichen Vermutungen zu modifizieren. So löst Spontaneität sich ständig ab mit Rezeptivität. Doch zum Zweck der Analyse ist es besser, diese beiden verflochtenen Bestandteile jeglicher historischer Untersuchung auseinanderzuhalten. Es wäre auch zu sagen, daß der Historiker zwei Tendenzen verfolgt – die realistische Tendenz, die ihn veranlaßt, alle Daten von Interesse zu erfassen, und die formgebende Tendenz, die nach Erklärung des erfaßten Materials verlangt. Er ist sowohl passiv wie aktiv, ein Buchhalter wie ein Schriftsteller.

Sein Verfahren ist ohne Zweifel dem eines Wissenschaftlers ähnlich. Geht doch auch der Wissenschaftler von Hypothese zu Experiment und Beobachtung vor und wieder zurück zur Hypothese in einer praktisch unabsehbaren Bewegung. Doch sollten diese Ähnlichkeiten im Verhalten nicht dazu führen, Geschichte zu verwechseln mit eigentlicher Wissenschaft. Tatsächlich wird der sie einigende Effekt bei weitem durch die methodologischen Implikate der Unterschiede von menschlichen Verhältnissen und Naturereignissen übertroffen. (Im Eifer, den Wissenschaftscharakter von Historiographie zu betonen, neigen die logischen Positivisten dazu, das Einwirken dieser materialen Unterschiede herabzusetzen, indem sie unermüdlich die Ähnlichkeiten von wissenschaftlicher und historischer Methode herausstreichen. Ihr Argument beruht auf der Annahme, daß Allgemeinbegriffe substantiell die von ihnen begrenzten Bereiche decken und daß die allgemeinen Eigenschaften einer Klasse von Phänomenen – in diesem Fall jene Ähnlichkeiten – gegenüber den weniger allgemeinen Eigenschaften der besonderen Phänomene, die jener Klasse zugehören, Vorrang haben. Durchdrungen von Ehrfurcht vor hohen Abstraktionen, fügt diese Annahme sich eingefleischten Denkgewohnheiten. Man fragt sich allerdings, ob sie unangreifbar sei. Erwägungen auf dem Boden materialer Logik könnten den Anspruch auf bedingungslosen Vorrang der formalen Logik einschränken.)*[6] Wie erinnerlich, widersteht, im Gegensatz zur Naturwelt des Wissenschaftlers, historische Realität, diese Mischung aus Naturereignissen und relativ freien Entscheidungen, einer Zerlegung in wiederholbare Elemente, deren Beziehung untereinander definitiv zu fixieren ist. Noch ist sie in ihrer Gänze (Längsschnitt-) Gesetzen unterworfen. Diese Verfassung des geschichtlichen Universums – das mehr mit der *Lebenswelt* denn mit der reduzierten Natur, wie sie der Wissenschaftler fabriziert, gemeinsam hat – wirft Probleme auf, auf die man außerhalb seiner nicht stößt. Sie betreffen beispielsweise das Erstellen von Evidenz, den Grad von Objektivität, der dem Historiker erreichbar ist, usw.; und sie sind von entschieden größerer Konsequenz als all die Ähnlichkeiten, die sich zwischen historischen und wissenschaftlichen Arbeiten behaupten.

Die Anfänge moderner Geschichtsschreibung sind gekennzeichnet durch ein starkes Interesse an realistischer Tendenz, der kaum eine Chance vergönnt war, sich unter den damals herrschenden moralischen und philosophischen Geschichten zu behaupten. Das Bemühen, die Vergangenheit in ihrer Blöße vorzustellen, ging einher mit Angriffen auf sie verschleiernde spekulative Synthesen. Die Göttinger Historiker des 18. Jahrhunderts wie Gatterer und Schlözer verdammten die »Oberflächlichkeiten der *philosophes*«.[7] Ranke sah es ebenso darauf ab, geschichtliche Wirklichkeit gegen Vergewaltigung durch »ein abstraktes System, abstrakte Konstruktion und Geschichtsphilosophie«[8] zu schützen; er ver-

* Siehe Kapitel 8.

warf, in Butterfields Worten, »eine Schematisierung, die nicht aus den aufgezeichneten Fakten folgerte«.[9] In der Vorrede zu seiner *Geschichte der romanischen und germanischen Völker von 1494 bis 1535* verhöhnte er die moralisierenden Historiker seiner Zeit, die der Historie das »Amt, die Vergangenheit zu richten, die Mitwelt zum Nutzen zukünftiger Zeitalter zu belehren«[10] beimaßen. Es folgt die berühmte Wendung, daß er selbst nur sagen wolle, *wie es eigentlich gewesen.*[11]

Dieses Buch, sein erstes, erschien 1824. Nur 15 Jahre später trat die Photographie auf den Plan. Es scheint mir von großem Interesse, daß in der Dimension der darstellenden Künste Daguerres Erfindung Fragen und Forderungen aufwarf, jenen ähnlich, die eine so große Rolle in zeitgenössischer Geschichtsschreibung spielen.

Heine war diese Verbindung bewußt, als er in der Widmung der *Lutezia* an Fürst Pückler-Muskau, die datiert ist: Paris, August 1854, den Zweck dieses aus seinen journalistischen Arbeiten zusammengestellten Buches »über Politik, Kunst und Volksleben« darlegte. »Um die betrübsamen Berichterstattungen zu erheitern«, schreibt er, »verwob ich sie mit Schilderungen aus dem Gebiete der Kunst und der Wissenschaft ... [Dies] geschah ..., um das Bild der Zeit selbst in seinen kleinsten Nuancen zu liefern. Ein ehrliches Daguerreotyp muß eine Fliege ebensogut wie das stolzeste Pferd treu wiedergeben, und meine Berichte sind ein daguerreotypisches Geschichtsbuch, worin jeder Tag sich selber abkonterfeite, und durch die Zusammenstellung solcher Bilder hat der ordnende Geist des Künstlers ein Werk geliefert, worin das Dargestellte seine Treue authentisch durch sich selbst dokumentiert. Mein Buch ... kann ... auf jeden Fall dem späteren Historiographen als eine Geschichtsquelle dienen, die, wie gesagt, die Bürgschaft ihrer Tageswahrheit in sich trägt.«[12]

Was ist der *Zeitgeist,* dem diese Entsprechung von Geschichtsschreibung und der neuen Erfindung der Daguerreotypie zuzuordnen ist? Ich werde zeigen, daß sie auf bedeutsame Analogien zwischen Geschichte und den beiden Medien verweisen, die die Welt um uns mit Hilfe einer Kamera aufnehmen – die Photographie selbst und der photographische Film. Für ein Verstehen von Geschichte mag es sich daher als nützlich erweisen, der Natur dieser Analysen auf den Grund zu gehen. Natürlich ist nichts über sie herauszufinden, ohne einen Blick auf die relevanten Merkmale der photographischen Medien zu werfen.[13]

Nicht allen Medien der Kunst ist ein ihnen eigener Charakter nachzusagen: die verschiedenen Stile der Malerei zum Beispiel sind kaum vom stilisierten Material und vorgegebenen technischen Faktoren abhängig. Photographie jedoch ähnelt den verschiedenen Wissenszweigen darin, daß sie sich bestimmte Eigenheiten zuschreibt, die dazu neigen, das Werk in seinen Grenzen zu bedingen. Schon in den archaischen Zeiten des Mediums diagnostizierten sie scharfsinnige Kritiker, indem sie die ausnehmende Fähigkeit der Kamera bewunderten, sichtbare oder potentiell sichtbare physische Realität ebenso aufzunehmen wie zu entlarven. So schwärmte Gay-Lussac für die »mathematische Exaktheit«[14] jeglichen Details auf der photographischen Platte und betonte, daß kein Detail, »und sei es unwahrnehmbar, dem Auge und Pinsel dieses neuen Malers« entgehen könne.[15] (Der Ausdruck »Maler«, wie er hier verwendet wird, erinnert an die Zeit, zu der Automobile noch wie Kutschen ohne Pferde aussahen.) Unter gleichem Vorzeichen wird ein Pariser Journalist gegen Ende des Jahrhunderts an den ersten Filmen von Lumière das Darstellen oder vielmehr das Vorstellen von »Natur in flagranti«[16] preisen. Kurz, von Anfang an war anerkannt, daß Photographie einzigartig ausgestattet sei, der realistischen Tendenz in einem Maß zu folgen, das den verwandten herkömmlichen Künsten unerreichbar war.
Dies führte die naiven Realisten des 19. Jahrhunderts dazu,

Photographie als eine Reproduktionstechnik aufzufassen. Sie waren einer Meinung, daß sie Natur mit einer Treue aufnehme, »die Natur selbst gleichkommt«[17]; und sie priesen Drucke, die ihnen, um Rankes Diktum zu paraphrasieren, zu zeigen schienen, *wie es eigentlich ist.* Delacroix verglich die Daguerreotypie mit einem »Wörterbuch« der Natur.[18] Photographie ist nur dann sie selbst, so meinten jene wissenschaftlich ausgerichteten Realisten, wenn sie einer unpersönlichen Wiedergabe äußerer Erscheinungen gleichkommt. Proust übernahm in seinem Roman diese Sicht, vielleicht weil sie ihm ermöglichte, seine unwillkürlichen, völlig subjektiven Erinnerungen effektvoll gegen die äußeren und objektiven Erinnerungen abzuheben, wie sie in photographischen Darstellungen niedergelegt sind. So stellt sich ihm Gefühlsentäußerung als des Photographen höchste Tugend dar. Ihm zufolge ist der ideale Photograph ein Spiegel, der keine Unterschiede macht, das Gegenstück zur Kameralinse.[19]

Meditieren Historiker über ihr Handwerk, vergreifen sie sich manches Mal an Photographie, um dann zu fordern, man solle den Historiker nicht fälschlich für einen Kameramann halten. So verkündete Droysen, das historische Erzählen sei nicht darauf aus, vergangene Ereignisse zu »photographieren«, sondern ziele darauf, unsere Vorstellungen von ihnen von diesem oder jenem Standpunkt aus zu vermitteln.[20] Moderne Historiker pflichten bei: »Die Aufgabe des Historikers«, sagt Namier, »gleicht der des Malers und nicht der des Photoapparates: das zu entdecken und zu fördern, einzugrenzen und hervorzuheben, was in der Natur der Sache liegt, und nicht unterschiedslos alles das wiederzugeben, was das Auge erfaßt.«[21] Auch Marc Bloch spricht von der Bedeutungslosigkeit einer »einfachen Photographie« der menschlichen Realität.[22] Solche Verweise auf das photographische Medium kämen gänzlich ungerufen, machten die Historiker damit nicht auf die Möglichkeit aufmerksam, daß Geschichte und Photographie schließlich miteinander zu tun haben. Andererseits deuten sie auf diese Möglichkeit nur, um sie kategorisch abzustreiten. Warum verwerfen sie die nämlichen Vergleiche, die sie selbst sich nicht scheuen vorzubringen? Ihnen allen ist daran gelegen, den positivistischen Begriff vom Historiker als einem reinen Aufzeichnungsinstrument zu diskreditieren, das passiv (und passionslos) eine Masse ungesiebter Daten und Fakten registriert. Und nicht nur Droysen, der Zeitgenosse der primitiven Realisten des 19. Jahrhunderts, sondern auch Namier und Bloch, die es besser gewußt haben sollten, gehen davon aus, daß die Kamera der Natur einen Spiegel vorhält. Folglich müssen sie tatsächlich den Historiker, der diesen Namen verdient, sich als Antipoden des Photographen denken.

Naiver Realismus ist längst dahin; und niemand dächte heute im Traum daran, die Kamera einen Spiegel zu nennen. In Wahrheit gibt es überhaupt keinen Spiegel. Selbst Prousts idealer Photograph muß dreidimensionale Erscheinungen in Fläche umwandeln und ihre Bindungen an die Umgegend zerteilen. Was wichtiger ist: er kann nicht umhin, die einströmenden Eindrücke zu strukturieren; die simultanen Wahrnehmungen seiner anderen Sinne, bestimmte sinnliche Formkategorien, die seinem Nervensystem innewohnen, und nicht zum geringsten seine allgemeine Verfassung nötigen ihn dazu, das visuelle Rohmaterial im Akt des Sehens zu organisieren. Wenn dies so ist, gibt es keinen Grund auf Erden, warum der Photograph sein formgebendes Drängen im Interesse des notwendig vergeblichen Versuches, Objektivität zu erlangen, unterdrücken sollte – jene interesselose Objektivität, die Taine so sehr ersehnte, daß er darauf aus war, »die Objekte wiederzugeben ... wie sie wären, selbst wenn ich nicht existierte«.[23] Wie dem auch sei, alle großen Photographen nahmen sich die Freiheit, Motiv, Ausschnitt, Linsen, Filter, Emulsion und Korn jeweils ihrer Sensibilität entsprechend auszuwählen. (War es anders bei Ranke? Seine Vision der Universalgeschichte zum Beispiel schien sein Verlangen nicht zu schmälern, zu sehen, wie es eigentlich gewesen. Vielleicht läßt sich von ihm sagen, daß sein Formstreben sich verbündete mit seinen realistischen Vorhaben.) Das Ergebnis ist, daß wahrhafte Photographien von neutralen Wiedergaben physischer Realität bis zu hoch subjektiven Darstellungen reichen. Wäre Namier dieses bewußt gewesen, hätte er es für angebracht gehalten, den Historiker einem Photographen statt einem Maler zu vergleichen. Zum Glück ist wenigstens ein bedeutender zeitgenössischer Historiker – H.-I. Marrou – hinreichend mit dem Medium vertraut, um das Vorurteil seiner Kollegen bloßzustellen. Er macht auf Abzüge von Leuten wie Nadar und Cartier-Bresson aufmerksam, und stellt klug dar, daß dank dem Eingreifen authentischer Photographien in die mechanischen Prozesse ihre Bilder etwas Persönliches an sich hätten und zutiefst von Kenntnis erfüllt seien.[24]

Haben wir dann zu folgern, daß Photographie letzten Endes von den etablierten Künsten sich nicht unterscheidet? Die Geschichte der photographischen Medien erzählt uns von dem, was angestrebt und erreicht worden ist, das diesen Schluß erhärtet. Nehmen wir die »Kunstphotographen« des 19. Jahrhunderts: nicht zufrieden mit dem, was sie für bloßes Nachahmen sichtbarer Wirklichkeit hielten, versuchten sie sich an Bildern, die, wie es ein englischer Kritiker wollte, Schönheit ausmalten, anstatt nur Wahrheit darzustellen.[25] Einer von ihnen, der Bildhauer Adam-Salomon, schwelgte in Portraits, die aufgrund ihrer Ausleuchtung à la Rembrandt und Samtdrapierung Lamartine veranlaßten, seine ursprüngliche Meinung, Photographien seien nichts als »Plagiate der Natur«, zu widerrufen.[26] Die Kamera, »dieser neue Maler«, übernahm auf diese Weise wiederum die Aufgaben eines Malers im herkömmlichen Sinn. Auch die experimentellen Photographien unserer Tage scheren sich nicht um die spezifischen Fähigkeiten der Kamera. Ganz im Gegenteil lösen sie sich oft vorsätzlich vom realistischen Standpunkt, um die ihnen verfügbaren Techniken zur Erzeugung von Bildern auszunutzen, die ebensogut Reproduktionen abstrakter Gemälde sein könnten.[27] Im Film manifestiert das gleiche Bestreben nach Emanzipation von der Außenwelt, nach eigenem Ausdruck und nach abgewogener Komposition sich immer wieder. Die Avantgarde-Filmkünstler der Zwanziger Jahre beispielsweise schnitten ansonsten realistisches Bildmaterial musikalischen Rhythmen entsprechend, erfanden freizügig Formen, statt sie aufzunehmen und zu entdecken, und ließen aus dem Leben gegriffene Aufnahmen für Inhalte und Bedeutungen stehen, die alles andere enthielten, als was die Bilder wirklich zeigten.[28] Daß ähnliche Absichten sich auch in Geschichtsschreibung niederschlügen, steht um so mehr zu erwarten, da Geschichte mit den Kunstgriffen der Kamera darin koinzidiert, daß sie ihre Adepten herausfordert, ein gegebenes Universum zu erfassen. Die Herausforderung ist hinreichend strikt, den Drang nach ihrer Zurückweisung zu wecken. Um im Bereich der Kunst zu bleiben: eine Anzahl historischer Schriften beeindruckt dadurch, daß sie von der dem Autor inhärenten Formabsicht eher bestimmt ist als von der eigentlichen Formung ihres Materials. Es versteht sich, daß ich hier nicht an romanhafte Lebensbeschreibung und ähnliches denke, sondern an gewisse Werke professioneller Gelehrsamkeit. Sie bezeugen ein geschärftes Bewußtsein von organisatorischen Arrangements und Stilfragen; und sie haben einen Schein von Vollständigkeit an sich, die an die dichte Textur von Experimentalaufnahmen erinnert. Man fragt sich zum Beispiel, ob Huizingas *Herbst des Mittelalters* nicht in erster Linie auf sein Verlangen, eine Stimmung zu formen, und auf sein Interesse an Schönheit zurückzuführen ist, das das Gebiet seiner Forschung mittels Anregung und Anleitung begrenzt.[29]

Obwohl Pieter Geyl die ästhetisierende Haltung an dem Werk bemängelt, kann er nicht umhin, es als »Meisterwerk« zu respektieren.[30] Gewiß, in meines Vaters Haus sind viele Wohnungen, doch ist nicht ebenso gewiß, daß vom säkularen Standpunkt her gesehen die eine oder andere Wohnung den übrigen vorzuziehen sei? Ich stelle anheim, daß die Produkte eines Mediums mit spezifischen Merkmalen um so befriedigender ausfallen, je mehr sie sich auf diese Merkmale stützen. Um das gleiche negativ auszudrücken: eine Vollkommenheit, die den je vorhandenen Eigenheiten des Mediums Hohn spricht, verletzt vermutlich unsere Gefühle; die alten Eisenkonstruktionen mit ihren Anleihen bei neugotischer Steinarchitektur sind so irritierend wie ehrwürdig. Es folgt aus diesem Prinzip – das ich in meiner *Theorie des Films* das »ästhetische Grundprinzip«[31] genannt habe –, daß der Photograph nicht zu sich selbst kommt, wenn er nicht versucht, das zu tun, was seine Kamera ihm besser als jedermann zu tun erlaubt; er muß beim Erfassen und Durchdringen äußerer Wirklichkeit zum Äußersten gehen. Man stelle sich zwei photographische Portraits vor, eines in der Art einer beiläufigen Selbstenthüllung, noch »durchdrungen mit der Illusion von Leben«[32], und das andere in Hinsicht auf Beleuchtung, Hintergrund usw. so stilisiert, daß es nicht mehr an Leben in seinem Fluß denken läßt: keine Frage, daß einem das erste als mehr genuin photographisch auffällt denn das letztere. Die Einstellung des Photographen wäre photographisch zu nennen, wenn sein formgebendes Streben sein realistisches Vorhaben stützt und ihm nicht zuwiderläuft. Dies schließt ein, daß er weniger dem mit Ausdruck begabten Künstler gleicht als dem mit Einbildung begabten Leser, der sich an das Studium und Entziffern eines schwer lesbaren Textes macht. Seine »Vorstellungskraft«, wie es einer von der Zunft sieht, sollte verankert sein in »wirklicher Achtung vor den Dingen, die er vor sich hat«.[33] Dank der entlarvenden Macht der Kamera hat er auch etwas von einem Entdecker an sich, der voller Neugier durch noch unerobertc Räume streift. Der genuine Photograph beruft sein Sein nicht dazu, es in autonomen Schöpfungen zu entladen, sondern es in Substanzen von Erscheinungen des wirklichen Lebens vor seinen Linsen aufzulösen, so daß beide unversehrt bleiben und transparent werden. Gesetzt, Photographie ist eine Kunst, dann eine Kunst, die anders ist: im Gegensatz zu den herkömmlichen Künsten darf sie sich rühmen, ihr Rohmaterial nicht gänzlich zu verzehren.

Nachdem er seine Entschlossenheit, »zu zeigen, wie es eigentlich gewesen« bekundet hat, macht Ranke einige Zeilen weiter eine Bemerkung von ähnlicher Konsequenz: »Es ist nicht zu erwarten, daß das Schreiben von Geschichte über die gleiche freie Entwicklung seines Subjektes verfügt, die zumindest theoretisch in einem literarischen Werk vermutet wird.«[34] (Etwas vage, wie Rankes theoretische Bemerkungen gemeinhin sind, haben sie den Vorteil, nicht hervorzugehen aus dem Jonglieren mit einer Handvoll Abstraktionen, sondern aus seiner unverfälschten Erfahrung als ausübender Historiker.) Was er übermitteln will, ist folgendes: Es ist Aufgabe des Historikers, menschliche Verhältnisse der Vergangenheit angemessen wiederzugeben und aufzuzeichnen. Dies wiederum bedeutet, daß sein Handwerk ihm bestimmte Einschränkungen auferlegt. Ihm geht die Freiheit des Epikers oder Dramatikers ab, sein Material nach Belieben zu ändern oder zu formen. So formuliert Ranke ein Prinzip, das das Feld von Geschichtsschreibung eingrenzt; seine Aufgabe ist die eines »Keine Durchfahrt«-Schildes, das potentielle Übertreter vor den Gefahren warnt, die ihnen zustoßen könnten. Muß man noch sagen, daß dieses Prinzip – dessen Gültigkeit für Geschichte im modernen Verständnis kaum zu bezweifeln ist – dem »ästhetischen Grundprinzip« entspricht, das als Kriterium für photographische Betätigung steht? In genauer Analogie zum photographischen Ansatz bewahrheitet der »historische Ansatz« sich nur, wenn die Augenblickseingebung des Historikers nicht seine Loyalität zur Evidenz beeinträchtigt, sondern umgekehrt seiner Einfühlung und Versenkung in das Beweismaterial zugute kommt. Nun wird man besser verstehen, warum Historiker von Mißtrauen gegen philosophische Spekulation erfüllt sind, die wie zu weite Kleider locker am Gerippe der Fakten hängen, und warum sie zu Recht oder Unrecht Skrupel hegen gegen historische Schriften, deren literarische Schönheit sichtlich ins Auge fällt.

Worauf es sowohl bei Photographie wie Geschichte ankommt, ist offensichtlich die »richtige« Balance von realistischer und formgebender Tendenz. Die Bedingungen, unter denen diese Balance zustandekommt, ist mittels einer einfachen, gleichsam mathematischen Formel auf einen Nenner zu bringen: Realistische Tendenz $\geq$ Formgebende Tendenz. Diese Formel deckt eine Vielfalt von Fällen. Sie erstrecken sich auf ein Kontinuum, an dessen einem Pol Darstellungen zu finden wären, die beabsichtigen, einige Teile an gegebener Wirklichkeit so treu wie möglich offenzulegen. Ich denke hier an die vielen faktisch-orientierten historischen Darstellungen, die oft in Form von Monographien sich darauf beschränken, einen Komplex von Ereignissen, Entwicklungen oder Situationen mit nur ganz geringer Einmischung subjektiver Vorlieben und formgebender Absichten zur Schau zu stellen. Ihnen entsprechen im Bereich der Kamera-Arbeit glatte Bildberichte wie kunstlose Photographien, unpersönliche Wochenschauaufnahmen und ähnliches. Darstellungen dieser Art kommen Reproduktionen sehr nahe. Aber sie werden jedenfalls der Mindestforderung ihrer entsprechenden Medien gerecht. Der Gegenpol des Kontinuums wird von Schriften eingenommen, in denen Spontaneität und Rezeptivität im Gleichgewicht zu stehen scheinen, die Deutung den vorliegenden Daten so vollkommen angemessen ist, daß sie diese weder überwältigt, noch einen unverdauten Rest läßt. Alfred Stieglitz' Abzug von einer Gruppe windschiefer Bäume ist eine Photographie wirklich existenter Bäume und gleichzeitig ein denkwürdiges Bild (*image*) – oder sollte ich Allegorie sagen? – von Herbsttrauer. Von den Parallelen, auf die ich in der Geschichtsschreibung gestoßen bin, ist Panofskys »Prinzip der Disjunktion« als Beispiel so gut wie je andere. Danach sind im Hoch- und Spätmittelalter Kunstwerke, die ihre Form einem klassischen Vorbild entnehmen, in der Regel mit christlicher Signifikanz belehnt, während Kunstwerke, die ein klassisches, heidnischen Literaturquellen entnommenes Thema illustrieren, ihren Gegenstand in nichtklassischer, zeitgenössischer Form darstellen.[35] Das Prinzip entspricht den Funden empirischer Forschung um so treffender, als Panofsky Mühe hat, die bekannten Ausnahmen der ersten Alternative zu erklären. Ist das Gleichgewicht belastet, wird es tatsächlich sehr heikel: auf den ersten Blick scheinen bestimmte Photographien – z. B. Moholy-Nagys *Vom Berliner Funkturm** – nichtobjektive Kompositionen zu sein, während sie sich auf den zweiten Blick als Wiedergabe natürlicher Objekte aus einem unkonventionellen Winkel der Kamera gesehen enthüllen. Eine leichte Akzentverlagerung in gleicher Richtung und die »richtige« Balance von Reproduktion und Konstruktion ist dahin. Wir betreten eine Gegend, in der die Formimpulse des Historikers sein realistisches Vorhaben ausstechen.

Es besteht folglich eine fundamentale Analogie zwischen Geschichtsschreibung und den photographischen Medien: wie der Photograph ist der Historiker nicht willens, über seinem Vorverständnis seine Aufnahme-Verpflichtung zu vernachlässigen und das Rohmaterial, das er zu gestalten sucht, vollständig zu verzehren. Dies ist jedoch nicht alles. Eine andere grundlegende Analogie bringt das Thema, das beiden Arbeitsgebieten eigen ist, zur Geltung. Vorausgesetzt, die Photo- und Filmkameras erkennen das »ästhetische Grundprinzip« an, so stellen sie sich gewöhnlich auf eine Welt ein, die gewiß nicht die abstrakte Natur der Wissenschaft ist, noch eine Welt, die einen wohlgeordneten Kosmos ankündigt, denn »es gibt keinen Kosmos auf der Leinwand, nur Erde, Bäume, Himmel, Straßen und Eisenbahnen ...«[36] Vielmehr hat »Kamera-Realität« – die Art Realität, auf die der Photograph oder Filmemacher seine Linsen richtet – alle Kennzeichen der *Lebenswelt* an sich. Sie umfaßt leblose Objekte, Gesichter, Massen, Leute, die sich mischen, leiden

* (Abbildung 2 in Kracauer, *Theorie des Films*, Frankfurt 1964.)

und hoffen; ihr großartiges Thema ist Leben in seiner Fülle, Leben, wie wir es gemeinhin erfahren.
Kein Wunder, daß Kamera-Realität historischer Realität in Hinsicht auf ihre Struktur, ihre allgemeine Verfassung parallel läuft. Genau wie historische Realität ist sie teils geformt, teils amorph – in beiden Fällen eine Folge des halbgaren Zustands unserer Alltagswelt. Und sie zeigt Züge, die etwas von den Merkmalen des Universums des Historikers an sich haben. Zunächst scheinen Photographen geneigt, den Zufallscharakter ihres Materials ins Licht zu setzen. Zufallsereignisse sind der wahre Kern von Schnappschüssen. Authentischen Bildern sieht man an, daß ihre Gegenstände beiläufig aufgenommen wurden. Desgleichen haben Filmemacher einen Hang zur Wiedergabe von flüchtigen Eindrücken und unvorhersehbaren Begegnungen. (Daß diese Empfänglichkeit für das eher Zufällige als Vorhergesehene auch Historikern zum Vorteil gereichen würde, ist schon zu Beginn der Photographie erkannt worden. Im Brockhaus-Lexikon von 1840 werden Friedrich von Raumers zeitgenössische Geschichten gelobt, Daguerrotypien darin zu ähneln, daß sie die »flüchtigen Schatten der Gegenwart« im Flug festhalten.[37]) Da die Konfigurationen des Zufalls fragmentarisch sind, neigt Photographie des weiteren dazu, an Endlosigkeit denken zu lassen. Eine genuine Photographie schließt den Begriff der Vollständigkeit aus. Ihr Ausschnitt bezeichnet eine vorläufige Grenze; ihr Inhalt deutet über jenen Ausschnitt hinaus und verweist auf eine Mannigfaltigkeit von Erscheinungen des wirklichen Lebens, die in ihrer Ganzheit unmöglich zu erfassen sind. Wie steht ist mit Filmen? Es ist, als seien sie belebt von dem chimärischen Verlangen, das Kontinuum physischer Existenz mit allen ihren psychologischen und geistigen Entsprechungen zu errichten. Um uns das bewußt zu machen, weichen Filmregisseure häufig von der Handlung ab, die sie aus keinem anderen Grunde zeigen, als um die sichtbare Umwelt, in die sie führt, zu erkunden; so läßt Olivier in seinem *Hamlet*-Film unab-

lässig Travelling und Totale von den labyrinthischen Interieurs eines leider im Studio erbauten Helsingør drehen. Oder eine scheinbare *Gestalt* ist in virtuell unzählige Elemente zerlegt; ein Modellfall ist Eisensteins Versuch, in seiner nie ausgeführten Verfilmung der *Amerikanischen Tragödie* die Unendlichkeit von Faktoren und Umständen zu beschwören, die zu Clydes Entscheidung führten, Roberta umzubringen.* – Es gibt außerdem die Affinität der Kamera zum Unbestimmten. Gewiß verleiht der Photograph seinen Bildern Form und Bedeutung nach Maßgabe vorsätzlicher Auswahl. Seine noch so selektiven Abzüge müssen dennoch Natur im Rohzustand aufnehmen. Wie die natürlichen Objekte selbst werden sie daher von einem Saum nicht abgesetzter, mannigfaltiger Bedeutungen umgeben. Das gleiche trifft natürlich auf Filme zu. In Erörterung von Eigenschaften der Filmaufnahme bemerkt ein französischer Kritiker scharfsinnig, daß sie »begrenzt, ohne zu definieren« und daß sie die Eigenschaft habe, »als einzige unter den Künsten nicht viel mehr Erklärungen zu bieten als Realität«.[38]

Doch was hat man davon, sich in Analogien zu ergehen? Warum schwärmen für ein Thema, um es sitzen zu lassen für ein ähnliches? So schwingen sich Affen von Zweig zu Zweig, von Baum zu Baum. Zudem sind solche Vergleiche nur zu oft Produkte von Denkfaulheit. Sie dienen dazu, einen dem Anschein nach vertrauten Gegenstand durch den zu ersetzen, der als weniger vertraut erachtet wird; und jene, die vergleichen, stellen gewöhnlich oberflächliche Ähnlichkeiten groß heraus, um so rasch wie möglich in den Hafen heimzukehren, aus dem sie ausfuhren. Im Fall vorliegender Meditationen jedoch ist analogisches Vorgehen aus zwei Gründen gerechtfertigt, wenn nicht gefordert. Erstens ist die Analogie von Geschichtsschreibung und den photographischen Medien nicht einfach ein leichtes Hilfsmittel, sondern geht hervor aus der unumstößlichen Tatsache, daß

* Siehe Seite 42–43.

die Arbeit in beiden Bereichen sich um identische Bedingungen dreht: beidesmal muß das Handwerk sich mit gegebenen Welten vergleichbarer Struktur befassen und daher die schöpferischen Möglichkeiten der Ausübenden auf gleiche Art kanalisieren. Zweitens ist das Feld der Geschichte übersät mit ererbten Denkgewohnheiten und lang abgestandenen Themen, die es fast gänzlich undurchdringlich machen. Das Übergewicht abstrakten Argumentierens im Vorzeichen von Wissenschaft und herkömmlicher Philosophie ist geeignet, jegliche Anstrengung zunichte zu machen, die diesem Bereich eigene Erfahrungen und Bestrebungen in wahrhaft angemessenen Begriffen zu deuten. In Wirklichkeit ist der ganze Bereich durchdrungen und überschattet von einer merkwürdigen Mischung konkreter *ad hoc*-Einsichten und unpassender Allgemeinheiten. Kommt hinzu, daß sich frühere Ansätze zur Auseinandersetzung mit Geschichte – z. B. die christliche Konzeption von Geschichte – hartnäckig erhalten und gleich, ob getarnt oder nicht, sich weiterhin als attraktiv erweisen; ihre Gegenwärtigkeit vermag nichts als täuschenden Anschein von Vertraulichkeit zu schaffen, der das Bild noch schlimmer trübt. Im Gegensatz zu diesem Zustand der Dinge ist das Universum des Photographen etwas leichter zugänglich. Als Bildmedien sprechen Photographie und Film die Sinne unvermittelt an; und jeder für ästhetische Werte Empfängliche ist prinzipiell in der Lage, ihre besonderen Schönheiten, Möglichkeiten und Begrenzungen ohne weiteres einzuschätzen. Dies eröffnet vielversprechende Zugänge zur Analyse. Abgesehen davon, daß die Analogie zur Photographie angetan ist, gewohnte Aspekte im historischen Bereich zu verfremden, ist der Unterschied nur, daß unser Verstehen bestimmter Dinge, die der Historiker in Angriff nimmt, durch Rückgriff auf entsprechende Fragen im photographischen Métier viel gewinnen wird. Hier haben Verwicklungen und Lösungen, die aus der Sicht historischer Dimensionen verborgen blieben, eine gute Chance, mit einem Mal sichtbar zu werden. Man darf davon ausgehen, daß insbesondere das filmische Erzählen reich an Anhaltspunkten ist, die Gelegenheit zu erhellenden Vergleichen bieten.

III. Gegenwart-Interesse

»Auf dem weiten Meere, in welches wir uns hinauswagen«, sagt Burckhardt im ersten Abschnitt seiner *Kultur der Renaissance in Italien,* »sind der möglichen Wege und Richtungen viele, und leicht könnten dieselben Studien, welche für diese Arbeit gemacht wurden, unter den Händen eines anderen . . . zu wesentlich verschiedenen Schlüssen Anlaß geben.«[1] Burckhardts an so gewichtiger Stelle stehende Bemerkung bezeugt sein eindringliches Bewußtsein von der Rolle, die persönliche Ansicht und Temperament des Historikers bei der Wiedergabe und dem Verstehen von Vergangenheit spielen. (Der Grund, warum historisches Wissen Subjektivität in größerem Maße an sich hat als streng szientifisches Wissen, liegt hauptsächlich in der Tatsache, daß verschiedene Universa die formgebenden Kräfte des Forschers auf verschiedene Weise herausfordern. Während die Errichtung der Wissenschaftswelt, dieses Netzes von Beziehungen zwischen der Natur abgewonnenen oder auferlegten Elementen, mehr mathematische Vorstellungskraft erfordert als etwa moralischen Scharfsinn, verlangt die Durchdringung der Welt des Historikers, die sich gegen einfaches Zerlegen in wiederholbare Einheiten sperrt, nach dem Bemühen eines Ichs, das an Facetten so reich ist wie die menschlichen Verhältnisse, um die es geht.[2] Daß diese ebenfalls eigentlicher wissenschaftlicher Behandlung zu einem gewissen Grad unterworfen werden können, steht auf einem anderen Blatt.)

Aufgrund der kognitiven Funktionen des Historiker-Ichs schiene eine Definition seiner Natur um so wünschenswerter. Sollte es nicht zumindest möglich sein, diese schwer faßliche Wesenheit sozusagen am Pflock rational kontrollierbarer Bedingungen festzumachen? Hier kommt eine Theorie ins

Spiel, die – um es in der Begrifflichkeit jener Theorie zu sagen – nur im Gefolge des Historismus aufkommen konnte. Da historische Schriften selbst Produkte der Geschichte sind, so wird argumentiert, hängen die vermittelten Ansichten ab von der Stellung des Autors in Zeit und Ort. Dieser Satz meint zweierlei: daß der Geist des Historikers von zeitgenössischen Einflüssen geformt wurde und daß umgekehrt seine Befangenheit gegenüber aktuellen Fragen das Wie und Warum seiner Zuwendung zur Vergangenheit belegt. Die lebendige Gegenwart wird somit gleichgesetzt mit Ursprung und Ziel der Geschichte. Die führenden philosophischen Vertreter dieser Theorie des »Gegenwart-Interesses« sind Croce und Collingwood. Ohne die bedingende Macht der Welt des Historikers zu vernachlässigen, richten sie besonderes Augenmerk auf sein Bedürfnis nach moralischem oder sonstigem Engagement für Probleme seiner Zeit. Man kennt Croces Diktum, daß Geschichte Zeitgeschichte sei[3]; er ergänzt es durch die Behauptung, daß »einen nur das Interesse am Leben der Gegenwart dazu bewegen kann, vergangene Fakten aufzuspüren«.[4] (Als Person und Historiker war er selbst bewegt von einem großartigen Interesse an der Sache der Freiheit.) Ähnlich stellt Collingwood den Historiker hin als ein »Kind seiner Zeit«[5], das aus seiner Versenkung in zeitgeschichtliche Belange die Vergangenheit »wieder ins Spiel bringt«.[6] Zudem ist beiden Denkern die Notwendigkeit bewußt, ihre Betonung der Gegenwart damit zu rechtfertigen, daß sie ihr metaphysische Bedeutsamkeit verleihen. Dies bringt sie in ernsthafte Schwierigkeiten, denn beide weisen jegliches, das Ganze menschlicher Geschichte regierende Prinzip zurück, oder tun doch so, und können zur Erklärung der Einzigartigkeit des Gegenwart-Momentes doch nicht umhin, das Prinzip wieder einzuführen. Es soll genügen zu erwähnen, daß Croce diesen Moment als eine Phase – die zeitweilig letzte Phase – einer dialektischen und alles in allem fortschrittlichen Bewegung auffaßt. Gewiß teilt Collingwood, der Geschichte radikal auf die (leichter faßliche) Geschichte des Denkens reduziert, Croces Glauben an totalen Fortschritt nicht[7], aber auch er ist der Meinung, daß einander folgende Gedanken der Vergangenheit eine einsichtige Kette bilden, die zur Gegenwart führt und in ihr endet. Beiden zufolge ist der ideale Historiker der Anwalt des Testaments der Geschichte oder, mit Croces Worten, des »Geistes«, der Geschichte *ist* und »seine ganze Geschichte damit prägt«.[8] Wenn immer Philosophen über die »Idee der Geschichte« spekulieren, taucht Hegels »Weltgeist« aus dem Busch. Schließlich halten beide Denker daran fest, daß der Historiker das, was wesentlich an Geschichte ist, nicht aufdecken kann, wenn er die Vergangenheit nicht im Lichte dessen rekonstruiert, was Collingwood seine »a priori-Imagination« nennt – eine Imagination, die, dem Vorsatz entsprechend, auf die Erfordernisse der Situation, in der er sich befindet, eingestellt ist. Wenn tatsächlich, wie Collingwood und Croce als sicher annehmen, der Gegenwartsmoment virtuell alle vorherigen Momente in sich faßt, werden nur die, welche wirklich in und mit der Gegenwart leben, imstande sein, den Kern vergangenen Lebens zu erfassen. Aus dieser Sicht ist historische Wahrheit eine Veränderliche von Gegenwart-Interesse. Die Zeit, dessen Kind der Historiker ist, vermittelt ihm nicht nur ihre Vorlieben und Vorurteile, sondern entlohnt seine Hingabe an die ihr eigenen Aufgaben dadurch, daß sie ihm Führung anträgt, wenn er sich in das Dunkel vergangener Zeiten begibt.

Es ist ohne Zweifel etwas zugunsten dieses Satzes zu sagen. Die erste der beiden Behauptungen, die er umfaßt – die Behauptung vom Einwirken des »Milieus« des Historikers auf sein (unbewußtes) Denken –, wird von vielen ausübenden Historikern für gut geheißen.[9] Tatsächlich klingt sie beinahe selbstverständlich. Auf ihrem Weg durch die Zeit werden Nationen, Gesellschaften und Zivilisationen gewöhnlich vor Probleme gestellt, die ihren Horizont übersteigen und die Einbildung aller Zeitgenossen fesseln. Denken wir an solche gegenwärtigen Fragen wie den Kampf um die Vormacht zwischen demokratischen und kommunistischen Machtblöcken, das revolutionäre Fortschreiten westlicher Technologie, den Übergang vom nationalen zum globalen Bezugsrahmen, den Zuwachs an Freizeit und daraus folgenden Anspruch auf »Massenkultur« in einem bislang unerhörten Maß usw. –: was immer wir erhoffen und befürchten, bezieht sich bewußt oder unbewußt auf diese Fragen. Sie hypnotisieren buchstäblich den Geist; und ihr Lärm, der sich aus verqueren Mustern abweichender Meinungen erhebt, liegt ständig in der Luft. Ihre scheinbare Unentrinnbarkeit verleiht dem Rat von Carr Gewicht: »Bevor man den Historiker studiert, studiere man sein historisches und soziales Milieu.«[10] Studien dieses Stils verpflichtet, bringen Historiker der Historiographie viele Bemerkungen dahingehend vor, daß historische Schriften dazu neigen, das Echo der fixierten Themen der Zeitabschnitte aufzunehmen, von denen sie ausgehen. Butterfield z. B. bemerkt scharfsinnig, daß der Standpunkt, den die deutschen Historiker des 19. Jahrhunderts im damals ausgetragenen politischen Streit zwischen Großdeutschen und Kleindeutschen einnahmen, wie von selbst ihre Vorstellungen über vorteilhafte oder katastrophale Folgen der deutschen Monarchie im Mittelalter färbte. Als Folge davon wurden »Probleme der deutschen Mittelaltergeschichte vor dem Hintergrund des Kampfes zwischen Preußen und Österreich im 19. Jahrhundert dargestellt, obschon dies etwas von einem riesigen Anachronismus hatte«.[11] Endlos sind die Versuche, den projektiven Charakter von Geschichtsschreibung unter Beweis zu stellen. Hier sind, beliebig ausgewählt, einige Funde, die sie einbringen: Kants Ethik rührt von den moralischen Überzeugungen des deutschen Pietismus her[12]; Niebuhrs Demosthenes ist ein notdürftig verkleideter Stein oder Fichte, sein Chäronea der Widerpart von Jena[13]; Gibbons Werk entlarvt ihn als einen Schüler von Voltaire, einen »Europäer des Zeitalters der Vernunft«[14]; und niemand kann natürlich übersehen, daß die Römische Geschichte von Mommsen die Ansichten der deutschen Liberalen von 1848 spiegelt.[15] (Mommsen selbst war der »moderne Ton« seiner Schilderung ziemlich bewußt, in der er mit Bedacht zeitgenössische politische Begriffe verwendet, »um die Alten von ihrem eingebildeten Sockel in die wirkliche Welt zu stürzen«.[16]) Befunde dieser Art kommen uns unmittelbar einsichtig vor, weil wir gewohnt sind, Milieueinflüssen und ähnlichem eine Macht über den Geist zuzuschreiben. So ist es natürlich, daß wir uns den Historiker als Kind seiner Zeit vorstellen. Ich gebe zu bedenken, daß diese dem Schein nach selbstverständliche Annahme das Ergebnis eines Fehlschlusses ist. Sie ist unhaltbar, es sei denn, man akzeptiere Croces Lehre, daß der historische Zeitraum eine vom »Geist« jenes Zeitraums erfüllte Einheit ist, daß jeder solche Zeitraum eine Phase des Geschichtsprozesses ist, und daß man den Geschichtsprozeß sich als dialektische Bewegung zu denken habe, deren einander folgende Phasen sinnvoll untereinander verbunden sind. (Es versteht sich, daß Collingwoods These vom Allumfassen des »Gegenwartsdenkens« mit der von Croce auf einer Linie liegt.) Dann ist es tatsächlich möglich, das Ich des Historikers in Hinblick auf seine Stellung in der Zeit zu bestimmen; es erfüllt seine wahre Natur, wenn es dem Geist des zugehörigen Zeitraums entspricht. Trotzdem leidet die Lehre von Croce und Collingwood an zwei unaufhebbaren Mängeln: sie beruht auf der unhaltbaren Voraussetzung, daß der Strom von chronologischer Zeit der Träger aller Geschichte sei; und sie stößt offenkundig mit einer beträchtlichen Menge Erfahrungen im Hinblick auf die Struktur des Zeitraums zusammen. Da die untereinander verbundenen Begriffe von Zeitraum und historischer Zeit später behandelt werden*, will ich mich hier auf die etwas vorläufige Bemerkung beschränken, daß jene Lehre diesen Erfahrungen unangemessen ist. Entgegen Croces Postulat ist der typische Zeitraum nicht so sehr eine einheitliche

Wesenheit mit einem ihr eigenen Geist als vielmehr ein prekäres Konglomerat von Tendenzen, Bestrebungen und Tätigkeiten, die oft genug als voneinander unabhängig sich bekunden. Nicht, daß ich zu je gegebener Zeit die Existenz gewisser verbreiteter und selbst herrschender Glaubensrichtungen, Ziele und Haltungen usw. leugnete. Ich wage nur zu vermuten, daß ihrem Vorhandensein eher empirische Tatsache als metaphysischer »Zwang«, gewissermaßen mit dem in Kapitel 1 aufgestellten »Prinzip geistiger Ökonomie« Rechnung getragen ist; im übrigen, wäre es nicht verwunderlich, fände keinerlei Interaktion zwischen den heterogenen Elementen statt, die einen Zeitraum bestimmen? Auch Gleichzeitigkeit begünstigt Kohäsion. Doch gesetzt, der Zeitraum ist überhaupt eine Einheit, dann eine diffuse, fließende und wesentlich unfaßbare. Man beachte, mit welcher bewundernswerten Vorsicht Marc Bloch eine Frage angeht, die Croce dogmatisch löst. Bloch, wahrhaft ein Historiker, wie er im Buche steht, bestätigt das Einwirken der gesamten französischen Kultur auf Europa zur Blüte der Feudalzeit und fügt dann versuchsweise einige Gründe für ihren durchschlagenden Erfolg hinzu. Daß er selbst keinen großen Wert darauf legt, geht aus seiner abschließenden Bemerkung hervor: »Nachdem dies jedoch gesagt ist, dürfen wir uns zurecht fragen, ob es nicht vergeblich sei, etwas zu erklären zu versuchen, das zum jetzigen Zeitpunkt unseres Wissens über den Menschen über unser Verständnis zu gehen scheint: das Ethos einer Zivilisation und seine Anziehungskraft.«[17]

Und hier liegt der Punkt, um den es mir geht. Wenn das »historische und soziale Milieu« des Historikers nicht ein in sich geschlossenes Ganzes, sondern ein zerbrechliches Kompositum häufig inkonsistenter Strebungen im Fluß ist, hat die Behauptung, es forme seinen Geist, wenig Sinn. Sie ist sinnvoll nur im Zusammenhang einer Philosophie, die, wie jene von Croce, einen Zeitgeist hypostasiert und

* Siehe Kapitel 6.

uns als von ihm abhängig behauptet und mithin den Standort des Geistes im Geschichtsprozeß von oben und außen her bestimmt. Von innen gesehen sind die Beziehungen zwischen dem Geist und seinem Milieu unbestimmt. Selbst unter der Voraussetzung, zeitgenössische Einflüsse seien besser bestimmbar, als sie eigentlich sind, wäre ihre bindende Kraft noch begrenzt durch die Freiheit des Geistes, neue Situationen, neue Bezugssysteme, in Gang zu setzen. Nach der glänzenden Ableitung der Wirkungen des perikleischen Athen auf die Geistesbildung des Thukydides werden bei Finley, dem Altphilologen der Harvard-Universität, Skrupel über sein eigenes Einmischen laut; er erklärt, daß »der Einfluß der zeitgenössischen Welt auf jedermann von jener Komplexität ist, die noch der gröbsten Analyse Hohn spricht«.[18] Seine Umsicht sticht vorteilhaft gegen jene von Gelehrten der Geschichtsschreibung so geschätzten Äußerungen ab – Äußerungen, die darin sich erschöpfen, aufzuzeigen, daß dieser oder jener Historiker unbeabsichtigt zeitgenössische Ideen von Einfluß auf seine Darstellung der Vergangenheit projiziert. Gewiß unterlaufen solche Projektionen, doch sind sie keineswegs unvermeidbar. Maitland zum Beispiel wußte sie zu vermeiden und somit seinen Zeitgenossen Bischof Stubbs zu übertreffen, der unwissentlich »der Fracht, die die Angelsachsen aus ihren norddeutschen Wäldern nach England mit sich führten«[19], Viktorianischen Liberalismus auflud. Desungeachtet macht an diesem Punkt sich ein Einwand geltend, der die Einwirkung von Zeit und Ort zu bestätigen scheint. Sind wir nicht gewöhnlich imstande, Dokumente, literarische Produkte oder Kunstwerke auf ihre Entstehungszeiten zurückzuführen? Wir sind es zweifellos. Bei näherem Zusehen jedoch verfehlt dieses Argument sein Ziel, denn in der Regel sind Errungenschaften der Vergangenheit nur zu datieren auf Grund ihrer Merkmale, die ihre wahren Absichten und Bedeutungen nicht unbedingt enthalten. Anhaltspunkte mögen durch stilistische Eigenarten, Verweise auf sonst vertraute Ereignisse, den

Rekurs auf Wissen, das vor einem bestimmten historischen Moment unzugänglich war usw., gegeben sein. Außerdem sind die aus diesen sekundären Merkmalen gezogenen Schlüsse wie jeglicher Indizienbeweis kaum unwiderlegbare Wahrheiten. Kurz, die ganze hier untersuchte Behauptung steht und fällt mit dem Glauben, daß Leute im Grunde ihrem Zeitraum »angehören«. Dies muß nicht sein. Vico ist ein hervorragendes Beispiel für chronologische Exterritorialität; und es wäre äußerst schwierig, Burckhardts komplexe und ambivalente Physiognomie als Historiker aus den Bedingungen abzuleiten, unter denen er lebte und arbeitete. Wie große Künstler oder Denker sind große Historiker biologische Monstren: sie zeugen die Zeit, die sie zeugte. Vielleicht trifft das Gleiche auf Massenbewegungen, Revolutionen zu.[20]

Der zweiten Annahme entsprechend, die der Theorie vom Gegenwart-Interesse innewohnt, ist der Historiker nicht nur ein Kind seiner Zeit, sondern ein ihr äußerst ergebener Sohn. Ihm muß tiefe Teilnahme an ihren Problemen, Leiden und Zielen eingegeben sein, sonst wird die Vergangenheit, die er beleben will, nie lebendig werden. Croce und Collingwood verfolgen diesen Gedanken zu seinem logischen Schluß mit der Behauptung, daß Geistes-Gegenwart für jegliche signifikante Rekonstruktion geschichtlicher Wirklichkeit unabdingbar ist.

Ihr radikaler Satz wirft Licht auf die gefährlichen, dieser Annahme zugrundeliegenden Verwicklungen. Ich habe die Absicht zu zeigen, daß diese Annahme eine Akzentverlagerung von der realistischen zur formgebenden Tendenz nach sich zieht, die die »richtige« Balance zwischen ihnen zu erschüttern droht.* Historiker, die unvermittelt vom Gegenwart-Interesse ausgehen, sind fähig, die Evidenz zu verdunkeln und selbst zu unterdrücken. Bedenklich ist das folgende Beispiel: Unter dem Druck konventioneller Vor-

* Siehe Seite 73–74.

lieben und, wie ich vermute, zeitgenössischer Leserwünsche haben Cortés' Biographen bis heute nur die eher dramatischen Vorfälle seines Lebens herausgestellt – die Unterwerfung der Azteken, die Expedition nach Honduras usw. –, während sie das reiche Quellenmaterial in den Archiven von Mexiko und Spanien unbenutzt ließen, das sie befähigt hätte, Licht auf die spätere Laufbahn des Eroberers zu werfen.[21] Die Angriffslust des Forschers versetzt die Vergangenheit mit Schrecken zurück in die Vergangenheit; anstatt die Toten zum Sprechen zu bringen, bestreitet er den größten Teil der Unterhaltung selbst. Es sei erinnert an Butterfields Bemerkung über den »riesigen Anachronismus«, dem die deutschen Mittelalterdarstellungen des 19. Jahrhunderts zum Opfer fielen, weil ihre Verfasser naiv klein- oder großdeutschen Gefühlen frönten.

Es lohnt sich, einen genauen Blick auf das Argument zu werfen, das Collingwood zur Absicherung seiner Position braucht. Naütrlich verweist er genau wie Croce auf die Notwendigkeit des Historikers, Fakten zu sichern, oder was wir gemeinhin mit gelehrter Akkuratheit für Fakten halten; er verlangt sogar von ihm, vergangene Erfahrungen »wieder ins Spiel zu bringen« – ein Verlangen, das offensichtlich seitens des Historikers ein Bemühen erforderlich macht, gegenwärtige Erfahrungen zeitweilig nicht zu berücksichtigen. Dennoch charakterisiert Collingwood den idealen Historiker gleichzeitig in einer Form, die wahrscheinlich offen läßt, ob er jemals vermöchte, diesen Verpflichtungen nachzukommen. Als Widerpart des Baconschen Naturwissenschaftlers behandelt Collingwoods Historiker Geschichte, als sei sie Natur. Anstatt darauf zu warten, was die Quellen ihm zu sagen hätten, stellt er sein Material nach Maßgabe eigener Vermutungen und Hypothesen in Frage und erzwingt wie ein wissenschaftlicher Experimentator Antworten auf seine Fragen.[22] Wie der arme Mensch der Vergangenheit eine substantielle Antwort abgewinnen will – einer Vergangenheit, die nicht bloß Natur ist –, ohne auf etwaige

Nachrichten von ihr zu warten, dies uns darzulegen ist nicht Collingwoods Sache.
Vielmehr versucht er die Frage dadurch zu klären, daß er den Historiker mit dem Detektiv im Detektivroman vergleicht.[23] Er ist der Ansicht, beide Figuren stimmen im Aufspüren verborgener Wahrheiten mittels aktiven Infragestellens überein. Collingwood hat einen speziellen Detektiv im Sinn: den unvergleichlichen Monsieur Hercule Poirot von Agatha Christie. Dies für einen Historiker à la Collingwood archetypische Modell verhöhnt die Polizei, indem es alles aufnimmt, was am Ende sich als Anhaltspunkt erweisen könnte, und verficht im strengen Gegensatz zu den kleinlichen Methoden der Polizei energisch, das Geheimnis des Aufspürens liege darin, seine »kleinen grauen Zellen« zu benutzen. Um es mit Collingwood zu sagen: »Man kann nicht Evidenz zusammentragen, ehe man zu denken beginnt, meinte er [Poirot]; weil Denken Fragen stellen meint (nota bene, Logiker), und Evidenz nichts ist außer in bezug auf einige bestimmte Fragen.«[24] Nun, so sehr ich die wunderbare »a priori-Imagination« des Hercule Poirot bewundere – wunderbar, weil sie oft ohne jeden spürbaren Anhalt den Kern trifft –, sehe ich mich als unentwegter Leser von Kriminalgeschichten* gezwungen zuzugeben, daß er nicht als einziger Detektiv Höchstleistungen vorzuweisen hat und daß einige seiner Kollegen wenig Lust verspüren, dieser Leistung beizupflichten. So lehnt Oberinspektor Arnold Pike von Scotland Yard, der Held der reizenden Geschichte *Murder Gone Mad* von Philip MacDonald, gleich zu Beginn einer Untersuchung ab, sich auf seine »kleinen grauen Zellen« zu verlassen: »Ich versuche nur, Tatsachen zusammenzutragen, gleich ob es scheint, sie hätten etwas mit dem Fall zu tun, oder nicht. Habe ich dann lange und zäh genug gegraben, bringe ich vielleicht plötzlich etwas ans Licht, was bei mir einzuhaken scheint und ein gutes Sprung-

* (Siehe Kracauer, »Der Detektiv-Roman« in *Schriften I.*)

brett zum Weiterarbeiten wird.«[25] Ich darf gleich sagen, daß sein Weiterdenken tatsächlich sehr genial ist. Demnach gibt es mehr als eine Sorte Detektive. Die Moral ist, Collingwood hätte mehr Detektivromane lesen sollen.

Zum Glück wird der Bann, mit dem ihn seine Theorie belegt, hin und wieder schwächer – was Collingwood gelegentlich erlaubt, sich darüber klarzuwerden, daß sein Historiker in einer heiklen Lage ist; er sieht sich vor das Problem gestellt, eine Vergangenheit erstehen zu lassen, deren Natur neigt, ihm seine Verstricktheit in Gegenwartsdenken zu verhehlen. Diese Problemstellung läßt nur eine »Lösung« zu: strebt der Historiker nicht im Ernst nach Evidenz und kommt ihr nahe – wenn er an Geistes-Gegenwart festhält –, muß die Evidenz sich auf ihn hin bewegen. Erpicht auf den Nachweis, daß erklärte Angriffslust und vertrauter Umgang mit dem gegebenen Material sich wohl vertragen, greift Collingwood diese scheinbare Möglichkeit mit Eifer auf. Er behauptet, Historiker sollten sich lieber auf Ereignisse und Entwicklungen konzentrieren, zu denen sie eine echte Affinität vorweisen.[26] Die hinter diesem Vorschlag stehende Idee ist, daß die Anziehung, die von diesem oder jenem Aspekt geschichtlicher Wirklichkeit auf den Historiker ausgeht, gleicher Art reziprok wirken, d. h. alle relevanten Fakten aus ihren Verstecken stürzen lassen wird, als seien sie von ihm mittels Magnetkraft angezogen. Für ihn sind sie umsonst zu haben. Er braucht sie auch nicht näher einzusehen. Dank seiner Anteilnahme am Thema weiß er alles, was von innen darüber zu erfahren ist. Es versteht sich, daß Collingwoods Rat – den er im übrigen nicht alleine feilhält[27] – das Problem nicht abtun kann, das er lösen sollte. Gesetzt, es gelingt dem Historiker unter gewissen Umständen, die Kluft zwischen seinen »kleinen grauen Zellen« und der Evidenz in weiter Ferne zu überbrücken, was geschieht mit jenen Teilen der Vergangenheit, die keine Sympathiesaite in ihm anschlagen? Fallen sie der Vergessenheit anheim? Hinzu kommt, daß die Devise, zu der Collingwood Zuflucht nimmt, auf dem Glauben beruht, daß Liebe sehen macht. Mit Recht. Jedoch trifft das Gegenteil ebenso zu, zumal in dem Fall, wo Liebe mit Gegenwart-Interesse sich unzertrennlich paart. Dann wird aller Wahrscheinlichkeit nach die Affinität eines Historikers zu seinem Thema ihn eher blind machen, als ihm die Augen zu öffnen für seine spezifischen Vorzüge. Das Werk *The Age of Jackson* von Arthur Schlesinger Jr. – gewiß ein Produkt der Sympathie für dieses Zeitalter – wird nicht so sehr als ein Beitrag zu originaler historischer Gelehrsamkeit erachtet, sondern vielmehr »als politisch inspiriertes Buch eines jungen Menschenfreundes, dem es gelang, ein populäres Image von Jackson als einem Vorläufer von F. D. R.* zu schaffen.«[28] Collingwoods Zuflucht ist ohne Ausweg; und er verwirft gerade die Liebe, die in Wirklichkeit dazu dient, die Augen zu öffnen: Liebe zur Vergangenheit um ihrer selbst willen.

Doch spielt sein Rekurs auf Wahlverwandtschaften schließlich eine Nebenrolle. Letzten Endes gründet sich die Lehre von Croce und Collingwood auf die Überzeugung beider Denker, daß Geschichte auf etwas wie ein verstehbares Ganzes, eine einsichtige Anordnung der Dinge hinauslaufe. Tatsächlich *müssen* sie die Ganzheit des historischen Universums postulieren, um ihre Gleichsetzung von Geschichte mit Zeitgeschichte zu rechtfertigen. Diese Gleichung ist sinnvoll nur, geht man davon aus, das Material des Historikers stünde für eine Art virtuell konsistenten und überschaubaren »Kosmos«. Erst dann ist er in der Lage, sich in Geistes-Gegenwart zu ergehen und dennoch Zugang zur Vergangenheit zu haben; erst dann vermöchte er, vergangenes Denken aus gegenwärtigem zu rekonstruieren, ohne die Gefahr der Fehlkonstruktion zu laufen. Als Elemente eines sozusagen geschlossenen Systems ist von allen Bruchstücken der Evidenz, die er aufgreift, anzunehmen, daß sie sich von selbst zusammenfügen. Die Theorie vom Gegenwart-Interesse dreht sich um die Idee eines solchen Systems – nämlich um

* [Franklin Delano Roosevelt.]

einen Wunschtraum entfesselter Vernunft. Hat man diesem Traum einmal entsagt, ist leicht einzusehen, daß Gegenwart-Interesse der Zauber abgeht, den ihm Croce und Collingwood zusprechen; daß die historischen Tatsachen hartnäckig genug ihr Geheimnis keinem Historiker preisgeben, der sie nur nach Art eines wissenschaftlichen Experimentators behandelt.

Die allerletzten Konsequenzen dieser Theorie – Konsequenzen allerdings, denen Croce und Collingwood kaum ihren Segen gegeben hätten – werden von einem pseudohistorischen Genre veranschaulicht, das im Grenzgebiet zwischen eigentlicher Geschichte und Prophezeiung liegt. Das mir vorschwebende Genre, aus existentiellem Interesse erwachsen und zukunftsträchtig, entspringt der Erfahrung, daß die Art, in der wir Vergangenes als Zeugnis nehmen, dazu verhilft, unsere Ziele zu erreichen (oder ihr Erreichen aufhält). »Geschichte nährt sich aus Geschichte.«[29] Natürlich will ich nicht behaupten, daß alle Geschichten, die für eine Sache Partei ergreifen, in jenes Grenzgebiet fallen. Es kommt darauf an, wie man sie bemißt. Ohne Zweifel sind die verschiedenen katholischen und protestantischen Darstellungen der Reformation in einem mehr oder weniger hohen Grad »engagiert«, doch selbst dann sind eine Reihe von ihnen wahre Geschichten insofern, als sie einem oft bewundernswerten Bemühen entstammen, ihr Material mit gelehrter Objektivität wiederzugeben. Durch diese Eigenheit hebt sie sich von dem, was ich »existentielle« Geschichten nennen möchte, ab. Kaum übertrifft die apologetische Leidenschaft des Historikers seine Befähigung zur Objektivität, überschreitet er die Schwelle, die die Vergangenheit als Studiengebiet trennt von der Vergangenheit als Mahnmittel, als Peitsche und leidenschaftliche Herausforderung. Geschichte, wie sie die jüdischen Propheten sehen, ist eine Reihe zum Teil übernatürlicher Transaktionen, bei denen Gottes Zorn oder Vergebung in den Lauf weltlicher Ereignisse ständig eingreift. Desgleichen sind Leute, die Staatlichkeit erwerben oder eine neue Existenz gründen, geneigt, eine Vergangenheit zu erfinden, die sie zu Fahnenträgern bedeutender Schicksale verwandelt. Ein schlagendes Beispiel ist der junge Nietzsche, der in seiner Abhandlung *Vom Nutzen und Nachteil der Historie für das Leben* solche Bräuche und Mißbräuche der Vergangenheit verficht. Er verdammt die Historiker seiner Tage – dieses »Geschlecht von Eunuchen«[30] – dafür, daß sie in ziellos gelehrten Studien sich ergehen. Historismus, meint er, erweitert unseren Horizont über unseren Bedarf hinaus, zerstört den Volksinstinkt, lähmt Vitalität usw., ist ein gänzlich eitles menschliches Bemühen und eine aus der Hand geglittene Wissenschaft. Stattdessen plädiert er für Geschichten, die dem »Leben« dienen, dem Leben der Gegenwart. In Croces Diktum: »Geschichte ist Zeitgeschichte« klingt noch Nietzsches Entschlossenheit an, das Vergangene habe den Bedürfnissen des Bestehenden zu entsprechen. Wo Croce hingegen die Geistes-Gegenwart wissenswerter Deutung für unabdingbar hält, glaubt Nietzsche, daß das Letzte, dessen wir, die Lebenden, bedürfen, Wissen sei: »... jedes Volk, ja jeder Mensch, der *reif* werden will, braucht einen solchen umhüllenden Wahn, eine solche schützende und umschleiernde Wolke ...«[31] Nietzsche sehnt sich, schlicht gesagt, nach Historikern, die ihr Vorurteil gegen das, was wirklich geschah, für solche Vorstellungen von der Vergangenheit aufgeben, die jene Illusionen hegen, die uns weitermachen lassen. Die wie immer täuschenden Forderungen des »Lebens« hätten demzufolge Vorrang vor der seiner Ansicht nach verweichlichten Suche nach historischer Wahrheit, die er ohnehin großenteils für überflüssig hält. Was diese Forderungen anlangt, ist Nietzsche in Erwartung einer Zeit, in der man nicht mehr die Massen betrachtet, sondern wieder die Einzelnen, »die eine Art von Brücke über den wüsten Strom des Werdens bilden«.[32]

Hier haben wir die Idee vom »Übermenschen« im Embryonalzustand. (Andererseits ist die Wendung vom »wüsten Strom des Werdens« mit ihrem anti-evolutionären Anklang und vager Erinnerung an das im 1. Kapitel* zitierte Platon-Wort wohl wert erinnert zu werden.) Der Anstoß zu all diesem liegt darin, daß Nietzsche in seiner zügellosen und ziemlich leichtsinnigen Schwärmerei für »Leben« seine Augen vor den gewaltigen Leistungen des Historismus verschließt; daß er ihn nur liquidieren will, anstatt seine Bedeutungen aufzudecken und uns zu sagen, wovon wir dann ausgehen sollen. Seine Abhandlung hat die Züge inkonsequenter Rebellion eines Heranwachsenden ... Bleibt zu sagen, daß das existentielle Genre am ehesten Gestalt annimmt, wenn das Ganze der Geschichte in Sicht kommt. Je größer die Einheiten sind, mit denen der Historiker umgeht, um so größer ist die Versuchung für ihn, zielbewußten Konstruktionen mit prophetischen Obertönen anheimzufallen.

Ich hege hingegen nicht die Absicht, das Kind mit dem Bade auszuschütten. Es wäre in der Tat unklug abzustreiten, daß der Historiker wie andere Sterbliche vom Gegenwart-Interesse bewegt wird. Und dies mit Recht. Die Tatsache, daß wir nur einmal leben, enthält eine moralische Verpflichtung für die Lebenden. Das Interesse des Historikers an ihnen – sein Wunsch, die Gegenwart besser zu verstehen – inspiriert viele seiner Untersuchungen über das Leben der Toten. Er könnte in irgendeiner Form Vergangenes auf Gegenwärtiges beziehen; und er könnte sogar der Vergangenheit dieses oder jenes Geheimnis entreißen, indem er es im Lichte aktueller Bedürfnisse durchleuchtet.[33] Im Bestreben, das Bewußtsein von historischer Kontinuität zu stärken, hält es Burckhardt angemessen für Historiker, alle jene vergangenen Tatsachen festzuhalten, deren Konsequenzen sich noch in unserer Zeit, unserer Kultur bemerkbar machen.[34] Gibt es einen Historiker, der seine Sicht nicht teilte? Herauszufinden, wie wir wurden, was wir sind, war seit je einer der großen Pläne der Geschichte.[35]

* Siehe Seite 38.

Dennoch ist keine dieser gewohnten Praktiken auf die chimärische Annahme zurückzuführen, daß Gegenwart-Interesse der Dietrich zu allen Türen der Vergangenheit sei, die Achse, um die sich alles dreht. Wann immer Historiker – ich meine wirkliche Historiker – der Gegenwart geben, was der Gegenwart ist, tun sie es eher, wie Meinecke formuliert, aus der Überzeugung, daß dies ein »legitimes und notwendiges, aber weder das einzige, noch höchste Ziel«[36] sei. Sie dächten im Traum nicht daran, die Geistes-Gegenwart mit einer methodologischen Erfordernis zu verwechseln. Marc Bloch zum Beispiel, im Eifer, Geschichte in eine Wissenschaft zu wandeln, hält nicht anders als Collingwood an der Notwendigkeit für den Historiker fest, von Anfang an mit der Angriffslust eines Wissenschaftlers vorzugehen; was besagt, die Vergangenheit durch Entwürfe und Modelle zu befragen, die aus seiner »a priori-Imagination« oder, in weiterem Sinn, seiner Geistes-Gegenwart fließen. Als Historiker beeilt sich Bloch jedoch hinzuzufügen, daß die Modelle nichts als vorläufige Gerüste seien: »Natürlich ist die Befragung äußerst elastisch zu handhaben ... Der Forscher weiß von vornherein, daß er der festgelegten Reiseroute nicht in jedem Punkt folgen wird.«[37] (Trotzdem frage ich mich, ob die von Bloch vorgeschlagene elastische Methode stets auf eine dem jeweiligen Fall angemessene Einstellung hinausläuft. Spannkraft bricht bei Überdehnung.[38])

Was demnach zählt, ist der Unterschied von Gegenwart-Interesse als Ausgangs- und Endpunkt historischer Studien und Gegenwart-Interesse, wie von Croce *et al.*[39] definiert. Nun schließt Gegenwart-Interesse im erstgenannten Sinn »antiquarisches Interesse« so wenig aus, daß es gänzlich einem Zugang zur Vergangenheit gemäß ist, der der vorhandenen Evidenz voll Tribut zollt, anstatt nach Collingwood-Manier seine etwaigen Beiträge zugunsten vorgeblich überlegener Konstruktionen von »Gegenwartsdenken« schuldig zu bleiben. Es ist ein Ansatz, der sich eher an Oberinspektor Arnold

Pike und seiner klugen Ergebenheit in die Tatsachen ausrichtet, als an dem gebieterischen Gleichmut, den Hercule Poirot ihnen gegenüber zeigt. (Doch die Verachtung, die der kleine belgische Detektiv materialen Anhaltspunkten erweist, läßt ihn um so mehr zu einer liebenswerten Inkarnation väterlicher Allwissenheit werden.) Die Literatur wimmelt von Zeugnissen, die eine derartige Behandlung der gegebenen Daten begünstigen. Selbst Historiker, die Geistes-Gegenwart für wesentlich halten, verlangen von jedem, der sich mit Geschichte befaßt, die Vergangenheit ohne Rücksicht auf unser Wohlbefinden, unser Elend zu erforschen. So auch Burckhardt.[40] Sein Schwanken in dieser Hinsicht kennzeichnet eine Haltung, die unter zeitgenössischen Historikern ziemlich weit verbreitet ist.[41] (Er selbst suchte der Gegenwart zu entgehen, indem er auswich auf die »unerfüllte Sehnsucht nach dem Untergegangenen«.[42]) Andere betreiben oder frönen schlicht und einfach antiquarischen Studien. Huizinga glaubt, daß wahre Geschichte Vergangenheit auch deshalb untersucht, weil sie bedeutsam um ihrer selbst willen ist.[43] Und Namier erlahmte nie, nach dem scheinbar Belanglosen zu suchen: »Tatsächlich hat er sein ganzes Leben auf Straßen zweiter Ordnung zugebracht.«[44] Wieder andere Historiker – z. B. Harnack[45] – durchsetzen ihre Wertschätzung wertfreier Forschung zu Recht mit kritischen Kommentaren zu den Lehren der philosophischen Schule des Gegenwart-Interesses. So greift Lovejoy offen Deweys Satz an, daß »jegliche Geschichte notwendig vom Standpunkt der Gegenwart verfaßt ist ...«[46] (Dewey und Collingwood sind in der Tat seltsame Genossen; aber *les extrêmes se touchent,* besonders in dem fast vollkommenen Vakuum, das gefüllt ist mit Bestecken scharfgeschliffener Abstraktionen.) Der Angriff ist ausgeführt mit einer Erklärung, die spürbar mit persönlicher Erfahrung gesättigt ist. Lovejoy verlangt vom Historiker nicht nur, sich nach Kräften der Vorurteile seiner Zeit zu entledigen, sondern legt dar, daß solch ein »Streben nach Selbst-Transzendierung« sein Wissen von der Gegenwart bereichern wird.[47] Er wird finden, wonach er nicht suchte, gerade weil er sich davon abwandte.[48] Ganz zum Schluß seiner Geschichte zur *Gesellschaft und Wirtschaft im römischen Kaiserreich*, eines Werkes profunder und völlig objektiver Gelehrsamkeit, wendet Rostovtzeff, als tauchte er aus einem tiefen Traum, sich an seine Zeitgenossen. Die Evolution der antiken Welt, sagt er, enthält für uns eine Lektion und Warnung. Unsere Zivilisation wird nur überleben, insofern sie die Zivilisation nicht einer Klasse, sondern der Massen würde. Aber muß nicht jede Zivilisation verfallen, sobald sie beginnt, in die Massen zu dringen?[49] Unvermutet wie ein seltenes Gewächs dringt diese Meditation aus dem Boden der Vergangenheit.

Die Beziehungen zwischen der Vergangenheit und der Gegenwart sind nicht zu erörtern, ohne bisweilen auf Proust zu verweisen. In diesen Angelegenheiten ist er eine der größten Autoritäten. Eindeutig steht Proust auf seiten von Lovejoy und den übrigen Historikern gegen Collingwood. In seiner Sicht ergibt die Vergangenheit sich nur jenen, die sich zurücklehnen im Versuch, sie zum Sprechen zu bringen; und nur ein »Streben nach Selbst-Transzendierung« dieser Art wird uns vielleicht in den Stand setzen, ein Verstehen unserer gegenwärtigen Bedingtheit zu erreichen. Prousts Denken wird Relief verliehen durch jene Episode in seinem Roman, wo er uns erzählt, daß er plötzlich von Glück überwältigt wurde, als er auf einer Kutschfahrt drei Bäume erblickte, die ein ihm seltsam vertrautes Muster bildeten; er glaubte, sie wären aus vergessenen Tagen seiner Kindheit aufgetaucht. Die Sensation des *déja-vu*, die er erfuhr, ging Hand in Hand mit dem Bewußtsein, daß die »Schatten der Vergangenheit« ihm zuwinkten. »Wie Schatten schienen sie mich zu bitten, ich möchte sie mit mir nehmen, dem Dasein wiedergeben.« Und warum war ihnen so sehr an dem Versuch gelegen, sein Augenmerk auf sich zu lenken? Er spürte bei ihrem Anblick, daß sie ihm eine Botschaft mitzuteilen hätten. »Ich sah die Bäume entschwinden...

Ganz als wollten sie sagen: ... Wenn du uns am Wege wieder in das Nichts sinken läßt, aus dem wir uns bis zu dir haben heraufheben wollen, wird ein ganzer Teil deiner selbst, den wir dir bringen konnten, für immer verloren sein.« Man beachte, daß Proust es offenläßt, ob die Botschaft der drei Bäume auf seine Kindheit und durch sie auf sein gegenwärtiges Ich sich bezieht oder nicht. Er fragt sich: »Oder waren sie nur ein erst jüngst entstandenes Bild aus den Träumen der letzten Nacht ... Oder hatte ich sie niemals gesehen? ... Ich wußte es nicht.«[50] Proust teilt Burckhardts Sehnsucht nach verlorenen Prozessen.

Aus dem bisher Gesagten folgert, daß kein Pflock vorhanden ist, an dem der subjektive, im Schreiben von Geschichte wirksam werdende Faktor mit irgendwelcher Gewißheit festzumachen wäre. Der Historiker ist nicht nur darin das Kind seiner Zeit, daß seine Auffassung in Form von zeitgenössischen Einflüssen zu definieren wäre. Noch ist seine Vorstellung der Vergangenheit unbedingt ein Ausdruck von Gegenwart-Interesse, Gegenwartsdenken; oder wenn sie es wäre, könnte seine Angriffslust die Vergangenheit eher dazu bringen, sich von ihm zurückzuziehen. Der Geist des Historikers ist in gewissem Maß fähig, sich nach Belieben zu bewegen. Und nach Maßgabe des Gebrauchs, den er von dieser Freiheit macht, mag er tatsächlich des Vergangenen ansichtig werden.

Orpheus stieg in den Tartarus hinab, um die Geliebte zurückzuholen, die an einem Schlangenbiß gestorben war. Seine Klagemusik »erweichte selbst den wilden Hades und erlaubte Eurydike, in die Oberwelt zurückzukehren. Hades stellte nur eine Bedingung: Orpheus dürfe nicht zurückschauen, bis sie sicher im Lichte der Sonne wären. Eurydike folgte Orpheus durch den dunklen Gang, geführt von den Klängen seiner Leier. Als er das Sonnenlicht erreicht hatte, drehte er sich nach ihr um. Und verlor sie für immer.«[51] Wie Orpheus muß der Historiker in die Unterwelt hinabsteigen, um die Toten ins Leben zurückzubringen. Wie weit werden sie seinen Lockungen und Beschwörungen folgen? Sie sind für ihn verloren, wenn er beim Auftauchen ins Sonnenlicht der Gegenwart sich aus Furcht, sie zu verlieren, umwendet. Aber ergreift er nicht zum ersten Mal von ihnen Besitz genau in diesem Augenblick – im Augenblick, wo sie auf immer fortgehen, um in einer Geschichte seiner Machart zu entschwinden? Und was stößt dem Rattenfänger auf seinem Weg nach unten und oben zu? Gehen wir davon aus, daß seine Reise nicht einfach eine Hin- und Rückfahrt ist.

IV. Die Reise des Historikers

Macaulay verglich Geschichte einer Reise ins Ausland.[1] Historiker sind durchaus in der gleichen Lage wie gewöhnliche Touristen: sie möchten auch die Sehenswürdigkeiten wahrnehmen, um derentwillen sie gekommen sind. Dies ist keineswegs leicht zu bewerkstelligen. Im Grunde reisen viele Leute ins Ausland, ohne irgendetwas zu sehen. Kaum haben sie sich überzeugt, daß etwa der Parthenon sich an der im Reiseführer angegebenen Stelle findet, machen sie unverzüglich Aufnahmen von ihren Lieben vor einer antiken Säule. Die Säule dient ihnen zuhaus als Alibi. Im übrigen sind diese Bildjäger schlechter dran als Wildjäger, weil sie ihre Beute nicht einmal »essen« können; im Erlegen ungesehener Objekte verlieren sie diese unwiederbringlich aus den Augen. So etwas kann auch Historikern zustoßen. Jedenfalls macht Pieter Geyl aus Macaulay einen solchen Reisenden. Macaulays Besessenheit von Fortschritt und Überlegenheit der Gegenwart, sagt er, ließ ihn »die vorhergehenden Generationen mit selbstgerechter Herablassung« behandeln. Doch diese Geisteshaltung, fährt Geyl fort, ist zutiefst unhistorisch; sie »muß den Historiker dazu bringen, die Vergangenheit in vielleicht gänzlich belangloser Form zu sichten, die auf ein Bild hinausläuft, dem die Wahrheit vertrauten Umgangs abgeht«.[2] Und wie gelingt es dem Historiker, jene »Wahrheit vertrauten Umgangs« zu erlangen? Gewiß nicht durch Verbleiben in der Gegenwart, während er die Vergangenheit aufsucht. Bleibt er, was er ist, wird er kaum imstande sein, den Nebel, der die Sehenswürdigkeiten verschleiert, zu durchdringen, wenn er auf dem Schauplatz eintrifft. Um den Sachen auf den Grund zu kommen, muß er die Geistesfreiheit ausnutzen, um die Rollen des Geistes umzubesetzen. Die Aufgabe des Besichtigens erfordert ein mobiles Ich. Im folgenden werde ich einen geistigen Aufmarschplan entwerfen, nach dem sich mancher Historiker unterwegs zu vergangenen Jahrhunderten richtet.

An einer seiner bekanntesten Stellen bekundet Ranke seinen Wunsch, sein Ich auszulöschen, so daß nur die Dinge selbst zur Sprache kämen. Er wünscht, seine persönlichen Neigungen und Urteile aufzuheben, um zu zeigen, »wie es eigentlich gewesen«. Die von ihm angestrebte Objektivität ist von besonderer Natur; sie ist zum Teil gegründet auf den Glauben, daß Gott im Entfalten von Universalgeschichte manifest wird. Ranke wurden religiöse Gefühle zum Anlaß. Geschichtsschreibung, so erklärt er weiter, lebt ihrer letztlichen Mission, wenn sie ihre Anteilnahme am Universum und Mitwisserschaft seiner Geheimnisse enthüllt.[3] Dann hätte der Historiker sein eigenes Ich nicht nur zum Zweck leidenschaftsloser Wiedergabe vom Verlauf vergangener Ereignisse zu löschen, sondern auch die Aussicht, ein teilnehmender Beobachter zu werden, der tief ins einzigartig bedeutsame Schauspiel versunken ist, das auf der Bühne der Welt abrollt. In Rankes Idealhistoriker wird der distanzierte Forscher, der die Fakten wie sie sind herauszustellen sucht, unlösbar eins mit dem Anbeter, wenn nicht Mystiker, der seinen Geist läutert, um den Wunden göttlicher Weisheit nachzusinnen.[4] So ist die von ihm erreichte Objektivität ein ziemlich komplexes Produkt; sie geht sowohl auf einen zu Nichts reduzierten Geist zurück wie auf einen substantielleren Geist, dessen Spielraum den des seinetwegen entleerten Geistes übertrifft. Ich darf nebenbei bemerken, daß Dilthey Rankes Plädoyer zur Selbstauslöschung als etwas unmöglich zu Erfüllendes abtut. Entgegen dem, was Ranke zu verstehen gibt, ist Diltheys Argument, daß der Historiker die Vergangenheit nicht verstehen könne, wenn er sie nicht mit seinem ganzen Sein erfaßt; statt des vergeblichen Versuches, sein Ich auszulöschen, sollte er es daher lieber erweitern, dann stünde ein universales Ich für universales Verstehen.[5] Mit Recht. Da der Historiker jedoch, entgegen dem Dichter, unter der Verpflichtung steht, vom gegebenen Material auszugehen, ist die wünschenswerte Erweiterung seiner Subjektivität durch ihren vorherigen Schwund bedingt. Und warum sollte es ihm unmöglich sein, den Schub subjektiver Eindrücke abzufangen? Im Grunde ist sein Ich viel flexibler und stärker manipulierbar, als Dilthey sich anscheinend klarmacht. Das heißt, der Historiker dürfte so weit gehen, es einzuklammern oder tatsächlich zu tilgen – jedenfalls weit genug, um viele Signale zu erwidern, die sonst mit ihm verlorengingen. Im vermittelnden Bereich Geschichte sind Differenzen von Grad und Näherungswerten kaum nebensächlich. Rankes Verlangen weist auf den rechten Weg.

In jener Passage seines Romans, in der er die neutrale Objektivität von Photographien auf die emotionale Unpersönlichkeit des Photographen bezieht, beschreibt Proust luzide zwei verschiedene Geisteszustände – einen, in dem das Ich einer Person Vollmacht übt, und den anderen, in dem es von der Bühne abgetreten ist. Die Passage gilt einem Besuch, den Marcel seiner geliebten Großmutter nach langer Abwesenheit abstattet. Im Augenblick, in dem er unangemeldet in ihr Zimmer tritt, verspürt er unvermittelt, daß es nicht er selbst ist, der sie ansieht: »Von meiner Person war ... nur der Zeuge, der Beobachter in Hut und Reisemantel, der Fremde da, der nicht zum Hause gehört, der Photograph, der eine Aufnahme von Stätten machen soll, die man nicht wiedersehen wird. Was auf ganz mechanische Weise in diesem Moment in meinen Augen zustande kam, als ich meine Großmutter bemerkte, war wirklich eine Photographie.« Diese Photographie, eine Projektion von Marcels leerem Geist, bringt erbarmungslos zu Tage, was er als vollständiger Marcel zuvor nicht wahrgenommen hatte; denn: »Wir sehen geliebte Wesen stets nur im lebendigen Zusammenhang, in der ständigen Bewegung unserer immerwährenden

Zärtlichkeit, dies bevor sie den rein bildhaften Eindruck der Züge zu uns gelangen läßt, sie in ihren Wirbel reißt, sie mit Macht nach einer Vorstellung reguliert, die wir schon immer von ihnen hatten ...« Zum ersten Mal sieht Marcel nun seine Großmutter, wie sie wirklich ist, »eine von der Last der Jahre gebeugte Frau« auf dem Kanapee sitzend, die keinerlei Ähnlichkeit mit dem Bild aufweist, das er sich von ihr in seiner Seele mit Liebe gebildet hatte.[6] Sein inneres Bild unterliegt der Photographie genau in dem Moment, in dem er als liebende Person zu einem unpersönlichen Fremden schrumpft; als Fremder vermag er tatsächlich alles wahrzunehmen, denn nichts, was er sieht, ist trächtig mit Erinnerungen, die sein Blickfeld einengten. Kaum betritt Marcel das Zimmer seiner Großmutter, wird sein Geist zum Palimpsest, auf dem die Bemerkungen des Fremden von der zeitweilig getilgten Inschrift des Liebenden überlagert werden.

Manchmal bringt das Leben selbst solche Palimpseste hervor. Ich denke an den Exilierten, der als Erwachsener aus seinem Land vertrieben wurde oder es freiwillig verließ. Sobald er sich woanders niederläßt, werden alle jene Loyalitäten, Erwartungen und Hoffnungen, die einen so großen Teil seines Seins umschließen, automatisch von ihren Wurzeln abgeschnitten. Seine Lebensgeschichte ist zerrissen, sein »natürliches« Ich in den Hintergrund seines Geistes verwiesen. Sein unvermeidliches Bemühen, den Anforderungen einer fremden Umgebung gerecht zu werden, wird natürlich seine Auffassung, seine ganze geistige Ausrichtung beeinflussen. Da jedoch sein früheres Ich unter seinem jetzigen weiterschwelt, muß seine Identität sich im Fluß befinden; und das Verquere ist, daß er niemals ganz der Gemeinschaft angehören wird, der er nun so gut wie angehört. (Ihre Mitglieder werden ihn auch nicht bereitwillig für einen der ihren halten.) Tatsächlich hat er aufgehört »anzugehören«. Wo lebt er dann? Im fast vollkommenen Vakuum der Exterritorialität, dem wahren Niemandsland, das Marcel beim ersten

Anblick seiner Großmutter betrat. Die wahre Existenzweise des Exilierten ist die eines Fremden.[7] So mag er seine frühere Existenz mit den Augen dessen ansehen, »der nicht mehr zum Haus gehört«. Und er ist genauso frei, aus der Kultur, die seine eigene war, auszutreten, wie genügend ungebunden, in die ausländische jenes Volkes einzutreten, in dessen Mitte er lebt. Es gibt viele große Historiker, die viel von ihrer Größe der Tatsache verdanken, daß sie Ausgebürgerte waren. Thukydides erklärt offen, daß sein langes Exil ihn befähigte, »etwas von zwei Seiten zu sehen – der peloponnesischen wie der athenischen . . .«[8] In unseren Tagen wird die auswärtige Herkunft von Namier – er stammt aus Polen – hier und da für seinen vorurteilsfreien und neuartigen Zugang zur englischen Geschichte verantwortlich gemacht.[9]

Nur in diesem Zustand der Selbstvertilgung oder Heimatlosigkeit kann der Historiker mit dem ihn betreffenden Material kommunizieren. Ich gehe natürlich davon aus, daß er wirklich ein Gespür dafür bekommen will und nicht nur darauf aus ist, seine Eingangshypothesen und Vermutungen mit dessen Hilfe zu verifizieren. Als Fremder in der von Quellen evozierten Welt sieht er sich vor die Aufgabe gestellt – die Pflicht des Exils –, ihre Oberflächenerscheinungen zu durchdringen, um zu lernen, jene Welt von innen her zu verstehen.

Der lohnendste Weg zu solchem Wissen ist vermutlich, auf Schopenhauers Rat an Kunststudenten zu hören. Schopenhauer forderte: »Vor ein Bild hat jeder sich hinzustellen wie vor einen Fürsten, abwartend, ob und was es zu ihm sprechen werde; und, wie jenen, auch dieses nicht selbst anzureden: denn da würde er nur sich selber vernehmen.«[10]

In diesem Sinn zu warten, kommt einer Art aktiver Passivität seitens des Historikers gleich. Er muß sich auf ungleiche, durch seinen Umgang mit der Evidenz vorgezeichnete Marschwege wagen, sich selbst treiben lassen und die verschiedenen Botschaften, die zu ihm dringen, mit allen angespannten Sinnen aufnehmen. So wird er ziemlich sicher auf unvermutete Tatsachen und Zusammenhänge stoßen, die sich vielleicht als unvereinbar mit seinen ursprünglichen Vermutungen erweisen.[11] Bringt denn sein Umherziehen nicht erneut sein Ich ins Spiel, das nämliche Ich, das der Prämissen gemäß zu schlafen hätte? Ja und Nein. Eigentlich ist der Selbstauslöser in dem Prozeß nur ein Teil vom Ich in seiner Fülle – jener Teil, der als rein aufnehmendes Instrument fungiert.

Aus offensichtlichen Gründen neigen naturwissenschaftlich orientierte Historiker dazu, diese Art passiver Haltung herabzusetzen, indem sie dagegenhalten, sie sei weder nützlich, noch in der Tat möglich. Marc Bloch zum Beispiel behauptet kategorisch, daß »bloß passive Beobachtung, selbst angenommen, sie wäre möglich, nie irgend etwas Produktives zu irgendeiner Wissenschaft beigetragen hat«. Und er qualifiziert sein Zugeständnis, daß kein Historiker bei der Quellenforschung* sich genau an seine Reiseroute halten kann, durch den unvermittelten Zusatz, daß ohne sie der Historiker »Gefahr liefe, für immer auf gut Glück zu wandern«.[12] Zum Glück sind die Einwände von Bloch nicht zu ernst zu nehmen. Als Ergebnis seines brennenden Verlangens, (soziale und institutionale) Historiographie zu verwissenschaftlichen, sind sie durch seine eigenen Forschungsverfahren gewissermaßen im Wert gemindert; als ausübender Historiker neigt er sich zurück, um gegebenen Daten gerecht zu werden, gleich ob sie seinen Deutungsentwurf bekräftigen oder nicht. Im übrigen sind längst nicht alle Wissenschaftler willens, sein Verdikt über »bloß passive Beobachtung« hinzunehmen; der verstorbene Wright Mills war der Ansicht, daß gerade im Interesse von Theoriebildung Sozialwissenschaftler ihr Augenmerk lieber auf abseitige Ideen und Launen richten sollten, die ihnen unbeachtet durch den Kopf gehen.[13]

Was ich aktive Passivität genannt habe, ist eine notwendige

* Siehe Seite 94.

Phase in der Arbeit des Historikers. Sein Verhalten während dieser Phase ist mit Vollendung getroffen durch eine Bemerkung von Burckhardt, die den Geist einer Zeile von Wordsworth atmet: »Wisdom oft / is nearer when we stoop than when we soar.«[14] (Oft liegt Weisheit näher, wenn wir uns herablassen, als wenn wir uns erheben.) Der Methode eingedenk, nach der er sich mit dem Quellenmaterial zu seiner *Griechischen Kulturgeschichte* vertraut machte, bemerkt Burckhardt: »... gerade mit heftiger Anstrengung ist hier das Resultat am wenigsten zu erzwingen: ein leises Aufhorchen bei gleichmäßigem Fleiß führt weiter.«[15] (Es versteht sich, daß dies nicht auf Collingwoods Idealhistoriker zutrifft, der, würde er jemals aufhorchen, überhaupt nichts hörte, weil alles, was von der Vergangenheit zu ihm dringt, im Lärm derzeitigen Geschreis untergeht.)

Selbstvertilgung und passiver Beobachtung in ihrem Gefolge sind Grenzen gesetzt. Mir ist von Anthropologen berichtet worden, die beim Versuch, die Mentalität manchen primitiven Stammes zu begreifen, schließlich fühlten und handelten, als ob sie zu seinen Mitgliedern gehörten. Sie verloren ihre Identität und hörten dementsprechend auf, teilnehmende Beobachter zu sein. Die Transformation der Persönlichkeit in dieser Richtung läuft ihrem Zweck zuwider, weil sie den Minimalabstand aufhebt, der zwischen dem Forscher und seinem Material eingehalten werden muß. Es sei erinnert, daß Marcel trotz seiner Selbstauslöschung den Marcel im Zimmer seiner Großmutter nicht völlig im Stich läßt. Was dies selbst für die sorgfältigste Wiedergabe vergangener Ereignisse besagt, ist mir in einer Unterredung mit einem jungen amerikanischen Historiker deutscher Abstammung bewußt geworden, der mich in Hinsicht auf seine Forschungsarbeit zur deutschen Geistesgeschichte der Weimarer Republik interviewte. Ich hatte am Leben der Gemeinschaft, deren Geschichte er berichten wollte, teilgenommen. Lebhaft fiel mir in unserer Diskussion auf, daß alles, was er bisher ausgegraben hatte, tatsächlich stimmte, nichts hingegen sich so zutrug, wie er es berichtete. So sah ich kommen, daß in seiner Darstellung alles, was in den ›Zwanziger Jahren‹ eine Sache fluktuierender Meinungen, quälender Zweifel und spontaner Entschlüsse war, zu einem mehr oder weniger starren Schema von Trends, wechselseitigen Einflüssen, Haltungen der Mehrheit wie der Minderheit und ähnlichem gefrieren würde. Und da vielen von mir damals gemachten Erfahrungen offenbar vorbestimmt war, durch das Netz der Konzepte und Etikette zu schlüpfen, die er zum Erstellen des Schemas brauchte, wunderte ich mich über die inkommensurable Beziehung zwischen dem Bild, das er gerade entwarf, und der Wirklichkeit, die es decken sollte. Er stellte die Ereignisse nicht so dar, wie ich sie kannte – als Ereignisse, die im Fluß waren und einem Wechsel unterlagen –, sondern begriff sie als Elemente eines Zeitraums, der nun endgültig ein *fait accompli* wurde. Andererseits versetzte ihn dies in die Lage, Aspekte jenes Zeitraums zu entfalten, die mir damals gänzlich unvertraut waren. Und mir wurde bald bewußt, daß die Leblosigkeit seiner in Aussicht stehenden Geschichte vielleicht der Preis war, den er bezahlen mußte für die enthüllenden Einsichten, die sie post festum bieten würde. (Zeitgeschichte hingegen kann und muß tatsächlich die Dinge in statu nascendi zeigen, darf definitionsgemäß jedoch die Dinge nicht im Licht von erst künftigen Generationen verfügbarem Wissen zeigen.)

Solche enthüllende Einsicht post festum – enthüllend, weil sie neue Evidenz anführt – sollte nicht mit der Art Einsicht post festum verwechselt werden, die historische Realität durch Unterlegen fremder Bedeutungen verfälscht.[16] Droysens fast hegelianische Deutung von Alexander ist in dieser Hinsicht hart an der Grenze. Nach der Andeutung, daß Alexander selbst geglaubt habe, ein hellenisiertes Asien liege im Interesse seiner Weltherrschaftspläne, stellt er Geschichte personalisiert vor, läßt sie lächeln über Alexanders Selbsttäuschung und sagen: was ihm das Ziel seines Ehrgeizes war, war mir ein Mittel der Geschichte, die Hellenisierung von Asien durchzusetzen[17] (die nach Droysens Ansicht letzten Endes dazu diente, die Ausbreitung des Christentums zu erleichtern). Man fühlt sich versucht, dem Beispiel dieser Geschichte zu folgen und über die haltlosen, post festum-Spekulationen zu lächeln, doch besteht kein Zweifel, daß sie für Droysen Anlaß waren, der hellenistischen Ära eine ihr eigene Würde zuzusprechen.* Die Linien des Geistes sind verschieden.

Soviel zur Reise des Historikers in die Vergangenheit. Die Fahrt geht weiter: er muß in die Oberwelt zurückkehren und seine Beute gut nutzen. Hier folgt ein geistiger Aufmarschplan, nach dem er sich zu richten hat, soll die Fahrt erfolgreich werden. Das Verfahren ist etwa das Gegenteil von dem, das ihm diente, die potentielle Evidenz zu absorbieren.

Der nächste logische Schritt für den Historiker ist, sich das zusammengetragene Material mit Berücksichtigung seiner tatsächlichen Befunde und Funde anzueignen. Sein Unternehmen der Bestandsaufnahme dient zwei Zielen. Erstens kennzeichnet es ein Übergangsstadium von eigentlicher Forschung und Interpretation – ein Stadium, in dem er sich kaum leisten kann abzuspringen. Gelänge ihm nicht, sein Material zu überdenken und irgend in den Griff zu kriegen, wäre er nicht in der Lage, dessen Bezug auf seine Eingangshypothesen abzuschätzen und frei darüber zur Analyse und in weiteren Kontexten der Interpretation zu verfügen. Zweitens wächst sich dieses Unternehmen häufig zu selbständigen Studien aus, insofern es darauf hinausläuft, die Mängel von Geschichten zu beheben, die mit den Fakten in Widerspruch stehen. Da insbesondere Geschichten großen Maßstabs teilweises Verfinstern und Verzerren von historischer Realität nicht umgehen können, wird die Aufgabe, ihre Irrtümer festzustellen, zu einer laufenden Verpflichtung. Die Ergebnisse der Mühen des Historikers während

* Vgl. S. 56–57.

dieser Phase sollten allein seinem größeren, in Vorbereitung befindlichen Werk zugute kommen und daher nie in Form unabhängiger Berichte ans Licht treten. Burckhardt, um ihn wieder zu zitieren, rät einem jungen Kollegen »zum einfachen Weglassen des bloßen Tatsachenschuttes – nicht aus dem Studium, wohl aber aus der Darstellung«.[18]

Allerdings klingt dieser Ratschlag etwas altmodisch zu einer Zeit, in der Synthesen alten Schnitts aus der Mode kommen. Die Regel heute ist vielmehr ein ausgesprochenes Interesse gerade an jenem »Tatsachenschutt«, den Burckhardt ausräumen wollte. Zeitgenössische Geschichtsschreibung wimmelt von faktisch orientierten Darstellungen, die unmittelbare Ausbeute an Detailforschung zur Schau stellen. Sie reichen von hastig fabrizierten Forschungen, die an Raubzüge in die Vergangenheit denken lassen, zu gründlichen Erkundungen, die wirklich selbstvergessene Versenkung in die Texte und Restbestände nach sich ziehen. Natürlich, nur diese letzteren Forschungen entsprechen dem hier dargelegten Plan. Im ganzen gesehen kommt das Genre faktisch orientierter Darstellungen großenteils dem gleich, was Herbert Butterfield »technische Geschichte« nennt. Butterfield erklärt eindeutig, daß technische Geschichte einen »Akt des Selbstentleerens« seitens des Historikers voraussetzt[19], und definiert an anderer Stelle diesen Typ Geschichte als ein »begrenztes und irdisches Reich von Beschreibung und Erklärung, in dem lokale und konkrete Dinge mittels disziplinierter Verwendung greifbarer Evidenz zustande kommen«.[20]

Die Wendung »lokale und konkrete Dinge« weist auf ein Merkmal des Genres: seine Affinität zur kleinen, monographischen Form. Dafür gibt es gute Gründe. Der Zustand passiver Haltung, in dem jeder sensitive Historiker die Evidenz zusammenträgt, begünstigt spürbar den Zustrom von Einzelheiten. Und wo immer er den Quellen auf den Grund geht, um die tatsächliche Wahrheit mancher umfassenden Schilderung, mancher größeren historischen Konstruktion zu prüfen, stößt er wahrscheinlich auf Verallgemeinerungen oder Makro-Einheiten, die nach neuer Sichtung der ungleichen Materialien verlangen, die sie angeblich decken.

Es versteht sich weiterhin, daß die Geschichten dieser Prägung nur zu sich selbst kommen, wenn die von ihnen mitgeteilten Geschichten *(stories)* »von Katholiken, Protestanten oder Atheisten übernommen werden können«.[21] Das Genre drängt auf (unerreichbare) objektive Wahrheit. Die Art Objektivität, die es zu erlangen sucht, wäre »passiv« zu nennen, weil sie einem Ich entspringt, das, wenngleich reaktiviert, noch einen niederen Grad einnimmt und zudem verweigert, sich völlig zu behaupten, aus Furcht, die während seines Rückzugs vom Schauplatz empfangene Nachricht zu stören.

Ist irgend etwas umsonst zu haben? Als Produkte eines reduzierten Ichs – das setzt voraus, es sei genug vom Ich zur Reduktion vorhanden – sind faktisch orientierte Darstellungen aus Notwendigkeit neutral und farblos. Wenn solche Interpretation ihnen überhaupt eingeht, dann dient sie bloß dazu, die methodisch anspruchslos zusammengetragenen Daten untereinander in Beziehung zu setzen. Selbst dann entsprechen diese »technischen« Geschichten auch eher dem Typus als viele voll entfalteten Geschichten, die fahrlässig die Evidenz verdrehen, um sie bestätigen zu lassen, was immer sie in Hinblick auf ihre aktuellen Ansichten, Ideen oder subjektive Vorlieben ausdrücken. Während in ihnen die formgebenden Impulse des Historikers seine Neugierde nach dem wirklichen Verlauf der Vorfälle überrunden, folgen die mir vorschwebenden Darstellungen – die sich darauf beschränken, den Bestand an »lokalen und konkreten Dingen« aufzunehmen – unerschütterlich der realistischen Tendenz. Bloß und unverbindlich, wie sie vielleicht sind, entsprechen sie hierin zumindest der »Minimalforderung« des historischen Ansatzes.*

Ihre erklärtesten Gegenpole im filmischen Medium sind jene

* Siehe Kapitel 2, besonders S. 72–74.

Dokumentarfilme, die (physische) Realität unvermittelt porträtieren sollen. Hier liegt erneut der Fall vor, in dem ein Vergleich zwischen Film und Geschichte sich als lohnend erweist. Wenige Dokumentarfilme meiner Kenntnis bilden erschreckende Lebensbedingungen mit einer den Tatsachen entsprechenden Nüchternheit ab, die nach meiner Erfahrung durch vorsätzliche Aufhebung der schöpferischen Kräfte ihres Autors sich ergibt. Als hochbegabte Handwerker gehen die Regisseure dieser Filme von der Überzeugung aus, daß bildliche Schönheit und suggestiver Schnitt ihrer Absicht, die Dinge zu belassen, wie sie sind, zuwiderläuft. Sie üben Selbstbeherrschung als Künstler, um den Effekt unpersönlicher Authentizität hervorzubringen. Der springende Punkt ist nun, daß ihr Verhalten sich gründet auf moralische Erwägungen. Joris Ivens berichtet, wie er und sein Mitregisseur Henri Storck während der Dreharbeiten an *Borinage* (1934), einem Dokumentarfilm über die Bergleute in diesem belgischen Kohlenrevier, erkannt hätten, daß allein ihr Thema ihnen photographische »Schlichtheit« auferlegte. »Wir hatten das Gefühl, es wäre eine Beleidigung für Leute, die unter so außerordentlich harten Bedingungen lebten, irgendeinen Stil von Photographie zu benutzen, der uns daran hindern würde, ihre Leiden einem jeden Zuschauer direkt und ehrlich mitzuteilen.«[22] Menschliches Leiden, so scheint es, führt zu unpersönlicher Reportage; das Gewissen des Künstlers zeigt sich in kunstloser Photographie. Da Geschichte voll von menschlichem Leiden ist, mögen ähnliche Haltungen und Reflexionen mancher faktisch orientierten Darstellung zugrunde liegen und die Bedeutsamkeit ihrer farblosen Objektivität vertiefen.[23]

Die Reise geht weiter. Hat der Historiker seine Tatsachen erstellt und organisiert, geht er zu ihrer Interpretation über. Fast ist er am Ziel seiner Reise. Aber ist der Historiker, der aus der Vergangenheit heimkehrt, noch der gleiche Mensch, der die Gegenwart jener zuliebe verließ? In seinem kritischen Kommentar zur Geschichtsphilosophie von Collingwood nimmt Leo Strauss genau diese Frage auf und beantwortet sie scharfsinnig mit einer Verneinung. (Collingwood war so von der Rechtmäßigkeit seiner Insistenz auf der Geistesgegenwart des Historikers überzeugt, daß er diese Frage im Traum nicht gestellt hätte.) Strauss kommt zu dem Schluß – einem gültigen, wie ich meine –, daß entgegen Collingwoods Behauptung der Historiker seine Identität in dem Prozeß *nicht* bewahrt: »Er macht sich auf eine Reise, deren Ziel ihm verborgen ist. Es ist nicht anzunehmen, er kehre an das Ufer seiner Zeit genau als der Mensch zurück, als der er von ihm auszog.«[24] Es ist auch nicht anzunehmen, er kehre zu seinem Ausgangspunkt zurück.

Der Identitätswechsel, dem er sich unterzieht, ist auf seinen Aufenthalt in der Vergangenheit zurückzuführen. Genauer gesagt, er ist eine unliebsame Folge der Entdeckungen, die der Historiker im Zustand der Selbstauslöschung macht – jener Phase, in der er den Einflüsterungen der Quellen erliegt. Muß ich noch einmal sagen, seine Befunde könnten sein ursprüngliches Forschungsvorhaben zunichte machen und ihn daher veranlassen, die Richtung seiner Untersuchungen zu ändern? Wie dem auch sei, sie vermögen ihm etwas zu sagen, was er vorher nicht wußte und nicht wissen konnte. Dies deutet auf die Richtung des Wechsels. Der Ertrag der aktiven Passivität des Historikers wird unausweichlich zum Ferment seines Geistes und hat so schließlich die Wirkung, seinen Gesichtskreis zu erweitern. Selbstauslöschung erzeugt Selbsterweiterung. (Ich möchte damit nicht sagen, der Historiker sei privilegiert in dieser Hinsicht. Das gegenwärtige Leben, von der gleichen Art wie das Leben der Vergangenheit, wo jeder für das Leben sorgen muß, könnte zu solcher Selbsterweiterung kommen, vorausgesetzt, der Historiker sei zur Selbstaufgabe fähig. Und geübt in produktiver Geistesabwesenheit, wie er nun einmal ist, wird er sich bestimmt nicht von Quellen nähren, die nicht mehr fließen.) Folglich erweist sich Diltheys Glaube, historisches Verstehen verlange nach totaler Mobilisierung unseres Seins*, als nicht hinreichend spezifisch. Nicht bloß der »*ganze* innere Mensch«[25], der zufällig sich ergibt, sondern ein im Gefolge seiner fast vollkommenen Selbstauslöschung erweitertes Ich wird vom Historiker verlangt.

Demnach ist die Parallele, die ich zwischen Prousts Marcel und dem Historiker gezogen habe, nicht ganz aufrechtzuerhalten. Ungeachtet all dessen, was sie gemein haben, verhalten sie sich auf unterschiedliche Art. Nachdem Marcel, geschrumpft zu einem Fremden oder Photographen, gesehen hat, wie seine Großmutter wirklich aussieht, löst der Palimpsest, zu dem sein Geist während dieses unwillkürlichen Exkurses in Kamera-Realität wurde, sich auf, und der liebende Marcel unter Marcel, dem teilnahmslosen Fremden, tritt wieder auf den Plan. Gewiß geht der Historiker durch die gleiche Phase, in der er seinen Vorlieben und Neigungen entfremdet ist, doch im Gegensatz zu Marcel geht er nicht unverändert daraus hervor. Das nach seiner Rückkehr aus der Vergangenheit sich wieder selbstbeherrschende Ich ist durch die Beobachtungen während seines zeitweiligen Rückgangs bereichert. Während der wieder völlig unversehrte Marcel Vorstellungen verfällt, die er von seiner Großmutter vor ihrer Verwandlung in eine Photographie unterhielt, eignet der Historiker sich jene Realität an, die ihm durch seine Vorstellungen von ihr verhehlt wurde.

Dies hat einen Bezug auf seine Stellung in der chronologischen Ordnung der Dinge. Die Einwirkung der Reise des Historikers auf den Bau seines Geistes beeinträchtigt des weiteren die banale Behauptung, er sei das Kind seiner Zeit. Eigentlich ist er das Kind von mindestens zwei Zeiten – seiner eigenen und der Zeit, die er erforscht. Sein Geist ist gewissermaßen nicht auf einen Wohnsitz festzulegen; er wandert ohne feste Bleibe umher.

Aufgrund der Komplexität seines Materials wird der Histo-

* Siehe Seite 59–60.

riker sich aller erdenklichen Auslegungsmodi zu bedienen haben. Sie können von statistischen Überblicken bis zu phantasievollen Vermutungen von Zielen und Bedeutungen reichen; und sie müssen seinen Akzenten wie den Merkmalen seines besonderen Themas entsprechend variieren. Die Ideengeschichte erfordert offensichtlich eine andere Behandlung als etwa Politik- oder Sozialgeschichte. Da gerade menschliche Dinge sich auf vielfältige Dimensionen erstrecken, ist es mit einem Auslegungstypus allein nicht getan; in der Regel sind mehrere Interpretationsansätze einzuflechten, um den Fall – jeden Fall, der ansteht – zu decken. Dilthey, begabt mit einem Sinn fürs Ganze, bestätigt die Notwendigkeit für den Historiker, sie gemeinsam anzusetzen, mit dem Argument, daß sie sich gegenseitig ergänzten und bestärkten.[26] So ist es sinnvoll, von einem »Netzwerk von Interpretationen« zu sprechen. Die Geschichte *(story)* des Historikers kommt einem solchen Netzwerk gleich – zumindest in dem Maße, wie die von ihm berichteten Ereignisse sich überhaupt zu einer Auslegung hergeben; wo immer sie sich als nicht erfaßbar erweisen, wird er auf weite Strecken zum Berichterstatter.

Und woraus besteht das Netzwerk von Interpretationen? Auffällig unter seinen deutlicher artikulierten Bestandteilen ist der naturwissenschaftlich orientierte Ansatz, der sich an die reine Wissenschaft, besonders die Verhaltenswissenschaft anlehnt. Da seine Möglichkeiten und Grenzen im 1. Kapitel abgehandelt wurden, werde ich mich darauf beschränken, zwei dort getroffene Richtigstellungen wieder vorzubringen: dieser Ansatz ist auf die Tatsache gegründet, daß der Mensch in Natur tief eingebettet ist; und Ziel dieses Ansatzes ist, die Vergangenheit aus den sich ergebenden Gesetzmäßigkeiten und Gleichförmigkeiten im gesellschaftlichen Leben und menschlichen Verhältnissen im Allgemeinen zu erklären.* Obgleich naturwissenschaftliche Erklärungen keine

* Wiederum lasse ich unerörtert die vielen Gesetzmäßigkeiten von Verhalten, Motivation usw., die mächtige Agenturen in jeder Gesellschaft

historischen Phänomene in ihrer Konkretheit nach sich ziehen, noch Antworten auf spezifisch historische Fragen liefern, isolieren sie erfolgreich Reihen natürlicher Ursachen und Wirkungen, die kein Historiker außer acht lassen kann, der auf umfassendes Begreifen aus ist. Über Computer die Stirn zu runzeln, wäre für ihn unnütze Romantik. (Dies sei nicht gesagt, um die Herzen derer zu erfreuen, die sich nach Computern richten. Computer für einen Dietrich zur Interpretation zu halten, hieße, Geschichte ihres eigenen Aromas zu berauben, indem man sie schlicht und einfach auf Wissenschaft reduziert.)

Bestimmte Aspekte dieser Daten – Aspekte, die dem Zerlegen nach Wissenschaftsmanier nicht, oder nicht völlig, unterliegen – könnten den Historiker dazu bringen, sich in Erklärungen morphologischer Art zu flüchten. So fühlt er sich immer wieder versucht, das simultane Auftreten von Ereignissen in unterschiedlichen Bereichen menschlichen Strebens dadurch intelligibel zu machen, daß er auf den Bann einer Gewalt oder eines Glaubens verweist, der den Zeitraum, zu dem das Syndrom gehört, beherrschen soll. Ob Versuche in dieser Richtung gelingen, hängt gänzlich vom Gewicht der bestätigenden Evidenz ab. Einige dieser Versuche – wie Max Webers Theorie von der bedingenden Macht calvinistischer Ethik, oder Pirennes Vorstellung von den Anfängen des europäischen Mittelalters – sind so fiktiv wie fadenscheinig.[27] Und sie sind hoffnungslos vergeblich, wenn sie, verlegen um einen gemeinsamen Nenner, den »Geist« einer Zeit beschwören. Croces Zeitgeister scheinen noch immer in jenen Köpfen herumzuspuken, die auf der Suche nach erhebenden Aussichten sind. Desgleichen bietet morphologische Beschreibung sich als Werkzeug zur Erforschung historischer Ideensysteme an – z. B. hellenistischer Synkretis-

den Menschen zum größten Teil mittels Gewalt und/oder Überredung aufzwingen. Selbstredend sind Ereignisse, die diese künstlich induzierte Natur betreffen, nicht weniger vorauszusagen als natürliche Notwendigkeiten.

mus, mittelalterliches Christentum usw. Tatsächlich fordert jedes solcher Systeme zu Untersuchungen der strukturalen Beziehungen und des dynamischen Ineinandergreifens verschiedener dem System immanenter Begriffe auf. Denken wir an *The Seventeenth Century Background* von Basil Willey oder, um ein jüngeres Beispiel zu erwähnen, an Hans Blumenbergs beachtliche Studien zum Wandel der Gedankensysteme zu Beginn der Neuzeit.[28] Es gehen außerdem Entwicklungen vor, die einen ähnlichen Ansatz unterstützen. Der Kunsthistoriker weiß von Sequenzen sukzessiver, ja notwendig benachbarter künstlerischer Leistungen, die einer Art innerer Logik entsprechend zusammenhängen, weil sie eine nach der anderen den Implikaten und potentiellen Kräften in jenem Werk oder Problem, das die Reihe eröffnet, Substanz verleihen.*

Sosehr diese Erklärungsmethoden (denen man andere hinzufügen könnte) dem Historiker helfen, die Vergangenheit in den Griff zu bekommen, reichen sie allein nicht hin, sie ihn im vollen Wortsinn verstehen zu lassen. Vielmehr umgibt sie wahres Verstehen und stattet sie mit Richtung und Bedeutung aus. Es ist ein Interpretationsmodus mit eigener Berechtigung; und er verdankt seine Existenz einer Grundeigenschaft historischer Phänomene, die zu ignorieren der Tod der Geschichte wäre. Als Produkte von Bedürfnis wie von Zufall und Freiheit definieren und erfüllen diese Phänomene – immens konkrete und virtuell unerschöpfliche Phänomene – ein Universum, das viele Züge mit der *Lebenswelt* gemein hat. Einer Sphinx gleich heben sie sich von ihr ab wie ihre Gegenpole in der Welt, in der wir leben. Und sie wären uns undurchdringlich, verführen wir in unserem Umgang mit ihnen nicht nach der gleichen Art, in der wir im Alltag verfahren, wenn wir den Charakter eines Menschen oft scheinbar im Handumdrehen abwägen, über eine politische Entscheidung streiten, den Ausgang einer individuellen oder sozialen Krise bedenken usw. Es gibt kei-

* Zu diesen Sequenzen siehe Kapitel 6.

nen anderen Weg, uns im Dschungel, durch den wir hindurchgehen, zurechtzufinden. Wenn er sich in das Dickicht der Dinge wagt, begibt sich der Historiker in die gleiche heikle Lage. Auch er sieht sich gezwungen, sich auf allerhand Werturteile, Schätzungen, *ad-hoc*-Hypothesen, Vorahnungen zu verlassen – laufende Kommentare, die einen speziellen Erklärungstypus konstituieren. Zusammen machen sie das aus, was wir »Verstehen« nennen. Um die auf ihn zukommenden Phänomene zu »verstehen«, wird der Historiker eine Vielzahl solcher Kommentare und Glossen verwenden. Diese besonderen Erklärungen sind beinahe Abrisse oder halbgare Versionen naturwissenschaftlicher oder morphologischer Interpretationen – was besagt, daß sie nicht aufzulösen oder auszudehnen sind auf Darlegungen zu Kausalbeziehungen, strukturelle Konfigurationen und dergleichen. Noch lassen sie ohne weiteres weitere Anwendung zu. Sie sind relativ in sich geschlossen; ihr Ursprung und Ziel liegt im einzigartigen Zusammentreffen mit opaken Wesenheiten.

Aber verfallen wir nicht, wenn wir uns ihnen anvertrauen, unkontrollierbarer Subjektivität? Während sie zweifellos subjektiv sind, vermögen sie desungeachtet Überzeugungskraft an sich zu haben. Alles hängt davon ab, ob sie zwei Bedingungen erfüllen, die beide die Bedeutsamkeit der Prozesse von Selbstauslöschung und Selbsterweiterung steigern. Um zur Sache zu kommen, Verstehen muß sich zuerst gründen auf ursprüngliches Ergeben des Historikers gegenüber den Tatsachen. Zweitens nimmt die Gültigkeit des Verstehens in direktem Verhältnis zur Breite seiner menschlichen Erfahrung, zur Weite seiner Weisheit zu – Fähigkeiten, die an eine Anlage zum Reflektieren und Geschick zur passiven Beobachtung gebunden sind. Das treffende Wort von Robert Graves: »Geschichte ist das Spiel eines alten Mannes«[29] – er legt es dem ehrwürdigen römischen Historiker Asinius Pollio in den Mund – deutet subtil an, daß die Entwicklung historischen Verstehens von der Kultivierung dieser Fähigkeiten abhängt. Den Bedarf nach ihnen betonend, wirft Isaiah Berlin überdies einen Blick auf die Art, in der Historiker den Erklärungen, die dem Verstehen zukommen, Form und Gestalt verleihen: »Historische Auslegung ist in weitem Maß Anordnung der aufgedeckten Fakten nach Mustern, die uns zufriedenstellen, weil sie mit dem Leben übereinstimmen, wie wir es kennen und uns vorstellen.«[30] Mit anderen Worten, die Einsichten, die Verstehen einbringt, neigen dazu, Einfluß auf die Form der Schilderung zu nehmen. Die Muster der Geschichte *(story)* des Historikers spiegeln jene seiner aufgehäuften Lebenserfahrung wider, als sei sie genährt von dem, was die Vergangenheit ihm mitteilt.[31] Seine Geschichte *(story)* ist gewissermaßen seine Deutung.

Es könnte eintreten – obwohl es nicht oft vorkommt –, daß der verstehende Historiker eine Deutung anbietet, die von der üblichen abweicht. Burckhardts Begriff vom Erwachen der Persönlichkeit in der Renaissance gehört dazu wie die Basis-Überbau-Theorie von Marx. Der entscheidende Unterschied solcher Erklärungen ist, daß sie über das Material hinauszudeuten scheinen, anhand dessen sie gewonnen wurden. Sie führen ein neues Erklärungsprinzip ein; sie enthüllen – wie auf einen Schlag – bislang unvermutete Zusammenhänge und Beziehungen von relativ großem Ausmaß; und sie enthalten ausnahmslos Bedeutendes. Diese besonderen Interpretationen wären »Ideen« zu nennen. Mit ihnen gelangt die Reise des Historikers endgültig zum Ziel. Historische Ideen kennzeichnen ihre endliche Bestimmung.

Daß sie durchaus etwas Besonderes an sich haben, ist der Tatsache zu entnehmen, daß aufmerksame Historiker über ihr Auftreten staunen und die Prozesse zu beschreiben suchen, mittels derer man ihnen nahekommt. Kaum kommt eine Erklärung dieser Art dem Geist vor Augen, sagt Isaiah Berlin (in größerem Zusammenhang, der die nicht-wissenschaftlichen Aspekte der Geschichte herausstellen soll), so wird uns unmittelbar bewußt, daß »etwas Tiefsitzendes und Fundamentales, das nicht in Frage gestellt wurde und im Dunkeln lag, plötzlich ans Licht kommt oder zu näherer Betrachtung aus seinem Rahmen gebrochen wird«.[32] Huizinga seinerseits prägt den Begriff »historische Sensation«, um den Moment zu erfassen, in dem wir auf eine Idee stoßen oder von ihr eingenommen werden. Er spricht von »Momenten besonderer intellektueller Klarheit, Momenten von plötzlicher Durchdringung des Geistes«. Zudem meint er, daß unser Kontakt mit einer Idee »begleitet ist von einer äußersten Überzeugung von Echtheit und Wahrheit«; obwohl wir wohl nie wissen werden, von woher sie auf uns zukommt: sie »kann durch eine Zeile eines Dokumentes oder einer Chronik hervorgerufen werden, durch einen Stich oder einige Takte eines alten Liedes.«[33] Ich darf hinzusetzen, sie kann nicht nur durch die Quellen hervorgerufen werden, die sie hauptsächlich betreffen, sondern auch durch »Dinge, die dem Forschungsthema entlegen und anscheinend ziemlich unverbunden sind«.[34] Der Historiker darf seine Inspiration aus seiner ganzen Lebenserfahrung beziehen.

Wie steht es mit der Position historischer Ideen in der Hierarchie der Begriffe? Festugière ist überzeugt, seine empirischen Funde zu verallgemeinern, wenn er die Welle religiöser Mystik in der hellenistischen Ära auf die Erschöpfung und Selbstabdankung griechischer Vernunft zurückführt (die er wiederum dem Mangel an Experimentieren unter den Griechen zuschreibt).[35] Ich fürchte, er fällt einer Selbsttäuschung anheim, derart mit einer Verallgemeinerung gleichzusetzen, was allen Absichten und Zielen nach eher in der Natur einer Idee liegt. Gewiß sind historische Ideen Verallgemeinerungen in dem Maß, wie sie von einem harten Kern aufgedeckter Daten abgeleitet sind und auf ihn zurückweisen; gleichzeitig aber sind sie als Produkte eingegebener Intuition zu betrachten, die als solche Verallgemeinerungen überschreiten, weil sie voll von Konnotationen und Bedeutungen sind, die im Material, das sie hervorbringt, nicht zu finden sind. Gegründet auf Versunkenheit in Fakten, haben Ideen auch andere Wurzeln als Fakten. Sie sind genuine Allgemeinbegriffe.[36] Während es stets möglich ist, von einer Idee nach unten zu dem ihr zugrunde liegenden Material vorzugehen, ist der umgekehrte Weg vom Material nach oben zur Idee eine keineswegs gerade Strecke. Die Idee versagt sich additiver Forschung und einer Akkumulation von Details. Nur im Sprung ist sie zu greifen.

Auch sollten diese einzelnen Interpretationen nicht mit der Art Ideen verwechselt werden, die das Rückgrat herkömmlicher Philosophie bilden. Jede Philosophie, die eine totale Vision in Umlauf setzt oder ein totales Ziel der Menschheit postuliert – und war dies nicht meistens die *raison d'être* westlicher Philosophie? –, gipfelt in Behauptungen und Normen, die nicht bloß unbedingte Gültigkeit vorgeben, sondern auch noch effektiv beanspruchen, die ganze Realität zu kontrollieren. Im Gegensatz zu ihnen haben historische Ideen klar abgesteckte Grenzen; die ihnen innewohnende Absicht ist, diesen oder jenen Abschnitt der Vergangenheit zu erklären. Nach Burckhardt ist das erwachende Individuum der Prototyp des Renaissancemenschen, nicht mehr, nicht weniger. In der Praxis ist der Grenzverkehr ziemlich dicht. Synthesensüchtige Historiker sehnen sich nach dem Trost der Philosophie, und Philosophen der Geschichte basteln an Volksmodellen zum Gebrauch in niederen Regionen. Die philosophische Idee der Evolution ist in wichtige Geschichtsstudien eingedrungen. Vielleicht ist es eine der eher gelungenen Konsequenzen positivistischer Mentalität, daß Historiker solcher Aushändigungen von oben herab überdrüssig wurden. Hexter zum Beispiel warnt seine Historikerkollegen vor der Gefahr zu allgemeiner Begriffe mit dem Argument, daß sie Bedingungen zu bestimmter Zeit und Stelle eher verdunkeln als erhellen.[37]

Huizinga sagt von Burckhardt, daß er »seit langem zu den Meistern zählt, die über die Antithese von Wahrheit und Irrtum erhaben sind«.[38] Im Bereich, in dem diese Antithese sich behauptet, ist von keiner historischen Idee anzunehmen, sie sei völlig angemessen. Jede Idee, die den Namen verdient, bezieht sich auf einen vergleichsweise großen Anteil an geschichtlicher Wirklichkeit – was besagt, daß der Historiker, der sie vorbringt, einen bestimmten Abstand von den Ereignissen einhalten muß, die er interpretiert. Jedoch kann er von diesem entfernten Standpunkt aus weder alle Fakten von Belang wahrnehmen, noch kann er umhin, sie in eine Perspektive zu versetzen, die ihm die Fakten zum Teil verbergen muß. Man hat bemerkt, daß Burckhardt versäumt, Wirtschaft und Philosophie der Renaissance seiner Darstellung einzubeziehen. Wenn zudem ein Historiker eine Idee verifiziert und das betreffende Material aus geringerer Distanz als der, die er bei Entstehung der Idee einnahm, begutachtet, wird er auf immer kleinere Einheiten jenes Materials stoßen; und sie könnten Andeutungen übermitteln, die drohen, die Idee seines Interesses aufzulösen. »Es ist ein vergebliches Bemühen«, wendet Huizinga gegen Burckhardt ein, »*den* Menschen der Renaissance beschreiben zu wollen. Die zahlreichen, naheliegenden Typen, die jener reiche Zeitraum bei der Hand hat, sind durch andere Merkmale so grundsätzlich geschieden, daß kein Individualismus sie je zusammenbrächte.«[39] So verheerend diese Kritik ist – ich bin nicht sicher, ob sie völlig fair ist. Denn was tut Huizinga? Er verändert den Abstand zum Subjekt; er spielt Mikro-Fakten gegen wohlbegründete Makro-Hypothesen aus.*

In dem Ausmaß also, in dem historische Ideen Verallgemeinerungen sind, können sie nicht »richtig« sein, ohne auch »falsch« zu sein. Der Grad ihrer Gültigkeit als Verallgemeinerungen hängt ab vom Grad ihrer Treue zur erreichbaren Evidenz. Zu wiederholen, daß in der Welt der Geschichte alles eine Sache der Nuance sei, heißt eines der Leitmotive in diesem Buch wieder aufzunehmen. Die These

* Die Beziehung zwischen Mikro- und Makro-Geschichte wird ausführlich in Kapitel 5 erörtert.

von Gibbon zum Untergang des römischen Imperiums ist untergegangen und erinnert nur noch an eine jener Ruinen, deren trauriger Anblick ihn einst zur Eingebung der These bewegte; andererseits sind nach Ansicht heutiger Renaissance-Forscher noch keine entscheidenden Tatsachen ausgegraben, die Burckhardts berühmte Deutung im Ernst erschüttern könnten.[40]

Und es gibt eine Dimension *über* der von falsch und richtig. Indem er Burckhardt dort einen Platz anweist, will Huizinga uns zu verstehen geben, daß seine Idee unvergänglich sei, gleich ob sie als richtig sich erweist oder nicht.[41] Isaiah Berlin zeigt die gleiche Großmut in Hinsicht auf die Tatsachengenauigkeit der marxistischen Lehre: »Selbst wenn alle ihre spezifischen Schlußfolgerungen sich als falsch erwiesen, wäre ihre Bedeutung bei der Schaffung einer ganz neuen Einstellung zu sozialen und historischen Fragen und der folgenden Eröffnung neuer Bahnen des menschlichen Wissens um nichts geschmälert.«[42] Da ihm und Huizinga gewiß bewußt ist, daß eine Interpretation steht und fällt mit ihrer (relativen) Angemessenheit an gegebene Fakten, rührt ihre Gleichgültigkeit in dieser entscheidenden Frage vermutlich von ihrem Verlangen, der erstaunlichen Überlebenskraft historischer Ideen Relief zu verleihen. Leben nicht selbst Ideen, die erwiesenermaßen »falsch« sind – z. B. Max Webers idealtypische Konstruktion der Implikate protestantischer Ethik –, im Gedächtnis fort und bewahren etwas von ihrem anfänglichen Glanz?

Historische Ideen scheinen von dauernder Signifikanz, weil sie das Besondere mit dem Allgemeinen artikulieren und wahrhaft einzigartig verbinden. Da jegliche solcher Verbindung ein ungewisses Wagnis ist, ähneln sie Blitzen, die die Nacht erhellen. Daher ist ihr Auftauchen im Geist des Historikers benannt als »historische Sensation«, von der angenommen wird, daß sie »dem ganzen System einen Schock versetzt . . ., den Schock . . . des Wiedererkennen«.[43] Sie sind Knotenpunkte – Punkte, an denen das Konkrete und Abstrakte zusammentreffen und einswerden. Jedesmal, wenn dies eintrifft, wird der Strom der unbestimmten historischen Ereignisse plötzlich gestaut, und alles, was dem Blick dann freigegeben wird, ist im Licht einer Einbildung oder Vorstellung gesehen, das es dem fließenden Strom enthebt, um es auf das eine oder andere der gewichtigen Probleme und Fragen zu beziehen, die uns für immer anstarren. Marx' Basis-Überbau-Theorie und Burckhardts Vorstellung von der Renaissance sind mehr als »richtige« Verallgemeinerungen: sie schlagen Schneisen in das Reich der allgemeinen Wahrheiten (einschließlich jener, die ich philosophische Ideen nannte) – Wahrheiten, die von absoluter Gültigkeit sind, ob leer oder erfüllt von Ewigkeit wie Irrlichter. Man beachte, daß historische Ideen nicht mit ihnen verschmelzen, sondern auf einer tieferen Stufe der Abstraktion sich verkörpern. Sie bezeichnen das Ende der Reise des Historikers auch dadurch, daß sie seinem Streben nach Allgemeinheit eine Grenze setzen; jenseits dieser Grenze glitte ihm sein Material aus der Hand. Es ist tatsächlich zweifelhaft, ob die Wahrheiten höchster Allgemeinheit überhaupt tauglich sind, die Einzelheiten zu erwecken, die sie logisch umfassen. Diese extremen Abstraktionen kristallisieren sich zu so weitmaschigen Feststellungen, daß die Einzelheiten – etwa eine Reihe von historischen Ereignissen – unvermeidlich durch das Netz gehen. Sie mit der historischen Idee an Bord zu holen, bietet sich dem Historiker als allgemeinste Aussage an – eine Schwelle, die er nur überschreiten kann bei Gefahr, seinen Fang nicht länger in den Hafen des Verstehens einbringen zu können.

Obwohl historische Ideen vom ganzen Ich ausgehen, sind sie nicht subjektiv in dem Sinn, daß sie ihren potentiellen Wahrheitswert beeinträchtigten. Im Gegenteil ist ihnen zufolge Subjektivität kaum ein Einschränkungsfaktor. Ich habe die Gründe bereits angegeben; sie liegen am dynamischen Charakter des Historiker-Ichs. Schematisch gesagt umfaßt es die Botschaften, die er während seiner Auslöschung aufnimmt, und die Erfahrungen, denen er bei seiner Erweiterung unterliegt. Der objektivierende Effekt der Fülle, den es dergestalt erreicht, wird verstärkt durch die Bewegung, der es sich aussetzt – eine Bewegung, die es gewissermaßen unabhängig macht von seiner Ortsbestimmung in der Zeit. Historische Ideen erschienen dann als Produkte eines dynamisierten Ichs. Aber der Ausdruck »Produkt« ist irreführend. Eigentlich verläuft es umgekehrt. Während der Inkubationszeit ziehen Tausende von Möglichkeiten zur optimalen Erklärung seiner Daten an dem inneren Auge des Historikers vorbei. So muß er seine Wahl treffen. Und nur die Fülle und relative Beweglichkeit seines Geistes befähigen ihn, unter diesen Möglichkeiten diejenige auszuwählen, die alle anderen an Tiefe und Reichhaltigkeit übertrifft. Die Idee ist nicht so sehr das Produkt seines Ichs als vielmehr das Ergebnis eines Selektionsprozesses, bei dem sein Ich als Wünschelrute wirkt; es ist eine Entdeckung, keine Projektion nach außen. Die Entdeckung wird um so gültiger sein – d. h. weniger »subjektiv« –, je mehr ihr von alledem, was der Historiker weiß, sich denkt und ist, zugute kommt. Dies ist es, was Bultmann meint, wenn er erklärt, daß »die subjektivste Deutung von Geschichte zur gleichen Zeit die objektivste ist«[44] – oder vielmehr, was er meinen würde, wäre er nicht behext von der Schein-Tiefgründigkeit der existentialistischen Auffassung. Subjektivität in höchster Spannung transzendiert sich selbst. Historische Ideen sind objektiv gerade wegen ihrer Verpflichtung zur ungemilderten Subjektivität. Die (annähernde) Objektivität, zu der sie gelangen, wäre »aktiv« zu nennen im Gegensatz zur »passiven« Objektivität, die in der Phase der Ich-Reduktion erreicht wird. Wenn eine Leinwand uns von der Wahrheit trennt, fällt es diesen konkret-abstrakten Ideen am ehesten zu, sie zu durchlöchern.

Während ich dem Historiker auf seiner Reise folgte, bin ich von vornherein zwei Schwierigkeiten, vor die er sich unterwegs gestellt sah, aus dem Weg gegangen. Er bewegt sich frei in einem Universum, das aufgrund seiner nicht-homogenen Struktur es unumgänglich für ihn macht, viele Hindernisse zu nehmen. Und er reist durch *Zeit* – ein Medium, dessen Komplexität sein Fortschreiten des weiteren behindert. Diese Schwierigkeiten verlangen nach gespannter Aufmerksamkeit. Existierte Geschichte nicht, möchte man fast sagen, sie sei ein unwahrscheinliches Unternehmen.

V. Die Struktur des historischen Universums

»Nichts wäre dem Fortschritt der Wissenschaftslogik wie der Geschichtsphilosophie förderlicher als eine strenge Analyse der verschiedenen Gesamttypen von oben nach unten auf der Skala.«

Raymond Aron[1]

Geschichten sind entsprechend der Größe der raumzeitlichen Einheit, auf die sie sich erstrecken, in Ausmaß und Größenordnung unterschieden. Jene von gleichem Ausmaß sind auf der gleichen Ebene von Allgemeinheit. Eine Monographie zur Schlacht von Leuthen ist von geringerer Größenordnung oder niederer Allgemeinheit als eine Darstellung des Siebenjährigen Krieges, die wiederum Teil einer Schilderung noch weiteren Ausmaßes bildet – etwa einer politischen Geschichte von Europa im 18. Jahrhundert. Und so fort. Die ganze Anlage erinnert an die chinesische Vorrichtung der hohlen Elfenbeinkugel, die ähnliche Kugeln abnehmender Größe enthält, deren jede frei inmitten der nächsten größeren kreist. Die ungleichen Geschichten könnten auch auf ein Kontinuum gerichtet sein, dessen einer Pol von Synthesen extremer Allgemeinheit eingenommen wird – das heißt Universalgeschichten –, während der Gegenpol Untersuchungen atomgleicher Ereignisse zuzuordnen wäre.

Unterschiede im Ausmaß bezeichnen Unterschiede im Abstand. Jegliche Geschichte großen Maßstabs – z. B. die Geschichte eines Volkes – verlangt vom Erzähler, so weit von den gegebenen Daten zurückzutreten, daß alle Schicksale jenes Volkes in seinen Gesichtskreis rücken.* Natürlich kann er beim Überblicken eines großen Schnittes der Vergangenheit nicht umhin, viele für seinen Gesamteindruck

* Ich darf erwähnen, daß der Ausdruck »Distanz« auch eine andere Bedeutung birgt, die hier zu übergehen ist. Was immer das Ausmaß einer Geschichte sei, es erstreckt sich über frühere und jüngere Ereignisse; und der Abstand des Historikers von ihnen nimmt offensichtlich mit ihrer chronologischen Entfernung zu.

verantwortliche Umstände aus den Augen zu verlieren. Toynbee hingegen, dessen »einsehbare Studiengebiete« – die Zivilisation in ihrer Gesamtheit – nur aus beträchtlichem Abstand von der Evidenz sichtbar werden, spricht nicht ohne Herablassung von den »kurzsichtigen« Historikern, die tief unten herumtappen und nichts wissen von den großartigen Fernsichten, derer er sich erfreut.[2]

Geschichten gleicher Größenordnung haben bestimmte Eigenheiten gemein. So wird der Historiker eines Jahrhunderts andere Daten aus den Quellen wählen als der Historiker, der sich auf ein Jahrzehnt beschränkt. Auch ist von beiden nicht zu erwarten, daß sie die Entwicklungen ihres Interessengebietes mittels Vergleichen gleichen Typs oder gleicher Ordnung beschreiben oder spezifizieren. Die vergleichbaren Einheiten variieren mit der Ebene von Allgemeinheit, auf der der Historiker arbeitet.

Zusammen konstituieren diese unterschiedlichen Geschichten das historische Universum. Der Vereinfachung halber werde ich sie in zwei Hauptgruppen teilen – Mikro- und Makro-Geschichten. Es versteht sich von selbst, daß die Grenzen zwischen beiden Gruppen fließend sind.

Ein paradigmatischer Fall von Mikro-Geschichte wurde schon erwähnt: Panofskys Analyse des verschiedenen Gebrauchs, den das Hoch- und Spätmittelalter von den Vorbildern machten, die ihnen klassische Werke der Kunst und Literatur lieferten.* Solche interpretativen Geschichten kleinen Maßstabs wären wegen ihrer Ähnlichkeit mit gleichnamigen Filmaufnahmen »Großaufnahmen« zu nennen, die ein visuelles Detail isolieren und vergrößern – ein Gesicht, eine Hand, ein Möbelstück –, um uns mit der ihm eigenen Physiognomie vertraut zu machen. Da sie in die Mikro-Dimension fallen, liegen großaufgenommene Studien in unmittelbarer Nachbarschaft des größten Teils faktisch orientierter Darstellungen – jenes ersten Ertrages der Reise des

* Siehe Seite 73–74.

Historikers in die Vergangenheit – und teilen zudem mit ihnen den Eifer für minuziöse Einzelheiten und die Affinität zur monographischen Form. Doch im Gegensatz zu ihnen erforschen sie ihr Material nach allen Richtungen, anstatt sich auf neutrale Bestandsaufnahme zu beschränken. Großaufnahmen sind eine direkte Erweiterung jener Darlegungen. In der Regel entstammen sie dem Verlangen der Autoren, Begriffe und Erklärungen zu ergänzen, zu verfeinern oder selbst lahmzulegen, die Generationen von Makrohistorikern ungefragt akzeptierten. Jedins eingehende Analyse der Konzile von Konstanz und Basel dient einem zweifachen Zweck: sie schränkt den weitverbreiteten Glauben ein, daß diese Versammlungen eine geringe Konsequenz für die innere Reform der Kirche hatten; und sie rückt die anhaltende Bedeutung ihrer Dekrete ins Licht, die das Supremat allgemeiner Konzile verkündeten.[3] Hexter seinerseits führt detaillierte Evidenz zur Stützung seiner These an, daß die herkömmliche Meinung, derzufolge die Feudalaristokratie in der Renaissance zu degenerieren begann, nichts als ein abgetragenes Cliché ist.[4] Verglichen mit Großaufnahmen fallen einem die Ansichten hoher Größenordnung, die sie kommentieren, als ziemlich umfassend und unscharf auf.

So steckte der liebe Gott im Detail? Zwei große Historiker – der Tolstoi von *Krieg und Frieden* und Sir Lewis Namier – verfechten die Lehre, die das berühmte Diktum von Aby Warburg auf einen Nenner brachte. Beide erklären die Mikro-Dimension zum Quellengebiet historischer Wahrheit.

Tolstoi verspottet die vielen Geschichten, die den Herrschern unserer Welt wie einst Napoleon und Alexander die Macht zuschreiben, große Reiche zu schaffen oder zu zerstören. Diese Geschichten, lautet sein Argument, übertreiben die Reichweite und Wirkungskraft der Macht eines Einzelnen gewaltig. Außerdem wären sie nur triftig begründet, wenn wir noch glaubten, daß Gott die Völker dem Willen eines persönlichen, von ihm bestellten Herrschers unterwerfe, um die Pläne göttlicher Vorsehung auszuführen.[5] Die Tage theologischer Deutungen sind jedoch dahin. Und da moderne Historiographie ihre Anerkennung ablehnt, werden wir wieder die Natur der mysteriösen Kraft zu erforschen haben, die die Bewegungen der Völker (oder Nationen) hervorbringt. Indem er das Gespräch auf diese fundamentale Frage bringt, tut Tolstoi nicht nur Helden, Könige, Generäle und Minister ab, sondern räumt alle Ansätze aus, die ihn als Auswuchs des Makro-Denkens stören. Er streitet den Einfluß von Ideen auf geschichtliche Veränderung ab und setzt keinerlei Vertrauen in die Gültigkeit, geschweige Relevanz, sogenannter soziologischer Gesetze. Nach seiner Sicht schwelgen die meisten Historiker in abstrakten Konstruktionen, die die realen Fakten übergehen, die sie festzuhalten und vorzustellen beanspruchen.[6] Seine eigene Antwort bezeugt seine unvergleichliche Empfänglichkeit für Verzweigungen und Emanationen jedes einzelnen Phänomens – ein Sinn für das Detail, der sich zum Beispiel in seiner minuziösen Beschreibung des Mottenfang-Anwalts in *Anna Karenina* zeigt. Die Kraft hinter den Bewegungen eines Volkes, sagt er, ist nicht über und außerhalb von ihnen zu suchen; sie besteht vielmehr in den unzähligen Unternehmen aller Individuen, die am historischen Prozeß beteiligt sind.[7] Um dieses zu beweisen, stellt er immer wieder in *Krieg und Frieden* die unstrittig realen, wenn auch fragmentarischen Erfahrungen seiner Romanfiguren – z. B. die von Pierre Besuchow während der Schlacht von Borodino – Ausschnitten aus Geschichten und offiziellen Berichten des gleichen Zeitraums gegenüber und verleiht auf diese Art der unüberbrückbaren Lücke zwischen leeren Verallgemeinerungen und jenen Eindrücken aus erster Hand Relief. Mit dem Engagement des Künstlers für das Konkrete stellt Tolstoi sich historische Realität als ein endloses Kontinuum mikroskopischer Vorfälle, Handlungen und Interaktionen vor, die durch ihre reine Akkumulation die makroskopischen Umwälzungen, Siege und Katastrophen produzieren, wie sie Schulbücher laufend darstellen. (Übrigens ist er nicht der einzige, dem ein solch unendlich kleines Kontinuum vorschwebt. Fernand Léger, der französische Maler und Filmemacher, träumte von einem Riesenfilm, der das Leben eines Mannes und einer Frau während vierundzwanzig Stunden genau registrieren sollte: ihre Arbeit, ihr Schweigen, ihre Intimität. Nichts wäre auszulassen; noch dürften die beiden Protagonisten jemals von der Anwesenheit der Kamera wissen. Léger war sich im klaren darüber, daß die Bilder, die er vor Augen hatte, schockierende Ansichten bieten müßten, weil sie den normalerweise verborgenen Wirbel kruder Existenz zur Schau stellen. »Ich glaube«, bemerkte er, »dies wäre so schrecklich, daß die Leute entsetzt davonliefen und um Hilfe riefen, als sei eine Weltkatastrophe über sie hereingebrochen.«[8])

Es ist ganz logisch, daß Tolstoi es als (unerfüllbare) Aufgabe des wahren Historikers erachtet, die Makro-Wesenheiten in ihre kleinsten Elemente zu zerlegen. Seine Vorstellungen über die Beziehungen dieser winzigen Einheiten untereinander enthüllt seine Abhängigkeit von der Wissenschaft des 19. Jahrhunderts. Er verfällt ausgesprochenem Determinismus. Menschliche Vernunft, meint er, verpflichtet uns, die Elemente in der Mikro-Dimension als von unabänderlichen Gesetzen kontrolliert aufzufassen.[9] Weiter postuliert er, daß, wenn überhaupt möglich, eine Rekonstruktion der Kette von Ursachen und Wirkungen in jener Dimension das Gesetz von Geschichte als Ganzes einbrächte. Nach Tolstoi ist Geschichte das Reich der Notwendigkeit – eine Erweiterung des Reiches der Natur. (Interessant, daß er auf Rechnen verweist in Verbindung mit den Verfahren, die zur Isolierung der Mikro-Einheiten und ihrer folgenden Integration anzuwenden sind.[10] Es ist, als hätte er die modernen Computer vorausgesehen.)

Tolstois Glaube an einen unerbittlichen Kausalnexus bringt ihn in Schwierigkeiten. Wie die Herrschaft der Notwendigkeit mit der Erfahrung von menschlicher Freiheit versöhnen? Die von ihm gebotene Lösung ist eine unbeholfene Notlösung: er sieht keinen anderen Ausweg, als Freiheit zu einem Phänomen unseres Bewußtseins, zu etwas von sekundärer Qualität zu degradieren. Sein Hauptargument ist, daß in der auf Vernunft gegründeten Welt – der ideal wirklichen Welt – kein Platz für kausal unerklärbare Handlungen ist. Was wir fälschlich für eine freie Entscheidung halten, ist im Licht der Vernunft die unvermeidbare Konsequenz gegebener Bedingungen. Freiheit ist eine Illusion. Daß desungeachtet die Illusion sich perpetuiert, ist unserem Unvermögen anzulasten, für die infinite Anzahl von Elementen, die historische Realität umfassen, einzustehen. Die Aufgabe, Gesetze aufzuspüren, die ihr Ineinandergreifen steuern, geht über menschliches Bemühen. Da dies so ist, fühlen wir uns tatsächlich herausgefordert, Freiheit durch das zu ersetzen, was unserem Zugriff sich entzieht. Freiheit ist eine nicht wißbare Notwendigkeit.[11]

Kein Zweifel, Tolstoi ist ein schwacher Philosoph. Er macht sich unkritisch die philosophischen Cliché-Vorstellungen seines naturwissenschaftlich orientierten Zeitalters zu eigen und bringt es fertig, sie nach einem Schema auszulegen, das ihm gestattet, seinen Kuchen zu essen und aufzuheben – den freien Willen zu retten und doch das deterministische Dogma aufrechtzuerhalten. Es kommt Tolstoi anscheinend nicht in den Sinn, daß diese »Lösung« ihm verbietet, Geschichte als eine intelligible und vielleicht signifikante Folge von Ereignissen zu sehen. Wäre Freiheit ein bloß subjektives Phänomen, trüge Notwendigkeit in der Welt um uns wieder den Sieg davon: alles, was sich ereignet, muß sich ereignen, und dabei bleibt's.

Doch kaum hat Tolstoi, der Möchtegern-Philosoph, seine Rede hinter sich, übernimmt der wirkliche Tolstoi. Nachdem er mit jenen heiklen Spekulationen kurzen Prozeß gemacht hat, verleiht der wirkliche Tolstoi – diese einzigartige Personalunion eines Mystikers und Empiristen – indifferenter

Notwendigkeit eine Seele. Das, was passieren muß, meint er, soll auch passieren. Jedenfalls ist er tief überzeugt, daß im Fall des russischen Volkes alles zum Guten stehen wird, wenn nur die bestehenden Mächte nicht mit der Lebenskraft, die Rußlands Zukunft formt, zusammenstoßen. Natürlich, um den Dingen ihren Lauf zu lassen, müssen sie wissen, was mit allen Schauspielern im Stück vorgeht. Doch ist nicht, nach Tolstois eigener Voraussetzung, solches Wissen für immer unerreichbar? Er umgeht diese theoretisch unüberwindliche Schwierigkeit durch Anrufung der göttlichen Macht der Weisheit. Jene, die er weise nennt, verschaffen sich intuitiv oder besitzen genau das Wissen, das den allein von Vernunft geführten Geistern versagt ist. Die Weisen halten ihre Hand am Puls der Zeit; sie haben die Gabe, die verworrenen und oft widersprüchlichen Botschaften zu erfassen, die ständig aus den dunklen Winkeln des Alltags steigen; sie selbst sind Teil jener Kraft, die die Bewegungen der Völker schafft.[12]

Tolstoi gibt dieser Vision Fleisch und Farbe: sein Kutusow ist inkarnierte Weisheit. Er plant und handelt nicht; er wartet und hört zu. Und nur seine Befähigung, den Chor verwirrter Stimmen der Grundregionen anzuhören und zu deuten, ermöglicht ihm, Napoleon zum Rückzug zu zwingen. Zu führen ist Kutusow eingegeben, weil er nicht willens ist, seiner Eingebung zu folgen. Sein einziger Ehrgeiz ist, die formlosen Gedanken und Wünsche, die er Millionen von Russen ins Herz geschrieben findet, zum Tragen zu bringen. »Er weiß«, wie Fürst Andrej es formuliert, »daß etwas stärker und wichtiger ist als sein Wille – der unvermeidliche Gang der Ereignisse.«[13] (Der unvermeidliche Gang der Ereignisse? Tolstois Fixierung an mechanistische Begriffe seiner Zeit behauptet sich allerorten. Doch verstößt dies nicht gegen die Wahrheit, durch seinen Kutusow verkörpert, daß wirklich schöpferisches Handeln von eindringlich passivem Beobachten nicht zu trennen ist.)

Toynbee berichtet, daß Namier einst zu ihm sagte: »Toynbee, ich studiere die einzelnen Blätter, Sie den Baum. Die übrigen Historiker studieren die Büschel der Zweige, und beide denken wir, *sie* irren sich.«[14] (Er schien höflich genug gewesen zu sein, Toynbee nicht zu erzählen, was er vom Studium des ganzen Baumes hielt.)

Da Namiers Gebiet politische Geschichte ist, bezieht seine Metapher von den »Büscheln der Zweige« sich offensichtlich auf die ideologischen Einheiten, die das übliche Material der Geschichte seines Gebietes sind. Die liberale *(Whig)* Deutung Englands im 18. Jahrhundert, die er so wirksam angriff, akzeptierte nicht nur die herrschenden politischen Vorstellungen und Parteiprogramme jenes Jahrhunderts als Nennwert, sondern hielt sie für Knotenpunkte historischer Realität. Die Wahrheit hingegen ist, daß diese vorgeblichen Einheiten Projektionen sind aus Bestandteilen von Aktionen, Reaktionen und Zuständen, die sie eher tarnen als benennen. Sie sind Schein-Wesenheiten. Und da praktisch keines der Phänomene des wirklichen Lebens, die sie verschleiern, in den ideologischen Bereich fällt, dem sie selbst angehören, ist der ihnen innewohnende Anspruch, Teil der Realität zu sein, völlig ungerechtfertigt. Namier hält am Scheincharakter des je Ideologischen fest. Seiner Ansicht nach kulminieren alle Geschichten, die den Akzent auf politische Ideologie, rationales Denken und wortreiche Auseinandersetzung legen, in vagen Verallgemeinerungen, die unfähig sind, genau jene Realität zu erfassen, die sie erklären sollen. Wie Tolstoi verwirft Namier solche Makro-Geschichten und ihre panoramischen Ansichten.

Seine negative Haltung ihnen gegenüber ist nachweislich beeinflußt von Marx' Basis-Überbau-Theorie. Auch Namier macht sich daran, den falschen Anspruch auf Autonomie der Ideen zu entlarven: auch er betont die Rolle, die materiale Bedürfnisse und soziale Bedingungen bei ihrer Bildung spielen.[15] Aber deswegen ist er noch kein Marxist. Abgesehen von seinem konservativen Temperament ist er abgeneigt, sich von einem politischen Historiker zu einem Parteigänger zu wandeln, einem *littérateur engagé*. Wichtiger noch, er ist sehr dafür, eine Makro-Konzeption gegen eine andere auszutauschen: Marx' stringente Gleichsetzung von (Vor-)Geschichte mit einer Folge von dialektisch aufeinander bezogenen Klassenkämpfen übt keinerlei Anziehung auf ihn aus.[16] Vielmehr möchte er von der ganzen Makro-Dimension wegkommen – von allen jenen breiten und umfassenden Gedankenmustern, die letzten Endes unser konventionelles Weltbild konstituieren. Das Bild, das sie einbringen, täuscht, weil sie sich beim Errichten von Trugverbindungen zwischen Scheineinheiten von großenteils anonymen Fakten erschöpfen. Als Produkte unseres Bewußtseins sind sie nicht sosehr in sich geschlossene Einsichten als vielmehr Oberflächensymptome innerer Lebensprozesse. Und worauf er zielt, ist, unter die Oberfläche zu gelangen und die weniger zudringlichen, weniger sichtbaren wirklichen Vorgänge in tiefenpsychologischen Schichten zu erforschen. Namiers Weg ist eine Einbahnstraße. Dies geht aus seiner Gleichgültigkeit gegenüber der Synthese und eigentlicher Schilderung schlüssig hervor. John Brooke sagt von ihm, daß er »niemals einen Schritt ging, ohne in jede Richtung zu blicken«.[17] Er kann sich nicht dazu bringen, die einzelnen Blätter dem Baum zuliebe außer acht zu lassen.

Namier gibt selbst zu, was alles er Freud verdankt. Er fordert die Historiker auf, »die psychologischen Triebfedern« politischer Ideen[18] aufzudecken, deutet auf den Anteil »unbewußter Eingebungen« in jeder Aktion[19] und erklärt kategorisch, daß eine Kenntnis moderner Psychologie – insbesondere der Massenpsychologie – für das Fortschreiten der Historiographie unerläßlich ist.[20] Ist er ein orthodoxer Freudianer? »Worauf es am meisten ankommt«, sagt er an einer Stelle, »sind die zugrunde liegenden Emotionen, die Musik, zu der die Ideen ein bloßes Libretto, oft von sehr mangelhafter Qualität sind ...«[21] Er hat eine künstlerische Ader (die deutlich in seiner Prosa hervortritt). Und seine ästhetische Sensibilität dürfte ihn auf die Bemühungen eingestimmt haben, die an allen Fronten zeitgenössischer Kunst unisono unternommen werden – Bemühungen, die kaum ihre Kraft entfaltet hätten, wenn nicht aufgrund der Leistungen von Freud und Marx. Jedenfalls scheint es, als wirkte er vereint mit jenen Malern, Dichtern und Musikern, die herkömmliche Formen und Wahrnehmungsweisen aufzulösen gedenken. Sie gehen durchweg vom großen Ganzen und übergreifenden Kompositionen alten Stils zu an sich fragmentarischen Behauptungen über, die vielleicht nie wieder als Ganzes sich verfestigen. Das (vorläufige) Ergebnis ist eine Anpassung unserer Sinne an das, was vom einmal aufgespulten Netzwerk vernutzter Konventionen übrigbleibt. (Was übrigbleibt, ist zumindest unbestreitbar.) So greift Namier zur Psychoanalyse als einem Mittel, das die genormten Makro-Begriffe politischer Realität zerfallen läßt. Wie er kein Marxist ist, so ist er auch kein Freud ergebener Anhänger.

Die Welt der Geschichte, wie sie ihm erscheint, bietet ein beunruhigendes Schauspiel. Während einige der politischen Ideen, die jene Welt bevölkern, in Übereinstimmung mit den Emotionen, Impulsen usw. stehen könnten, die den Notwendigkeiten der Stunde entsprechen, sind die meisten von ihnen Überbleibsel aus längst vergangenen Tagen. Doch da sie weiterhin unsere Einbildung erregen, halten sie Einstellungen, Befürchtungen und Erwartungen lebendig und reaktivieren sie sogar, die der aktuellen Lage nicht mehr angemessen sind. Diese unzeitgemäßen Gewohnheiten des Denkens und Verhaltens unterbrechen permanent die Wechselwirkung zeitgemäßer Wünsche und Hoffnungen und verhindern so, daß wir uns mit der Gegenwart angemessen auseinandersetzen. So sehr wir auch versuchen, sie zurückzudrängen, erfüllen sie doch unser Unbewußtes und haben eine Art, sich in ungerufenem Verlangen und unverantwortlichen Ausbrüchen zu entladen. Wir sind Neurotiker und traumatischen Erfahrungen ausgeliefert. Nach Namier sind die Prinzipien und Programme, die politische Aktion ausmachen, in der Regel eher Verwirrungen als verläßliche Wegweiser. Tatsächlich geht er so weit, ihr Nichtvorhandensein als ein Symptom »größerer nationaler Reife«[22] zu erachten. Die historisch-politische Welt, die er entwirft, hat einen surrealistischen Aspekt: sie ist von Geistern heimgesucht, die in Form von Ideen und Erinnerungen in unsere Häuser, Ämter und Gehirne eindringen.

Sein Ziel ist, die Geister zu bannen – das heißt die psychologischen Motivationen und Mechanismen aufzuspüren, die zusammen mit den materialen Belastungen des Augenblicks die Politik in Gang setzen. Nun sind diese hauptsächlichen Triebfedern von Aktivitäten und Ereignissen im politischen Bereich keine freischwebenden Kräfte, sondern strömen aus einem sehr konkreten Kern; ihr Träger ist das Individuum (oder jede Gruppe mit erkennbarer Persönlichkeit). Die Individuen, meint Namier, machen jene Aggregate aus, die von Ideen und Ursachen hypnotisierte Historiker nach Belieben herumschieben, weil sie sie fälschlich für wirkliche Einheiten halten. Das sind sie nicht. Die wirklichen Einheiten, dahin geht sein Argument, ergeben sich nur der Mikro-Analyse; um eine beliebige Phase politischer Geschichte zu erklären, wird man sich mit dem Leben aller in sie verwickelten Individuen beschäftigen müssen. Der Gott, den er verehrt, steckt nicht bloß im Detail, sondern im biographischen Detail. (Er dürfte sich über Collingwoods totale Ablehnung von Biographie als Teil des historischen Unternehmens gewundert haben; geht man jedoch ohne Umschweife von einer philosophischen »Geschichtsidee« aus, muß man zu bizarren Schlußfolgerungen gelangen.) Die Methode von Namier wird am besten veranschaulicht durch sein bahnbrechendes Hauptwerk, jene »fabelhaft mikroskopische Untersuchung der Zusammensetzung der sukzessiven *Houses of Commons* unter George III.«[23] Man beachte, daß er, in Anwendung dieser Methode, den prominenten

Politikern, die Einfluß haben und die professionellen Biographen anziehen, wenig Achtung schenkt. Er ist kein Biograph im üblichen Sinn. Sein ganzes Interesse gilt den Lebensläufen der kleinen Leute, die mehr Einsicht in typische Emotionen und Zielsetzungen bieten als die Karrieren der Stars. Namier setzt sich, wobei er sich gänzlich an diesen Ansatz hält, für historische Untersuchungen jener Art ein, die dem einsamen Gelehrten unzugänglich ist. Er plädiert für eine demographische Geschichte mittels kooperativer Bemühung – ein Programm, das zur britischen *History of Parliament* den Anstoß gab, die jetzt im Entstehen ist. Seine Vorstellung von Mikro-Geschichte, möchte ich hinzufügen, ähnelt der von Tolstoi darin, daß sie das Aufkommen der Computer vorausahnt. Aber meldet nicht jede Innovation von Gewicht sich durch Träumen und Tasten an, das mit ihr schwanger geht?

Kurz, Namier wie Tolstoi sind der Meinung, daß die Ideologien und großen Transaktionen, um die unsere Geschichtsbücher kreisen, sich aus einer infiniten Anzahl kleiner Ereignisse erheben, die sie in Wirklichkeit übertreffen. Und beide stimmen darin überein, nahezulegen, im Interesse größerer Wahrheit solle Makro-Geschichte ersetzt werden durch kollektive Mikro-Studien.

Jedoch entspringt dieser Vorschlag einer falschen Voraussetzung: historische Realität steckt nicht nur im biographischen oder sonstigen Detail, sondern erstreckt sich ebenso auf die Makro-Dimension. Nicht alle Themen der Geschichten hoher Größenordnung sind Konstruktionen im nachhinein. Es gibt lang andauernde Ereignisse wie Kriege, soziale oder religiöse Bewegungen, langsame Anpassungen genau begrenzter Gruppen an wechselnde Bedingungen der Umwelt usw., die als greifbare Wesenheiten gelten können. Da sie in höheren Regionen sich entfalten, entgehen einige von ihnen vermutlich der Aufmerksamkeit des Mikrohistorikers. Obwohl die Namen, unter denen sie geläufig sind, ungenaue Abkürzungen sein könnten, die ein Gewirr von mikroskopischen Ereignissen in Dunst hüllen, sind diese Ereignisse mehr als bloße Projektionen – vorausgesetzt, sie wurden zur Zeit ihres Auftretens als Einheiten erfahren. Im Europa des 15. Jahrhunderts war die Streitfrage der Kirchenreform ein geläufiger Begriff, ungeachtet ihrer hohen Allgemeinheit. Historische Ereignisse großer Reichweite, die von diesem Typus sind, sind wirklich in dem Maß, wie sie die Menschen anregen, ihre Konsequenzen abzuwägen, Alternativen zu erörtern und mögliche Lösungen voranzutreiben. Tolstois Satire auf die herkömmliche Historiographie trifft nicht ganz die Sache. Desgleichen hat die Vergangenheit Ideen kommen und gehen sehen, die nach Erreichen ihres Scheitelpunktes nicht weniger den Realitäten des Lebens angehörten als etwa ein individueller Konflikt – gleichviel im übrigen, ob sie genuin waren oder nicht. Sie haben eine besondere Substanz, einen irreduziblen Inhalt. Und jedem Historiker, der sie bloß als Derivate psychologischer Prozesse behandelt, entgeht ein Teil dessen, was wirklich vorfiel und die Leute antrieb.

Kein Wunder, daß die Position von Tolstoi und Namier Anlaß zu verschiedenen Einwänden gab. Namier, um bei ihm zu bleiben, wurde unter anderem dafür kritisiert, daß er seine analytische Methode als ein Allheilmittel ausgab. Während aber Mikro-Analyse gewiß geeignet ist, den ideologischen Nebel zu durchdringen, der die Praktiken der korrupten Politiker unter George III. verschleierte, ist sie nicht auf Zeiträume anzuwenden, die mit authentischen politischen Ideen begabt sind; die Puritanische Revolution widersetzt sich jedem Wegpsychologisieren.[24] Butterfield, einer der erbittertsten Gegner von Namier, wirft ihm vor, die Realität solcher Ideen außer acht zu lassen. Namier und seine Anhänger, bemerkt er, zersetzen die »anerkannten politischen Ziele, die den Ereignissen der Geschichte Bedeutung wie Zusammenhalt geben«[25]; sie verfallen der »optischen Illusion ..., daß es nur auf das Detail ankäme«[26]; sie sind sich nicht im klaren, daß man, um Geschichte zu schreiben, »auch einen Blick für Allgemeinheiten haben« muß.[27] (Es ist wahrscheinlich nicht Butterfield, der irdische »technische« Historiker, sondern Butterfield, der gläubige Christ, der zutiefst »Namierismus« verabscheut, weil er alles unterhöhlt, woran er glaubt – an die potentielle Sinnerfülltheit von Geschichte, den wesentlichen Wert der Ideen. Als ein christlicher Historiker hält er bedeutsame Kontinuität für selbstverständlich und nimmt sogar die Existenz von etwas wie »Gottes Geschichte« an, mit einem übernatürlichen Planer, der sich mit menschlichen Verhältnissen befaßt.[28]) Den Kritikern ist auch nicht entgangen, daß Namier, in flagranter Verachtung seines einbekannten Interesses an Einzelheiten, das Mikroskop manchmal durch ein Teleskop ersetzt und so große Teile der Vergangenheit in eine Perspektive seiner Wahl versetzt. War er nicht ein glühender Zionist? Es wäre schließlich zu fragen, ob er wirklich auf den Grund stößt, wenn er die psychologische Verfassung des Individuums untersucht. Diese vorgeblich kleinste historische Einheit ist selbst ein unerschöpflicher Makrokosmos. So weicht Realität wieder zurück, wenn er überzeugt ist, ihrer habhaft geworden zu sein.

Das Vorkommen lang andauernder Ereignisse und Vorstellungen, die mehr oder weniger ihr eigenes Leben führen, mag nahelegen, daß Makro-Geschichten von Mikro-Forschung gewissermaßen unabhängig sind.[29] Selbst gesetzt, daß diese Ideen, Ereignisse und Pauschaleinteilungen dem Leben und Treiben tagtäglicher Vorurteile entwachsen, sind sie geeignet, sich verschieden zu entwickeln und zu ändern, was nicht hinreichend durch Rekurs auf ihre Elemente zu definieren ist. In Erörterung aller Beziehungen zwischen »diesen makroskopischen Phänomenen« und »den elementaren, atomgleichen Daten«, von denen sie anscheinend ausgehen, hält Marrou daran fest, daß die erstgenannten so real sind wie die letztgenannten, und betont ihren relativ unabhängigen Status: »Sie sind Realitäten anderer Ordnung, aber jede für sich genommen sind alle gleich authentisch.«[30] Im übrigen ist die Tatsache, daß solche Makro-Realitäten nicht ganz auf die Mikro-Realitäten, die in ihnen aufgehen, zurückzuführen sind – daß aufeinander bezogene Elemente auf niederen und höheren Ebenen sozusagen nebeneinander existieren –, keineswegs ein ungewöhnliches Phänomen. Die meisten Individuen verhalten sich in verschiedenen Seinsbereichen unterschiedlich. Ein guter Christ mag ein strenger Gutsherr sein. Proust erklärt, daß es »absurd ist, den Dichter nach der Person oder den Meinungen seiner Freunde zu beurteilen, wie Sainte-Beuve es tut. Was die Person angeht, ist er nur ein Mensch und kann völlig außer acht lassen, was der Dichter in ihm denkt«.[31]

Darin steckt, daß, entgegen der Annahme von Namier und Tolstoi, politische Makro-Geschichte eine gewisse Autonomie erreichen könnte. (Es versteht sich, daß dies auch für Geschichten in anderen Bereichen zutrifft.) Wenn ein Politikhistoriker etwa die Gründe untersucht, die zum Sturz eines Regimes oder zu einem Krieg führten, muß er nicht immer die Unterwelt des biographischen Details prüfen, sondern darf getrost davon ausgehen, diese Ereignisse aus Motiven, Auseinandersetzungen und Reaktionen pauschal zu erklären, die dem gleichen Bereich entstammen, in dem er vorgeht. Solange große Ereignisse drohend am Horizont auftauchen, werden sie in ihrer Ganzheit wahrgenommen und rufen daher Reflexionen und Maßnahmen ähnlicher Allgemeinheit hervor. Im Prinzip wird der Historiker, gleich aus welcher Entfernung er die Vergangenheit überblickt, auf jeder Ebene von Allgemeinheit auf einen Kausalnexus stoßen, der nur der entsprechenden Ebene eignet – es sei erinnert an die chinesischen konzentrischen Kugeln, von denen jede unabhängig sich um die andere bewegt. In seinen knappen Geschichten von Rom und Griechenland ordnet Rostovtzeff die hauptsächlichen Handlungen und Handelnden von Belang zu einer einsichtigen Textur an, ohne je Mikro-Fakten aufzubieten.

Trotzdem ist die Textur grob und ziemlich weitmaschig.

Offensichtlich ist die Autonomie von Geschichten großen Maßstabs nicht davon abhängig zu machen. Nachdem ich für den Fall der Makro-Autonomie gegen die maßlosen Ausfälle von Tolstoi und Namier plädiert habe, möchte ich nun zeigen, daß ihre unkritische Anerkennung schwere Risiken zur Folge hat. Natürlich könnte ein Politikhistoriker gegebene Ereignisse, Ideen und Auseinandersetzungen hoher Größenordnung plausibel zusammenfügen, aber wenn er sein Ziel darin sieht, makroskopische Zusammenhänge herzustellen, sollte man von ihm nicht erwarten, daß er die Vergangenheit, der sein Interesse gilt, zufriedenstellend darlegt. Viel unangenehmer ist, daß seine Schilderung sie falsch darstellt. Makro-Geschichten, die ihre Selbstgenügsamkeit überspielen, neigen dazu, sich zu verlieren.

Der Grund ist folgender: Je höher die Ebene von Allgemeinheit, auf der ein Historiker vorgeht, desto spärlicher wird historische Realität. Was er von der Vergangenheit bewahrt, wenn er aus großer Entfernung auf sie blickt, sind pauschale Situationen, langfristige Entwicklungen, ideologische Tendenzen usw. – große Brocken von Ereignissen, deren Volumen weicht oder wächst in direktem Verhältnis zur Entfernung. Sie sind über die Zeit verstreut; sie lassen viele Lücken ungefüllt. Wir erfahren nicht genug über die Vergangenheit, wenn wir uns auf die Makro-Einheiten konzentrieren. Es stimmt, wie Proust sagt, daß der Dichter unabhängig von dem Menschen existiert, in dem er lebt, doch stimmt es gleichermaßen, daß der Mensch auch existiert; und die ganze Geschichte *(story)* würde uns von dem Dichter *und* dem Menschen erzählen. Außerdem wird mit wachsender Entfernung der Historiker es zunehmend schwierig finden, historische Phänomene zu erfassen, die hinreichend spezifisch und unstrittig real sind. Butterfield bemerkt, nun in seiner Eigenschaft als technischer Historiker, daß Universalgeschichte »sich auf ein so weites Gebiet erstreckt, daß die Kenntnis unvermeidlich zu spärlich wird«.[32] Er hat recht: alles, was in jener Höhe auszu-

machen ist, wo Universalgeschichte in Sicht kommt, sind vage umrissene Riesen-Einheiten, unermeßliche Verallgemeinerungen von ungewisser Zuverlässigkeit.
Historiker, die das Ineinandergreifen von Makro-Ereignissen herausstellen, fühlen sich naturgemäß versucht, irgendwie die relative Dürftigkeit des Materials, an dessen Erfassung ihnen gelegen ist, zu kompensieren. Die Gefahren, die sie dabei laufen, schlugen bei niemand geringerem als Bacon zu Buche. Er rät dem Historiker, sich nicht mit einem zu langen (oder zu formlosen) Zeitraum zu befassen, weil »er nicht umhin kann, auf viele unbeschriebene Blätter und Freiräume zu stoßen, die er gezwungenermaßen mit eigenem Verstand und Konjektur auszufüllen hat«.[33] An verbindlichen Konjekturen herrscht kein Mangel. Um die »Lücken und Freiräume« auf seinem Wege zu umgehen, mag der Historiker, dem an der Erhaltung von Makro-Autonomie gelegen ist, sich auf seine Kenntnis vom Ziel des Weges stützen – und die Einsicht post festum eher als Mittel zur Verfestigung nutzen, denn um die Augen zu öffnen. Oder er mag »aus eigenem Verstand« nicht vorgegebene Motivationen, philosophische Ideen usw. einführen, um den brüchigen Stoff, an dem er webt, zu stärken. Das Ergebnis sind unvollständige wie übertriebene Geschichten. Gooch sagt von Guizot, daß sein historisches Werk kein »Interesse am Individuellen und Besonderen«[34] bekundet; und Sainte-Beuve kritisiert es, weil es Geschichte »aus einer Entfernung« sieht. Jede solche Geschichte, führt Sainte-Beuve weiter aus, »macht eine einzigartige Metamorphose durch; sie ruft die Illusion hervor . . ., daß sie rational ist«. Was ihn zur Folgerung veranlaßt, daß »Guizots Geschichte viel zu logisch ist, um wahr zu sein«.[35] Muß ich ausdrücklich erwähnen, daß die Zusätze und Ergänzungen des entschlossenen Makro-Historikers nicht zu verwechseln sind mit verantwortlichen historischen Hypothesen? Da er diese Einfügungen oft unversehens macht, wimmeln die so entstandenen Geschichten von zweideutigen

Begriffen. Viele ihrer scheinbaren Verallgemeinerungen sind in Wirklichkeit synthetische Produkte, Ausfluß wie Einfluß von Evidenz.
Wenn auch das niederschmetternde Urteil von Tolstoi und Namier zur herkömmlichen Makro-Geschichte über das Ziel hinausschießt, entspringt es doch einer Vorstellung von dem, was Geschichte zu unserer Zeit sein soll, die ich für gültig halte. Geschichte, meinen sie, kommt zu sich selbst, wenn sie die Vergangenheit aufzeichnet und uns so treu und vollständig wie möglich verstehen läßt. Hale sagt bei der Erörterung von Bacon: »Sie [Geschichte] muß so prall wie möglich und so lebenswahr wie möglich sein, nicht wie jene Geschichten, die ›eher den Faltenwurf der Geschäfte als ihre wahre und innere Gestalt annehmen‹.«[36] Die Grundbedeutung von Mikro-Untersuchungen liegt in der Tatsache, daß sie jeglichem Versuch, solche Fülle zu erlangen, unentbehrlich sind. Dies bedeutet nicht, daß die Integration der Mikro-Funde, von denen Tolstoi träumte, uns befähigte, das Ganze der Geschichte zu begreifen. Nicht alles an historischer Realität ist in mikroskopische Elemente zu zerlegen. Das Ganze der Geschichte umfaßt ebenso Ereignisse und Entwicklungen, die sich oberhalb der Mikro-Dimension abspielen. Aus diesem Grund sind Geschichten auf höheren Ebenen von Allgemeinheit ebenso wesentlich wie Detailstudien. Aber sie leiden an Unvollständigkeit; und wenn der Historiker ihre Lücken nicht »mit eigenem Verstand und Konjektur« ausfüllen will, muß er die Welt der kleinen Ereignisse ebenso erforschen. Makro-Geschichte kann nicht Geschichte im idealen Sinn werden, es sei denn, sie ziehe Mikro-Geschichte nach sich. Keine Detailkenntnis ist auf unterschiedliche Methoden anwendbar. Häufig genug dient sie zu einer Ausschmückung. Das heißt, Makrohistoriker machen sich Mikro-Forschung zunutze, gleich, ob sie von ihnen stammt oder nicht, um bestimmte Ansichten von großer Reichweite zu erhärten oder zu veranschaulichen, die sie sich nun zu eigen machen – Ansichten, die an den

Abstand gebunden sind, aus dem sie auf die Ereignisse blicken. (Gewiß sind diese Ansichten ihrerseits abzuleiten aus einer Untersuchung des relevanten Quellenmaterials; und sind nicht einige Verallgemeinerungen zweckvoller und zielgerichteter als andere? Und natürlich lassen die gegebenen Fakten, dehnbar wie sie sind, selten einen Historiker im Stich, der auf der Suche nach Evidenz für seine Vermutungen ist. Im übrigen ist historische Realität so reich an mannigfachen Daten, daß Evidenz aus ihnen für fast alles anzuführen ist, was man beweisen will.) Die vielen Details in den Geschichten von Macaulay scheinen durch die Bank berechnet, um die Bedeutung, die er den betrachteten Zeiträumen und Figuren zuschreibt, zu bestätigen. Sie alle konvergieren zu seiner Schlußrechnung dieser oder jener Situation – was den Eindruck hinterläßt, daß seine makroskopischen Einsichten oder Eingebungen nicht so sehr der Mikro-Analyse entwachsen, sondern seine Auswahl konkreter Fakten steuern. Als brillanter Erzähler weiß er wohl, ein erhärtendes Detail mit Effekt zu handhaben. Auch Toynbee geht davon aus, daß die Einzelheiten, die »kurzsichtige« Historiker beitragen, nur eine wertvolle Funktion erfüllen, wenn sie seine Konstruktionen von großem Ausmaß unterstützen. Auf ihn werden wir in diesem Kapitel noch zurückkommen.

Meine These, daß im Interesse größerer Vollständigkeit Makro-Geschichte zur Folge haben muß, deutet auf eine mehr als bloß scheinbare Verwicklung. Sie erfordert Historiker, die unzufrieden, dort zu bleiben, wo sie sind, wirklich die Vergangenheit bereisen und sich in das versenken, was sie dort finden, ohne große Rücksicht auf ihre Makro-Behauptungen. Diese Behauptungen könnten durch Mikro-Analyse dieser zuliebe bestätigt werden oder nicht. Vielleicht wird der damit befaßte Historiker bei kurzfristigen Angelegenheiten landen, die den Makro-Zusammenhängen, die er auf Grund von Makro-Evidenz hergestellt hat, Hohn sprechen; oder er wird entdecken, daß anscheinend außer acht zu lassende Ausnahmen vom allgemeinen Verlauf der Ereignisse Implikate mit sich führen, die tauglich sind, seine Bewertung der Analyse zu erschüttern. Denken wir an die *Société Féodale* von Marc Bloch.*

Aus diesem Grund sind aufmerksame Historiker, die nach Geschichte in ihrer Fülle streben, für eine wechselseitige Durchdringung von Makro- und Mikro-Geschichte. Trotz seines Glaubens an die Authentizität von makroskopischen Realitäten bleibt Marrou dabei, daß der Historiker, der eine lange Strecke der Vergangenheit überblickt, eher beginne, »zuerst auf der Ebene minuziöser und präziser Detailerfassung sicher zu arbeiten«.[37] Ähnlich sieht sich Butterfield, trotz seiner Haltung gegen Namier, gezwungen zuzugeben, daß Makro-Geschichte allein nicht reiche, und glaubt, daß die ideale Geschichte vielleicht aus der »Kombination von Struktur und Schilderung« bestehe – eine Geschichte, die beides, »eine Geschichte *(story)* und Studie« ist.[38]**

Hierin liegt eine auffällige Analogie zum Film: das Große ist aus verschiedenen Abständen anzusehen, um verstanden zu werden; seine Analyse und Interpretation ziehen eine konstante Bewegung zwischen den Ebenen von Allgemeinheit nach sich. Eine Erklärung von Pudowkin, aus *Theorie des Films* zitiert, trifft diesen Zusammenhang:

»Damit der Beobachter eine klare und deutliche Vorstellung von dieser Demonstration erhält, muß er einige Arbeit leisten. Zuerst klettert er auf das Dach des Hauses, um den Zug im ganzen zu überblicken und seine Ausmaße zu bestimmen; dann geht er hinunter und beschaut vom Parterre-Fenster aus die Aufschriften auf den Schildern und Plakaten der Demonstranten. Schließlich mischt

* Mit der These von Tolstoi und Namier, daß das unendlich kleine Kontinuum atomgleicher Ereignisse wirklicher sei als die Sequenzen von Ereignissen großen Maßstabs, mit denen Makrohistoriker sich befassen, kommt das zweite Hauptproblem, vor das der Historiker sich gestellt sieht – die Natur der Zeit –, in Sicht. Es wird im folgenden Kapitel angegangen. – Zum Verweis auf die *Société Féodale* von Bloch, vgl. dieses Kapitel, S. 147.

** Der vom Verfasser für dieses Kapitel fertiggestellte Text endet mit diesem Absatz.

er sich unter die Menge, um das Äußere der Teilnehmer kennenzulernen.«[39]

Wie gesagt, das Große ist angemessen nur wiederzugeben durch eine permanente Bewegung, die vom Ganzen ausgeht zum beliebigen Detail und dann zurück zum Ganzen usw.[40] Dasselbe trifft zu auf das Große in der Geschichte. Der Makrohistoriker verfälschte sein Subjekt, wenn er nicht durch Mikro-Studien gewonnene Großaufnahmen – als integrierendes Element seiner Gesamtbilder – einblendet.

Folglich muß der Historiker in der Lage sein, sich frei zwischen den Makro- und Mikro-Dimensionen zu bewegen. Das heißt die Frage stellen nach der Struktur des historischen Universums – dem ersten der beiden Hauptprobleme, vor die jeder Historiker sich gestellt sieht. Ist es homogen, so daß er leicht von einer Ebene auf die andere übergehen könnte? Substanz und Gültigkeit von Makro-Geschichte – ihr Realitätscharakter – hängen vom unbehinderten Verkehr in beiden Richtungen ab.

Dieser Verkehr ist durch zwei Prinzipien oder Gesetze geregelt, die der materialen Logik angehören.* Das erste wäre das »Perspektiv-Gesetz« zu nennen. Ich habe im vorhergehenden Kapitel gezeigt, daß historische Interpretation – »Verstehen« – letzten Endes das erweiterte Ich des Historikers, seine Lebenserfahrung, seine Subjektivität enthält. Mit anderen Worten, er muß die Dinge in einer »Perspektive« sehen, seinen Erfahrungen, Überzeugungen und Werten entsprechend, die alle in Selbstauslöschung, passiver Beobachtung verwurzelt sind.** Nun gibt es eine definierbare

* Siehe Kapitel 2, S. 64.

** Wie der Ausdruck »Distanz« trägt der Begriff »Perspektive« zwei Bedeutungen. Er könnte die Weise definieren, in der Geschichten, die von entlegener Vergangenheit bis zur Gegenwart reichen, gewöhnlich erstere verkürzen oder zugunsten detaillierter Darstellungen der letzteren zusammenziehen. Oder er könnte dazu dienen, eine dem Historiker eigentümliche Neigung zur Vergangenheit zu charakterisieren. Nur die zweite Bedeutung ist hier von Interesse.

Beziehung zwischen der Rolle, die Perspektiven spielen, und dem Abstand des Historikers von seinem Material. Marrou bemerkt, »daß in dem Grad, wie die Allgemeinheitsebene der historischen Konstruktion und die Breite der Synthese zunimmt, die Schwierigkeiten, Gefahren und Ungewißheit in gleicher Proportion wachsen«.[41] Mit anderen Worten, die Wirkungskraft perspektivischer Behandlung nimmt in direktem Verhältnis zum Abstand des Historikers von seinem Material zu.

Warum? In der Mikro-Dimension kanalisiert ein mehr oder weniger dichtes Gewebe gegebener Daten die Einbildung des Historikers, seine Deutungsabsichten. Nimmt der Abstand von den Daten zu, werden sie zerstreut und spärlich. So verliert die Evidenz ihre bindende Macht und lädt weniger gebundene Subjektivität zur Übernahme ein. (Wie schon in früheren Zusammenhängen ausgeführt, neigen Geschichten großen Maßstabs dazu, existentiellen Charakter anzunehmen.) Der Konflikt der Thesen von Pirenne und Bark zum Ursprung des Mittelalters zieht entschieden diese Perspektivenwirkung nach sich[42]; aber man ist weniger geneigt, an Perspektive bei Großaufnahmen wie Panofskys »Prinzip der Disjunktion« oder Jedins Analyse des Konstanzer Konzils zu denken.[43] Hier bemerken wir erneut die Gewichtigkeit von Gradunterschieden im vermittelnden Bereich Geschichte, auf die schon verwiesen war.*

Eine von Proust in seinem Roman gemachte Bemerkung veranschaulicht augenfällig die Tatsache, daß mit wachsendem Ausmaß der Geschichten ihre Komposition zunehmend von Perspektiv-Gesetzen gesteuert wird, ebenso wie die Konsequenzen der Zugänglichkeit der Mikro-Dimension von höheren Ebenen. Auf einer Kutschfahrt, die vor der liegt, auf die im 3. Kapitel verwiesen wurde, sieht Marcel manchmal zwei, manchmal drei Kirchtürme in der Ferne, je nach dem Winkel, aus dem er die Umgegend überblickt. Unter dem Eindruck ihrer variierenden Positionen bildet

* Siehe 3. Kapitel, S. 90–91; siehe auch 8. Kapitel.

er sich ein, sie seien drei »junge Mädchen der Sage, ... die eine hinter die andere gleiten und schließlich ... eine einzige ... Gruppe bilden ...«[44] Ähnlich müssen Makro-Historiker, nicht so sehr wegen der Übersicht, Vernachlässigung und ähnlichem als wegen des »Perspektiv-Gesetzes«, Teile der Evidenz von Anbeginn außer acht lassen. Diese Funktion perspektivischer Sichten, die an sich die Zugänglichkeit des gesichteten Materials behindern, ist gewichtiger, je größer der Abstand ist. Zum Beispiel können allgemeine Geschichten der Feudalgesellschaft gewöhnlich nicht deren Verschiedenartigkeit gerecht werden, die durch ihren Versuch verdeckt wird, die allgemeinen Züge dieser Gesellschaft herauszustellen; aber genau ihre Verschiedenartigkeit ist eine ihrer wesentlichen Eigenschaften.[45] Die *Société Féodale* von Marc Bloch leidet am wenigsten unter diesem notwendigen Mangel, der den Umgang des Historikers, der im großen Maßstab arbeitet, mit einem Teil der Quellen und der Mikro-Geschichten behindert. Gewiß steht es dem Historiker theoretisch frei, die Mikro-Dimension nach Belieben zu erforschen, doch wird er in der Praxis automatisch sich vielen ihrer Inhalte verschließen, die er übersieht oder durch Rationalisierung als unerheblich abtut. Wie Ferguson zu den Problemen bemerkte, denen ein neuer Versuch zur Synthese sich zu stellen hätte, wie er seinerzeit durch von Martin in der *Soziologie der Renaissance* (1932) unternommen wurde, wird der Autor eines solchen Versuches »seine Synthese anzupassen haben, um sich um viele nachteilige und schwer faßliche Fakten zu kümmern, die von Martin zum Glück nicht zu Bewußtsein kamen. Aber wenn etwas gewonnen ist, wird auch etwas verlorengehen ...«[46] Ob mißachtet oder einfach nicht bemerkt, solche Inhalte müssen aus dem Rahmen fallen. Was der Makrohistoriker nicht sieht, kann er (zum Teil) nicht sehen, weil es von dem, was er sieht, überschattet wird.

Zwei ergänzende Bemerkungen ließen sich dieser Erörterung des Perspektiv-Gesetzes hinzufügen. Eine ist durch Arons

Beobachtung beigesteuert und betrifft die Möglichkeit, eine Makro-Perspektive in eine andere umzuwandeln. Er betont, daß subjektive Perspektive notwendig sei zur Gesamtkonstruktion und daß der Historiker von anderen Perspektiven Kenntnis nehmen müsse, um seine eigene so gut wie möglich zu objektivieren, warnt aber, daß zwischen ihnen »keine numerische Konstante oder Gleichung« sei. Ihre Verschiedenheit ist ein »Ausdruck des Lebens«.[47] Die andere Ergänzung ist eine Frage: Sind Geschichten hoher Größenordnung mehr vom »Zeitgeist« betroffen als Geschichten auf niederen Ebenen von Allgemeinheit?

Das zweite Prinzip, das den Verkehr zwischen Mikro- und Makro-Dimensionen regelt, wäre »Niveau-Gesetz« zu nennen. Es verweist auf jene Mikro-Ereignisse, die nicht von Perspektivenmechanismen überschattet werden, sondern sichtbar bleiben und in die oberen Regionen befördert werden und in die Komposition von Geschichten großen Maßstabs eingehen.

Was geschieht mit ihnen unterwegs? Mit dieser Fragestellung beschränke ich mich vorsätzlich darauf, in der Hauptsache Verkehrsbedingungen auf dem Weg von »unten« nach »oben« zu untersuchen. Auch werde ich hier nicht die verheerende Wirkung berücksichtigen, die die kompositorischen Erfordernisse von Makro-Geschichten – insbesondere allgemeinen Geschichten – auf alle in diesen Geschichten enthaltenen Mikro-Funde haben.* Die Antwort auf die schon erhobene Frage ist, daß die Mikro-Ereignisse bei der Beförderung in höhere Regionen vom Verlust einiger ihrer Eigenarten und Bedeutungen bedroht sind. Sie kommen dort oben in beschädigtem Zustand an.[47a]

Man stelle sich zum Beispiel drei historische Schilderungen vor, deren jede ein Porträt von Luther enthält – die erste eine Geschichte des deutschen Volkes, die zweite eine der Reformation und die dritte eine ausgewachsene Bio-

* Dieser Aspekt wird im 7. Kapitel erörtert.

graphie: Ich glaube, es ist höchst wahrscheinlich, daß alle drei Porträts in der Bedeutung unterschiedlich angelegt und daher gewissermaßen inkommensurabel sind.

Das »Niveau-Gesetz« wird veranschaulicht wie erklärt durch das analoge Phänomen der paradoxen Beziehung zwischen Großaufnahmen und Totalen (Gesamtaufnahmen) in der filmischen Schilderung. In der *Theorie des Films* wurde die Beziehung erklärt mit Hinweis auf die Griffith-Großaufnahme von den ringenden Händen der Mae Marsh in der Gerichtsszene von *Intolerance*, die »nicht nur wesentliche Bestandteile der Handlung, sondern auch Entdeckungen neuer Aspekte physischer Realität« sind. Während wir die große Nahaufnahme der Hände von Mae Marsh betrachten, »vollzieht sich etwas Merkwürdiges. Wir vergessen, daß wir nichts weiter als ein Paar gewöhnlicher Hände vor uns haben. Vom übrigen Körper abgetrennt und riesig vergrößert, werden sie zu unbekannten, von eigenem Leben erfüllten Organismen.«[48] Ähnlich taugt die Großaufnahme des Historikers, Möglichkeiten und Ausblicke nahezulegen, die durch das identische Ereignis in der Geschichte hoher Größenordnung nicht vermittelt werden. (Die geläufige Mode, photographisches Detail eines Kunstwerkes zu dem Zweck zu präsentieren, sich davon losgelöst zu ergötzen, liefert weitere Evidenz zu diesem Unterschied an Qualität und Bedeutung; demnach erinnerte ein Stück Hintergrund-Szenerie von Grünewalds Isenheimer Altar entfernt an einen japanischen Holzschnitt.)

Eine theoretische Ausarbeitung mag dieser Erörterung des Niveau-Gesetzes hinzugefügt werden. Im Prinzip beanspruchen Makro-Erklärungen, für Mikro-Fakten gültig zu sein – das heißt, für alle Einzelheiten –, während Mikro-Einsichten ihrerseits nach Anerkennung in der Mikro-Dimension streben. Da nun, um gültig zu sein, erstere – die Makro-Erklärungen und -Definitionen – sich zumindest teilweise auf Mikro-Analyse gründen müssen, stimmen vermutlich einige der Implikate von Mikro-Studien mit den

Funden des Makrohistorikers überein. Aber bestimmt nicht alle und vielleicht nicht einmal die bedeutsamsten. Dann haben wir zwei Typen von Verallgemeinerungen, oder vielmehr Einsichten allgemeiner Natur – jene, die wesentlich zur Makro-Dimension gehören, und jene, die dorthin direkt von »unten« mittels Mikro-Analyse gelangten. Es ist der letztere Typus des Allgemeinen, den Huizinga in seiner Kritik an Burckhardt gegen die Idee der Renaissance vorbrachte, die den ersten Typus allgemeiner Einsicht darstellt.* Es ist offensichtlich, daß die Allgemeinheiten, die von Mikro-Forschungen abgeleitet sind – und sie wie einen Saum umgeben –, zum großen Teil mit typischen Makro-Verallgemeinerungen unvereinbar sind. Sind sie mit letzteren zu verschmelzen? Es genüge hier, die Frage nach den Beziehungen zwischen dem Allgemeinen und dem Besonderen aufzuwerfen.**

Schließlich ist der Verkehr zwischen der Mikro- und Makro-Dimension einschneidenden Restriktionen unterworfen. Wegen des »Perspektiv-Gesetzes« fällt ein Teil der Evidenz automatisch aus. Und wegen des »Niveau-Gesetzes« erreicht ein Teil der virtuell vorhandenen Evidenz sein Ziel in unvollständigem Zustand. Das bedeutet, daß das historische Universum von nicht-homogener Struktur ist. Es umfaßt Gebiete unterschiedlicher Dichte und ist von nicht faßlichen Wirbeln durchzogen. Radikal gesagt, die sich ergebenden Verkehrsprobleme sind unüberwindlich. Die Idee von Toynbee, die Sichten von Vogelperspektive und Fliegenperspektive ineinander aufzuheben[49], ist prinzipiell nicht zu erfüllen. Die zwei Arten Untersuchung mögen nebeneinander bestehen, aber sie verschmelzen nicht ganz und gar: der Vogel frißt die Fliege in der Regel.
Wie reagieren sensitive Historiker auf diese Sicht der Dinge? Hier zwei Beispiele.

* Siehe Seite 119 ff.
** Wird im 8. Kapitel wieder aufgenommen.

Kristellers Problem: Kristeller, die unbestrittene Autorität auf dem Gebiet der Renaissancephilosophie, zielt auf eine Synthese seines lebenslangen Forschens, eine umfassende Geistesgeschichte des ihm so vertrauten Zeitraums. Aber er scheut vor diesem Projekt zurück, weil er sich bewußt ist, daß er ihm viel von dem zu opfern hätte, was er weiß und noch immer im Verlauf fortgesetzter Forschung erfahren mag. Es ist, als wolle er keine der kostbaren Einsichten beschneiden oder übergehen, die nur volle Versenkung in die Quellen bietet; als fürchte er Verbergen und Entstellung im Gefolge der Kürzungen, die die geplante Synthese ihm gewiß auferlegte. Seine realistische Leidenschaft kollidiert mit seinem formgebenden Verlangen, aus seinen Funden ein »Ganzes« zu machen.
Diamonds Traum: Diamond fragt sich, ob der mit einer Schilderung großen Maßstabs befaßte Historiker nicht vermeiden könne, alle Ereignisse in eine Perspektive zu verlegen, die dem Abstand entspricht, an den das Ausmaß seiner Schilderung sich halten muß. Warum sollte er auf seinem Weg die Dinge nicht aus unterschiedlichen Abständen betrachten? Wie etwa ein Wanderer, der eine Landschaft durchstreift; er wird zuerst das Panorama als ein Ganzes aufnehmen und dann erst auf die weit entfernte Bergkette zugehen, wobei er sich der stets wechselnden Sichten um ihn erfreut. Viele Filme gehen derartig vor. Daß Proust Versenkung in Einzelheiten und weitreichende Sichten zu kombinieren weiß, wird im folgenden Kapitel gezeigt. Diamond träumt von einer amerikanischen Geschichte, in die er unter anderem Großaufnahmen einzublenden plant, nicht als Illustrationen seiner allgemeinen Annahmen, sondern im Gegenteil als in sich geschlossene Wesenheiten, die seinen gesamten Schwerpunkten zuwiderlaufen sollen. Auch wäre manches Gedicht bei Gelegenheit erschöpfend zu interpretieren.
Diese Auffassung rückt die Methode des Historikers in vollkommene Analogie zu »Griffiths bewunderswertem Ver-

zicht auf eine Lösung« zum Dilemma des Filmischen und Dramatischen im Film, wie dargelegt in der *Theorie des Films*: *»Einerseits strebt er [Griffith] sicherlich danach, dramatische Kontinuität zu gestalten ...; andererseits blendet er jedesmal Bilder ein, die nicht nur gerade dazu dienen, die Handlung voranzutreiben oder passende Stimmungen zu übermitteln, sondern eine gewisse Unabhängigkeit von der Story zu bewahren, und so in der Lage sind, physische Existenz zu beschwören. Genau das ist die Bedeutung seiner ersten Großaufnahme. Auch seine extremen Totalen, seine wogenden Volksmengen, Straßen-Episoden und zahlreichen fragmentarischen Szenen laden uns ein, sie intensiv zu absorbieren. Bei Betrachtung dieser Bilder mögen wir in der Tat das Drama, das sie immer wieder unterbrechen, über ihren diffusen Bedeutungen vergessen.«*[50]

Die Analogie ist schlüssig. Und doch sollte man nicht das Kind mit dem Bad ausschütten: einige Versuche zur wechselseitigen Durchdringung von Mikro- und Makro-Geschichte gelingen besser als andere. In mehreren Fällen ist aus der Bewegung unter verschiedenen Ebenen eine »Idee« entstanden, ein neues Deutungsprinzip.* Nun wird man den Ideen eigenen Wahrheitswert und ihre indirekte Beziehung auf tatsachenmäßige Genauigkeit besser verstehen.

Selbstverständlich ist die Reichweite der *Intelligibilität* von Geschichten eine Funktion ihrer Weite an Ausmaß. Je höher ihre Größenordnung, desto mehr vermögen sie an Vergangenheit intelligibel zu machen. Aber der Zuwachs an Intelligibilität ist nicht umsonst zu haben. Was der Historiker an Spielraum gewinnt, verliert er in Hinblick auf (Mikro-)Information. »Infolgedessen verliert der Historiker, je nach der Ebene, auf die er sich stellt«, sagt Lévi-Strauss, »an Information, was er an Verständnis gewinnt oder umgekehrt.«[51] Und er erklärt, die einzige Möglichkeit für den Historiker, diesem Dilemma zu entgehen, sei die, »die Geschichte zu verlassen: entweder nach unten ... oder nach oben ...«[52]

* Siehe Seite 121–123.

Die Tatsache, daß der Zuwachs an Intelligibilität einen Informationsschwund nach sich zieht, ist ein Spezialfall des »Prinzips geistiger Ökonomie«*, das unser soziales und intellektuelles Universum zu steuern scheint. Es hat etwas von Blumenbergs Prinzip der »Ökonomie der Intentionen« an sich, demzufolge das Fortschreiten szientifischen Wissens an die Aufgabe metaphysischen Anspruchs auf totales Wissen geknüpft ist. Wissenschaft, sagt er in seiner Analyse des Galilei, gibt keine Rechenschaft über das Ganze der Natur, sondern über Partialprozesse. Die *Lebenswelt*, die Husserl gegen diese Partikularisierung setzt, ist bloß ein Grenzlinienbegriff; nur wenn wir unsere Intention auf alle seine Teile gleichermaßen lenkten, könnte er sich halten.[53]
Der Glaube, daß die Erweiterung des Bereichs von *Intelligibilität* einen Zuwachs an *Signifikanz* zur Folge hat, ist einer der Grund-Sätze westlichen Denkens, der sich durch die gesamte Philosophiegeschichte zieht: die höchsten Prinzipien, die höchsten Abstraktionen definieren nicht nur alle Partikeln, die sie formal umfassen, sondern enthalten auch die Essenz all dessen, was in den niederen Tiefen existiert. Man stellt sie sich als die »höchsten Dinge« in Form von Allgemeinheit wie Substanz vor.
Dies erweist sich zum Beispiel in jenem Teil des gnostischen Schemas, der vom Aufsteigen der Seele von der »Welt« in die oberen Sphären handelt. Demzufolge kommt der Übergang auf eine höhere Ebene einem Fortschreiten an spiritueller Einsicht gleich. Jonas sagt vom Subordinationssystem des Origines: »Schon das erwähnte negative Gesetz, daß jede Ordnung ihre nach oben benachbarte nicht sehen kann, enthält je unmittelbar das positive, daß Übergang zu höherer Ordnung zugleich ein Aufstieg in der Erkenntnis ist.«[54]
Die Rückwirkungen dieses Schemas machen sich noch heutzutage, dazu in diversen Wissensrichtungen, bemerkbar. So zum Beispiel an der Basis von Novikoffs beinahe plotini-

* Vgl. 1. Kapitel, S. 35 und 3. Kapitel, S. 84.

schem Prinzip von »integrativen Organisationsebenen«, das besagt, daß der Fortschritt der Evolution des Unbelebten, des Belebten und der sozialen Welten sich auf verschiedenen, je eigengesetzlich gelenkten Ebenen materialisiert; und daß, während man Phänomene höherer Ebene nicht verstehen kann ohne Verständnis der Phänomene niederer Ebenen, unsere Kenntnis einer niederen Ebene uns nicht zur Voraussage dessen befähigt, was auf einer höheren Ebene eintreten wird.[55]

Ich beziehe mich hier auf den eingefleischten Glauben an höhere Signifikanz der »höchsten Dinge« nur mit der Absicht, einer der dieser Studie zugrunde liegenden Voraussetzungen Relief zu verleihen – der Voraussetzung, daß die traditionelle Identifizierung extremer Abstraktionen – etwa der Idee des »Guten« oder jener der »Gerechtigkeit« – als die inklusivsten und wesentlichsten Angaben zur Natur der Dinge auf Geschichte oder verwandte Einstellungen zur Realität nicht zutrifft.* Wenn der Historiker von der Mikro-Dimension zu noch höheren Ebenen von Allgemeinheit aufsteigt, wird er einen Punkt erreichen, der durch das gekennzeichnet ist, was ich die »historische Idee« nannte, über den hinaus bei weiterem Vorgehen zur Dimension »philosophischer« Ideen oder extremer Abstraktionen die Signifikanz seiner Einsichten abnehmen muß, anstatt weiter zuzunehmen. Man beachte die vielen Ausfälle an Mikro-Fakten in Geschichten großen Maßstabs. Die sehr hohen Abstraktionen haben keinen weiteren Bezug auf die Evidenz, die sie decken sollen. Sie lesen Ideen in Dinge hinein, die nicht in den Dingen sind. Der Historiker aber, sagt Harnack, hat »kein Recht, die Fakten und treibenden Ideen einer Entwicklung in ein helleres Licht zu setzen, als sie in der Entwicklung selbst erscheinen«.[56] Gerade hierdurch hat die herkömmliche Philosophie die Art Relationen völlig verdunkelt und, schlimmer noch, verunglimpft, die

* Dazu siehe wiederum 8. Kapitel, besonders S. 230 ff.

zwischen dem Besonderen und Allgemeinen sich im Bereich der vorletzten Dinge behaupten.
Von daher die relative Legitimität der Einwände von Tolstoi und Namier gegen Makro-Geschichte. Funde in Großaufnahmen sind an und für sich signifikant, ungeachtet, ob ihre Implikate mit den breiten, an Geschichten hoher Größenordnung gebundene Sichten koinzidieren, sich ihnen subsumieren lassen oder nicht. Es ist nicht hinreichend exakt, wie es Hexter tut, nur einen Prozeß ins Auge zu fassen, in dem »das Partikulare und Individuelle Form und Inhalt des Allgemeinen definieren, während das Allgemeine dazu dient, das Partikulare zu erhellen und sinnvoll zu machen«.[57] Der Bezug von Großaufnahmen auf die breiten Sichten von Geschichten großen Maßstabs, im Fall, sie weichen von ihnen ab, wird im 8. Kapitel betrachtet werden und darf im Augenblick offenbleiben.*

Dies mag jedoch der Ort sein für einen Exkurs über die Signifikanz von Großaufnahmen hinsichtlich einer Lösung von Toynbees »Quantitätsproblem«.[58] Toynbee rührt in *Reconsiderations* an eine wichtige Frage mit der Behauptung, daß der Historiker zu versuchen hat, der gewaltigen Menge angehäufter historischer Kenntnisse gerecht zu werden. Allein schon ihre Quantität wirft das Problem auf, was ihr Zweck sein mag. Sie verlangt sozusagen nach bedeutungsvoller Verwendung. Aber wie ist sie zu verwenden?
Für die Menge historischer Kenntnis ist auf zwei Wegen gesorgt. Einer ist der Ansatz der Theologen und Geschichtsphilosophen. Aber ihr Ansatz bezieht sich nicht auf Geschichte als ablösbare Realität, die genauer Untersuchung offenstünde. Jüdisch-christliche Theologie entspringt einer existentialistischen Beziehung zur Vergangenheit, und die Geschichte, die sie meint, erstreckt sich auf eine Zukunft außerhalb historischer Zeit. Geschichte, wie sie von Theologie begriffen wird, ist von Grund auf Heilsgeschichte –

* Wieder aufgenommen im 8. Kapitel, S. 230–234 und S. 242–244.

das heißt, sie erstreckt sich jenseits von Geschichte im modernen Sinn des Worts. Die Ereignisse, die zählen, sind in der Bahn von Geschichte *und* außerhalb von ihr. Das gleiche trifft mit Einschränkung auf die großen Geschichtsphilosophien zu. Obwohl sie in säkularer Zeit verbleiben, erklären sie, zumeist unter dem Einfluß der theologischen Anmaßung eines göttlichen Plans, das Ganze der Vergangenheit im Lichte eines Prinzips, das höchstens einem Teil der Fakten entspricht und gewöhnlich einer guten Sache gleichkommt, deren Triumph es letzten Endes unterstützen soll.

Der andere Ansatz hält sich mehr an den wissenschaftlichen Geist des Zeitalters. Im Versuch, die Menge unserer angehäuften historischen Kenntnisse in den Griff zu bekommen, ordnet Toynbee, wie auch Spengler, das gegebene Material zu Großeinheiten an – Zivilisationen oder, nach Spengler, Kulturseelen –, deren Entwicklung er auf Gesetzmäßigkeiten hin analysiert.* Aber die derart aufgestellten Gesetzmäßigkeiten sind nicht nur tatsächlich sehr allgemein, sondern sie betreffen Geschichte nur in dem Maße, wie sie Teil der Natur ist. Toynbee, der sich dessen, wie früher gesehen, bewußt ist, besteht darauf, daß diese Gesetzmäßigkeiten keineswegs notwendig sind; daß im Gegenteil die westliche Zivilisation einen gänzlich unvorhersehbaren Verlauf nehmen könnte. Daß er dies zugibt, ist jedoch kaum mit seiner Betonung der Gesetzmäßigkeiten zu vereinen.

Nehmen wir nun dem Argument zuliebe an, daß die aufgespürten Gesetzmäßigkeiten für das Ganze der Geschichte wirklich von Belang sind. Dann müßten sie mit Geschichten auf einer niederen Ebene von Allgemeinheit um so besser verzahnt sein. Toynbee behauptet, daß eine solche wechselseitige Durchdringung von Makro- und Mikro-Geschichte unabdingbar ist. »Die Lösung des Quantitätsproblems«, sagt er, »liegt in der Kombination von panoramischer und kurzsichtiger Ansicht.«[59] Hier erhebt sich das Problem, ob diese

* Siehe Seite 55–57.

wechselseitige Durchdringung von Geschichten verschiedener Ebenen überhaupt möglich ist. Nach dem »Niveau-Gesetz« sind die auf jeder Ebene gestifteten Zusammenhänge für diese Ebene gültig, aber nicht anwendbar für Funde auf anderen Ebenen; was besagt: es gibt keine Methode, die Gesetzmäßigkeiten von Makro-Geschichte mit Toynbee aus den von Mikro-Geschichte gelieferten Fakten und Interpretationen abzuleiten. Es ist daher nicht überraschend, daß Toynbees eigenes Bemühen, der Menge historischer Kenntnis Herr zu werden, nicht sehr ermutigend ist. Die Gesetzmäßigkeiten, zu denen er gelangt, sind ziemlich irrelevant, abgesehen davon, daß sein Insistieren auf Willensfreiheit und Unvorhersehbarkeit von Geschichte sie des weiteren diskreditiert.

Zusammenfassung: die Mühe, der gewaltigen Menge angehäufter historischer Kenntnis gerecht zu werden, ist nicht umsonst zu haben. Sie bringt im Ganzen gesehen Gesetzmäßigkeiten ziemlich indifferenter wie irrelevanter Natur ein. Diese Gesetzmäßigkeiten »decken« nur jene historischen Entwicklungen, die das Absinken der Menschheit in Natur kennzeichnen. Schließlich stellen sie Beobachtungen dar, die höchstens aus der Vogelperspektive gültig sind. Weder bekräftigen die Mikro-Ereignisse von Monographien, noch verneinen sie unvermittelt das, was aus bewohnbarer Entfernung zu sehen ist.

Kein Zweifel, allein die Menge, die an historischer Kenntnis verfügbar ist, scheint uns abzuverlangen, daß wir uns ihrer, gleich wie, annähmen. Aber macht es sich bezahlt, dieser Forderung zu folgen? Bislang lief jeder Versuch zur Globalgeschichte auf irrelevante, allzu allgemeine Angaben und willkürliche Konstruktionen hinaus – auf Produkte von Wunschdenken und existentialistischen Bedürfnissen. Was kraft dieser Versuche erfaßt ist, sind die Sedimente des historischen Prozesses, nicht seine wirklichen Gelenke und verborgenen Tiefen. Ich fürchte, die Idee von Universalgeschichte ist eine Fata Morgana, eine Schimäre, die uns narrt ... Nach meiner Ansicht sollte das breitgestreute Wissen, über das wir verfügen, Anlaß sein, nicht in unangemessenen Synthesen zu schwelgen, sondern sich auf Großaufnahmen zu konzentrieren und von ihnen aus beiläufig auf das Ganze zu gehen, das in Form von Aperçus zu veranschlagen ist. Das Ganze ergäbe sich solchen leichten Scharmützeln eher als schweren Frontalangriffen.

Die nicht-homogene Struktur des historischen Universums birgt zwei aufeinander bezogene Implikate von Interesse. Das erste bezieht sich auf die ständig wachsende Zahl an faktisch orientierten Darstellungen – d. h. eigentlich historischer Forschung –, die Art von Geschichten, die in etwa Butterfields »technischer Geschichte«[60] nahekommt. Die Frage ist, sind Bestrebungen dieser Richtung an sich sinnvoll, auch wenn sie nicht von Deutungsabsichten und hochgesteckten Behauptungen ausgelöst sind? Manch ein Historiker leugnet ihren Wert an sich. Sie werden als knochentrockene Geschichte[61] abgetan, als »Verschwendung von Gelehrsamkeit« (Bloch)[62] betrachtet. Huizinga warnt vor Überbetonung der »detaillierten historischen Forschung«.[63] Andere Historiker, die auf beiden Schultern Lasten tragen, schwanken. So zum Beispiel der verstorbene Meinecke. Einerseits erklärt er sich für technische Geschichte mit dem Argument, daß sie nicht nur die Fakten erstellt, sondern »neue unbekannte Werte der Vergangenheit« aufdeckt.[64] Andererseits ordnet er technische Geschichte der Exposition von Werten unter. Er nennt technische Forschung »mechanistisch«, ist der Meinung, daß reine Faktenerhebung von Wertungen durchsetzt ist und alles in allem technische Geschichte als Mittel zum Zweck degradiert.[65]
Das vielleicht einschneidendste Argument gegen die Legitimität der Faktenerhebung an und für sich stammt von Marc Bloch. Er beklagt die »Kluft zwischen Vorbereitung und Durchführung« und ergreift so Partei für überlegte Forschung: jeder Historiker solle im Interesse seiner Unter-

suchungen »mit den Dokumenten ringen« – ein Anspruch, der mit dem Abscheu vor Forschung im »Leerlauf«[66] einhergeht. Aber Blochs Argument beruht auf ungewisser Voraussetzung. Es hat seinen Ursprung – was ich schon einmal erwähnte* – in seinem unbegründeten Verdacht als Theoretiker gegen »passives Beobachten« und seiner Voreingenommenheit für szientifische Geschichte. Es ist im übrigen nicht Sinn der faktisch orientierten Darstellungen, dem Historiker zu ersparen, seine Modelle und regulativen Ideen mittels eigener Mikroforschung kontinuierlich zu testen.
Das vermutlich überzeugendste Argument zur Verteidigung technischer Geschichte lieferte Bury. Er erklärt, daß der Historiker, der auf eine »vollständige Ansammlung der kleinsten Fakten« zielt im Glauben, sie werde »am Ende erzählen« von den Mühen für die Nachwelt[67], »sich auf ein langes Spiel einrichtet«.[68] Wirklich? Wegen des »Niveau-Gesetzes« – der Verkehrsprobleme zwischen den Mikro- und Makro-Dimensionen – wird er das Spiel verlieren: viele Mikrodaten, die er gewissenhaft ansammelt, werden nie die oberen Regionen synthetisierender Geschichte erreichen. Die Argumentation von Bury hält dem Test ebensowenig stand.
So scheint es, daß die Frage nach der Sinngebung von »technischer Geschichte« nicht zu beantworten ist. Es gibt nur ein einziges Argument zu ihren Gunsten, das ich für schlüssig halte. Es ist jedoch ein theologisches Argument. Ihm zufolge ist die »vollständige Ansammlung der kleinsten Fakten« aus dem Grund erforderlich, daß nichts verloren gehen soll. Es ist, als verrieten die faktisch orientierten Darstellungen Mitleid mit den Toten. Dies vindiziert die Gestalt des *Sammlers*.

Das andere Implikat der nicht-homogenen Struktur des historischen Universums berührt die Frage nach dem Fortschritt von Historiographie. Die Verfeinerung von For-

* Siehe Seite 104.

schungsmethoden, das Zunehmen der Werkzeuge zur Forschung, die Entdeckung neuer Evidenz und in ihrem Gefolge die Erweiterung unseres Horizontes – all dies spricht zugunsten des unter Historikern weitverbreiteten Glaubens, daß Historiographie an Verständnis und, wie viele meinen, Objektivität zunehmen wird. Dieser Glaube, der mit Einschränkung gewiß gerechtfertigt ist, ist auch nicht durch das Bewußtsein zu erschüttern, daß Makro-Geschichten an sich subjektiv sind. Man glaubt, die sich daraus ergebenden »Begrenzungen« von Geschichten hoher Größenordnung seien allmählich zu überwinden durch:

1. Expansion von Wissen (Marrou, Pirenne, Kristeller, teilweise Hexter)[69];
2. Rekurs auf vergleichende Studien (Bloch, Pirenne)[70];
3. Vertrauen auf Team-Arbeit (Bloch, Marrou, Kristeller)[71].

Sowohl Bloch als Pirenne hoffen, daß am Ende eine »szientifische Erarbeitung von Universalgeschichte« (Pirenne)[72] erstehen wird. Was die Vorstellung von Team-Arbeit angeht, die zu tatsächlicher Universalgeschichte gelangen soll, kritisiert sie Lévi-Strauss durch den Hinweis, daß, »insoweit Geschichte nach Sinngebung strebt, sie sich selbst zur Entscheidung verurteilt ... Eine wahrhaft totale Geschichte würde sich selbst neutralisieren; ihr Ergebnis wäre gleich Null.«[73] Ich darf noch E. H. Carrs Argument für den Fortschritt erwähnen: Historiographie schreitet fort, wenn wir uns von engen zu immer weiteren Kontexten von Wechselbeziehungen wenden wie z. B. heutzutage den breiten Kurven von sozio-ökonomischen Entwicklungen. »Die alte Interpretation wird nicht verworfen, aber ist in der neuen eingeschlossen wie aufgehoben.«[74] Die Schwäche dieses Arguments ist offensichtlich. Wenn es jeder nachfolgenden Generation zufällt, die Ziele des Fortschritts nach eigenem Maßstab zu definieren, dann bleibt die Natur des historischen Prozesses als Ganzes undefiniert. Und die Vorstellung von Carr, daß unsere Interpretationen der Geschichte immer umfassender würden und daher stets zunehmende

Objektivität erreichten, hängt an diesem unhaltbaren Begriff von Fortschritt.

Alles dies ist mehr oder minder das Produkt von Wunschdenken. (Daß Bloch tatsächlich den Geist der Universalgeschichte beschwören würde, ist eher eine Schande.) Wie Valéry zu Recht insistiert, ist die Subjektivität, die interpretativen Makro-Geschichten innewohnt, unüberwindlich, »da wir nicht alles im Kopf behalten können und dem Unendlichen der Fakten mittels Beurteilung ihrer letztlichen Gültigkeit entgehen müssen«.[75] Und vermöchte die Subjektivität nicht auch, sich in den besten Fakten zu transzendieren? Der Versuch zur Überwindung ist nicht nur unmöglich, sondern unter gewissen Umständen geradezu abwegig. Da demnach Geschichten hoher Größenordnung, einschließlich Sozialgeschichten mit ihrem falschen Anspruch auf Objektivität, dem »Perspektiv-Gesetz« unterworfen sind, können sie unmöglich alle verfügbaren Fakten nutzen. Und wenn bislang vernachlässigte oder unbekannte Fakten ausgegraben und in darauf folgenden Schilderungen verwendet werden, werden diese ihrerseits andere Teile des virtuell unerschöpflichen Materials dann notwendigerweise nicht berücksichtigen. Folglich gibt es für die akkurate Erfassung von Fakten – d. h. den Fortschritt von Historiographie – eine Grenze.

Man könnte sich noch fragen, ob Historiker nicht aus den Irrtümern und falsch gesetzten Akzenten ihrer Vorgänger lernen und derart Generation um Generation das Vorausgegangene allmählich verbessern sollten. Verbessern könnte eine neue Generation von Historikern, doch bewahrt das Vermeiden von Fehlern der Vergangenheit sie kaum davor, neue zu begehen, und Tiefe an Einsicht ist nicht das Privileg des jüngsten Zeitalters. Es ist schwer vorstellbar, daß Thukydides je übertroffen würde. Der Glaube an den Fortschritt von Historiographie ist zum großen Teil von Natur aus Illusion.

VI. Ahasver oder das Rätsel der Zeit

Moderne Historiographie begreift Geschichte als einen immanenten kontinuierlichen Prozeß in linearer oder chronologischer Zeit, die ihrerseits als ein Strom irreversibler Richtung gedacht wird, als ein homogenes Medium, das unterschiedslos alle denkbaren Ereignisse umfaßt.[1] Dieser Konzeption, die Entscheidendes dem Aufstieg und Übergewicht der Naturwissenschaft verdankt, gingen Vorstellungen voraus, die linearer Zeit zum Verstehen der Vergangenheit eine eher begrenzte Bedeutsamkeit beimaßen. Die griechischen Historiker errichteten nicht unbedingt ein Primat linearer Zeit über den zyklischen Zeitbegriff; zudem zieht durch die Geschichte des griechischen Geistes sich ein Dualismus von göttlicher Zeit und menschlicher Zeit in der Apperzeption menschlicher Ereignisse.[2] Wenngleich die alten Juden Geschichte schon als einen weltlichen Prozeß in der Zeit auffaßten, unterhielten sie doch großenteils eine existentielle Beziehung zu ihr. Sie erachteten Geschichte als ein Produkt von Interaktion zwischen ihnen und Gott, indem sie die Ereignisse der Vergangenheit als Bestrafungen oder Belohnungen auswiesen, die Er Seinem auserwählten Volk zukommen ließ.* Die erhoffte Erlösung, wie sie den Apokalypsen des Spät-Judaismus vorschwebte, war weniger das Wahrzeichen einer neuen historischen Epoche als das durch Gott verhängte Ende menschlicher Geschichte. Frühchristliche Eschatologie schloß auch Chronologie in sich ein.[3] Da die Parusie aber nicht eintraf, richtete die Kirche, wobei sie den Glauben an endliche Auferstehung bewahrte, sich in der Welt ein, mit dem Ergebnis, daß sie zwei divergente Zeiten miteinander zu versöhnen hatte. Der hl. Augustin nennt sie Naturzeit und Gnaden- oder Heilszeit und hält

* Siehe Seite 91–92.

diese beiden Zeiten für unlösbar auf eine Weise verflochten, die Menschen undurchdringlich ist.[4] Mittelalterliche Chroniken spiegeln in ihrer inkohärenten Mischung aus Elementen sowohl der Heilsgeschichte als der Weltgeschichte genau den Versuch, sich in säkularer Zeit und gleichzeitig von ihr fort zu bewegen. Die Anachronismen mittelalterlicher Gedichte sind Ausdruck einer traditionalistischen Haltung, die eher die Vergangenheit mit der Gegenwart zu vermengen sucht, als ihre Verschiedenheit zu betonen.[5] Es ist übrigens angebracht, daran zu erinnern, was Malinowski über die Einwohner der Trobriand-Inseln sagt – daß ihr Verlaß auf Magisches sie nicht hindert, viele Fragen mit rationalem, fast wissenschaftlichem Geist anzugehen.[6] Desgleichen könnte ein Sinn für chronologische Zeit sich selbst durch Zeiträume erhalten haben, die in ihrer Kunst und Literatur ihren Fluß meist außer acht ließen.

Es scheint zur Untersuchung unserer Konzeption von chronologischer Zeit ratsam, sich auf eine raumzeitliche Einheit großen Maßstabs – etwa die westliche Zivilisation – zu konzentrieren, die aus sukzessiven Ereignissen besteht, die wirklich oder potentiell untereinander verbunden sind, so daß ihre Abfolge in der Zeit vermutlich Folgen zeitigt. Der Grund ist offensichtlich: gehören Ereignisse zwei Kulturen oder Zivilisationen an, unter denen sich keine Interaktion ereignet, ist die Tatsache der Abfolge oder Gleichzeitigkeit dieser Ereignisse in chronologischer Zeit gänzlich irrelevant.

Hier wäre wiederum der Zeitbegriff abzuwägen, der Spenglers panoramischer Weltsicht zugrunde liegt und schon im ersten Kapitel in Verbindung mit Toynbee kurz erwähnt wurde.* Es reicht, von ihm zu sprechen, da er seine diversen Kulturen radikaler voneinander isoliert als Toynbee. Wie haben wir uns das übliche zeitliche Medium vorzustellen, in dem die Spenglerschen Kulturen mit ihren eigen-

* Siehe Seite 54 ff.

tümlichen Zeiten auftauchen, sich entfalten und untergehen? In dem Maße, wie Spengler Übergänge zwischen ihnen (d. h. Pseudomorphosen) zuläßt, sind sie dem Fluß chronologischer Zeit eingebettet, der derart wieder zu strömen beginnt; sobald er jedoch an der völligen Autonomie seiner Kulturen festhält, wird das übliche zeitliche Medium zu einem quasi zeitlosen Vakuum, zu einem unvorstellbaren negativen Gegenpol der Ewigkeit. Und chronologische Zeit an sich als das übliche Medium taucht nur in den seltenen Momenten wieder auf, in denen geschichtliche und natürliche Prozesse zusammenwachsen – in der Vorgeschichte, die alle Kulturen austrägt, und im Fall sich zwischen Menschheit und Natur ändernder Beziehungen globalen Maßstabs. Weizsäcker nennt die Erfindung der Atomenergie einen solchen Wendepunkt.

Ich werde also die Gültigkeit unserer Vorstellung von Geschichte als einem Prozeß in chronologischer Zeit im Zusammenhang ein und derselben Zivilisation untersuchen. Auf drei gewichtige Implikate dieser Vorstellung für den modernen Zugang zu Geschichte sollte verwiesen werden. Erstens nehmen wir, indem wir Geschichte mit einem Prozeß in linearer Zeit gleichsetzen, stillschweigend an, daß unsere Kenntnis des Moments, zu dem ein Ereignis aus dem Zeitfluß auftaucht, uns helfen würde, für sein Auftreten einzustehen. Das Datum des Vorfalls ist eine werthaltige Tatsache. Demzufolge sollen alle Ereignisse in der Geschichte eines Volkes, einer Nation oder einer Zivilisation, die zu einem gegebenen Zeitpunkt stattfinden, dann und dort eintreten, aus Gründen, die in etwa an jenen Zeitpunkt gebunden sind. Marrou drückt diese Annahme der Bedeutsamkeit des Zeitpunktes in chronologischer Zeit aus, wenn er sagt, daß der Mensch durch Geschichte »weiß, was er ist, woher er kommt, warum er sich in eine Situation versetzt sieht, die sich als seine ergibt ...«[7] Indem sie an diese Prämisse sich halten, stellen Historiker gewöhnlich sinnvolle Beziehungen, kausale oder andere, zwischen aufeinander

folgenden Gruppen von Ereignissen her und führen dabei die chronologisch später liegenden auf jene zurück, die ihnen vorausgehen.
Zweitens tendiert konventionelle Historiographie, im Bannkreis der Homogenität und irreversiblen Richtung chronologischer Zeit dazu, sich darauf zu konzentrieren, was als mehr oder weniger kontinuierliche Ereignisfolge großen Maßstabs angesehen wird, und darauf, den Gang dieser Einheiten durch die Jahrhunderte zu verfolgen. Manche allgemeine Schilderung berichtet etwa über die Geschichte eines Volkes oder einer Institution in chronologischer Ordnung und mißt dadurch der Gleichzeitigkeit vielfältiger Ereignisse, die die Folge ausmachen, unvermeidbar Bedeutsamkeit bei. Rankes politische Geschichten zum Beispiel sind voll von Exkursen ins kulturelle Gebiet.* Die zugrundeliegende Idee ist, daß trotz aller Brüche und Kontingenzen jede solcher inklusiven Einheiten ein ihr eigenes Leben habe – eine Individualität, wie Meinecke sagt. Manchmal scheinen Schilderungen diesen Schlages die Frage beantworten zu wollen, woher wir kommen (oder wohin wir gehen). Die Frage hätte sich kaum erhoben, gäbe es nicht unser Vertrauen in das Wirken von Kalenderzeit.
Drittens weckt die unkritische Annahme der Vorstellung von fließender Zeit den Wunsch, die formale Eigenheit eines irreversiblen Flusses inhaltlich zu fassen – was besagt, den historischen Prozeß als ein Ganzes zu begreifen und jenem Ganzen bestimmte Eigenschaften zuzuschreiben; er wäre als ein Entfalten von Potentialitäten, eine Entwicklung oder tatsächlich als ein Fortschritt in eine bessere Zukunft zu denken. Dieser Wunsch erweist sich als unwiderstehlich. Abgesehen von Hegel, dessen großartige Konstruktion des Geschichtsprozesses sich noch in einem Niemandsland zwischen Zeitlichkeit und Ewigkeit materialisiert, kann selbst Marx,

* Beispiele von Ranke wie von anderen Historikern sind im 7. Kapitel zu finden, wo die Probleme dieser Sicht von Gleichzeitigkeit ausgiebiger erörtert werden. Siehe besonders S. 199 ff.

obwohl er fester auf dem Boden der Tatsachen steht, nicht umhin, der Versuchung nachzugeben, den Verlauf von Geschichte in seiner Totalität zu entwerfen. Was die Philosophen von oben auferlegen, versucht eine Anzahl von Historikern von unten zu erreichen. Heimgesucht von der Schimäre der Universalgeschichte (jenem phantomgleichen Widerpart fließender Zeit), spricht Ranke von einem »historischen Leben, welches sich fortschreitend von einer Nation zur anderen, von einem Völkerkreis zum anderen bewegt«[8]; Henri Pirenne[9] und Marc Bloch[10] nennen Universalgeschichte das Ziel aller historischen Arbeiten. Chronologie erlangt so eine materiale Bedeutung erster Größenordnung.

An diesem Punkt möchte ich auf einige Beobachtungen hinweisen, die dazu taugen, unser Vertrauen in die Kontinuität des Geschichtsprozesses und dementsprechend die Macht chronologischer Zeit zu erschüttern. Es ist bemerkenswert, daß gerade Anthropologen und Kunsthistoriker – nicht etwa Historiker oder Geschichtsphilosophen – sich des problematischen Charakters chronologischer Zeit bewußt sind. Der Kunsthistoriker Henri Focillon hält an der Logik fest, die dem Entfalten von Kunstformen innewohnt, mit dem Argument, daß gleichzeitige Kunstereignisse oft verschiedenen »Zeitaltern« angehören. Kunstformen, so sagt er, durchlaufen normalerweise einen Experimentalzustand, ein klassisches Alter, ein Alter der Verfeinerung und ein barockes Alter, und »diese Alter oder Stadien zeigen die gleichen formalen Merkmale zu jeder Epoche und in jeder Umwelt«.[11] Weiterhin macht eine Kunstform für diese Stadien unabhängig von historischen Notwendigkeiten ihren eigenen Zeitplan geltend. »Die aufeinander folgenden Stadien ... sind dem Stil selbst entsprechend mehr oder weniger langwierig, mehr oder weniger intensiv.«[12] Kein Wunder, daß dann das Datum gewöhnlich nicht »ein Brennpunkt (ist), ein Punkt, auf dem alles sich konzentriert«, sondern daß die Kunstgeschichte allein, und selbst abgesehen von der Beziehung von Ereignissen in verschiedenen Gebieten wie Politik, Wirtschaft und Kunst, »neben jenen gleichen Moment gestellt, Überbleibsel, Antizipationen und allmählich überlebte Formen entfaltet, die die Zeitgenossen von kühnen und jähen Formen sind«.[13] Auch Focillon hat den Begriff des auftauchenden »Ereignisses« zur Hand, das seine Umwelt eher determiniert, als von ihr hervorgerufen zu sein. Zum Beispiel »wird das umsichtigste Studium des homogensten Milieus, der noch so eng gesetzten Verkettung von Umständen uns nicht dienlich sein, den Grundriß der Türme von Laon zu gewinnen« oder gar die Umwelt, die sie schufen.[14] Sie taucht eher als »eine höchst wirksame Abruptheit« auf.[15] Alle diese Elemente zusammen stehen ein für Focillons Unglauben an den magischen Bann der Gleichzeitigkeit, an die Wirksamkeit eines vorgeblichen Zeitgeistes.

Kubler, ein Schüler von Focillon, hat dessen Anregungen zu einer Theorie von großem Interesse entfaltet. In seinem schmalen Band *The Shape of Time: Remarks on the History of Things*[16] greift dieser brillante Kunsthistoriker, obendrein Anthropologe, die Voreingenommenheit für Perioden und Stile an, wie sie Gelehrten seines Gebietes geläufig ist. Anstatt Belange der Chronologie zu betonen, legt er nahe, daß der Historiker sich lieber der »Entdeckung der mannigfaltigen Formen von Zeit«[17] widmete. Und was versteht Kubler unter geformten Zeiten? Kunstwerke, oder häufiger noch ihre Elemente, sagt er, können in Form von Sequenzen angelegt sein, deren jede aus Phänomenen besteht, die zusammenhängen, insofern sie sukzessive »Lösungen« von Problemen darstellen, die von irgendeinem Bedürfnis ausgehen und die ganze Reihe auslösen. Diese einander verbundenen Lösungen decken nach und nach die verschiedenen Aspekte der Eingangsprobleme und die ihnen innewohnenden Möglichkeiten auf. So schiene es evident, daß das Datum eines spezifischen Kunstobjekts weniger wichtig für seine Interpretation ist als sein »Alter«, nämlich seine Stellung in der Sequenz, der es zugehört. Die Tatsache, daß verbundene konsekutive Lösungen oft weit voneinander entfernt sind hinsichtlich chronologischer Zeit, legt des weiteren nahe, daß jede Sequenz sich einem eigenen Zeitplan entsprechend entfaltet. Ihre Zeit hat eine eigentümliche Form. Was wiederum besagt, daß die Zeitkurven, die verschiedene Sequenzen beschreiben, vermutlich voneinander abweichen. Infolgedessen ist von chronologisch gleichzeitigen künstlerischen Leistungen zu erwarten, daß sie verschiedene Punkte auf ihren respektiven Zeitkurven einnehmen, von denen der eine früh in ihrer Reihe erscheint und der andere dem Ursprung weit entlegen ist. Sie fallen in den gleichen Zeitraum, aber unterscheiden sich im Alter.

Auch Lévi-Strauss weist die Idee eines kontinuierlichen Geschichtsprozesses, der sich in chronologischer Zeit entfaltet, weit von sich. Aber im Gegensatz zu Focillon und Kubler ordnet er verschiedene Zeiten nicht logisch aufeinander bezogenen Ereignisreihen, sondern Geschichten verschiedener Größenordnungen zu, mit dem Argument, daß eine jede spezifische Daten zu einer Sequenz organisiert, die eine ihr eigene Zeit setzt. Geschichten verschiedener Grade von Größenordnungen wie anekdotische Geschichte, biographische Geschichte usw., sagt er, sind durch getrennte »Klassen von Daten dargestellt, die man schematisch Stunden, Tage, Jahre, Jahrhunderte, Jahrtausende usw. nennen kann und die zusammen ein diskontinuierliches Ganzes bilden«.[18] Es ist nicht möglich, von der eigentümlichen Zeit *einer* Klasse der Geschichte zu jener einer anderen vorzugehen, aber wie mathematische Inkommensurablen sind »die jeder Klasse eigenen Daten irrational in bezug auf alle Daten der anderen Klassen«.[19] Während Geschichten der gleichen Klasse miteinander in Beziehung zu setzen sind, herrscht zwischen den Zeitplänen der Geschichten auf verschiedenen Ebenen ein Abgrund.[20]

Da das Theorem von Lévi-Strauss hauptsächlich zur Beförderung der Vorstellung dient, das historische Universum weise eine nicht-homogene Struktur auf, werde ich mich im folgenden an die Theorie von Focillon und Kubler halten, die einen direkteren Bezug auf das anstehende Problem hat. In etwas modifizierter Form mag ihr markantes Argument gegen die Überbetonung chronologischer Zeit in der Kunstgeschichte auch für Geschichte im allgemeinen gelten. Der »geschichtliche Prozeß« zieht unvermeidlich eine Vielzahl von Bereichen nach sich. Kunstgeschichte kennzeichnet nur einen; andere Bereiche enthalten politische Angelegenheiten, soziale Bewegungen, philosophische Lehren usw. Nun haben sukzessive Ereignisse in ein und demselben Bereich offensichtlich mehr Aussicht, sinnvoll aufeinander bezogen zu werden, als jene, die über vielfache Bereiche verstreut sind: eine genuine Idee läßt durchweg eine Schar von ihr abhängiger Ideen aufkommen, während die Wirkungen gesellschaftlicher Übereinkommen auf den Gang der Kultur eher undurchsichtig sind. Um die Sache zu vereinfachen, darf man annehmen, daß die Ereignisse in jedem einzelnen Bereich entsprechend einer Art immanenter Logik aufeinander folgen.[21] Sie bilden eine intelligible Sequenz. Eine jede solche Sequenz entfaltet sich in der ihr eigentümlichen Zeit. Zudem haben die Zeiten verschiedener Sequenzen gewöhnlich verschiedene Formen, wie ein kleines Experiment, das Sigmund Diamond an der Harvard-Universität durchführte, schlagend veranschaulicht. Er gab seinen Studenten auf, verschiedene Bereiche der amerikanischen Geschichte zu untersuchen und den Ablauf der Ereignisse aufgrund ihrer entsprechenden Funde zu periodisieren. Ein Student spezialisierte sich in politischer Geschichte, ein anderer in Literaturgeschichte und so weiter. Schließlich kamen sie zusammen und verglichen ihre Aufzeichnungen. Das Ergebnis war, daß die Zeiträume, an die sie jeder für sich gedacht hatten, nicht in eins fielen.[22]

Eine profunde allgemeine Theorie einer differenzierten historischen Zeit wurde von Herder erstellt, auf dessen Argument W. von Leyden kürzlich in einem Artikel zum Begriff relativer Zeit in der Geschichte aufmerksam machte, aus dem der Herder betreffende Abschnitt hier vollständig aufgenommen werden soll.

«... es ist bedeutsam, daß auch Herder der Ansicht war, daß jedes veränderliche Ding das Maß der Zeit, oder vielmehr seiner *Zeit in sich hat, das besteht, selbst wenn kein anderes da ist. Vermutlich meint er hiermit, daß ein Ding ein Zeitmesser* ist, *nicht, daß es einen Zeitmesser* hat. *Er verlangte, daß, wenn allgemeine Ideen aus historischer Erklärung zu verbannen sind, Newtons System absoluten Raums und absoluter Zeit innerhalb dieses Gebietes ebenfalls verworfen werden müßte. Denn, so führt er an, man wird darauf stoßen, daß keine zwei Dinge der Welt je dasselbe Zeitmaß haben und es daher unzählbar viele Zeiten im Universum ›zu einer Zeit‹ gibt. Um jeden Zweifel zu zerstreuen, erklärt er, daß die Zeit, die wir uns als das Maß aller denken, bloß ein* Verhältnismaß unserer Gedanken *ist, wie es bei der Gesamtheit aller Orte einzelner Wesen des Universums jener endlose Raum war. Wie dieser so wird auch seine Genossin, die* ungeheure *Zeit, das Maß und der Umfang aller Zeiten, ein* Wahnbild ... *Nach aller meiner Kenntnis hat niemand, der zuvor Herder als Historiographen betrachtete, diese charakteristische Zeitlehre erörtert oder nur auf sie hingewiesen.«*[23]

Zu einem gegebenen geschichtlichen Moment sind wir dann einer Anzahl von Ereignissen konfrontiert, die wegen ihres Standortes in verschiedenen Bereichen nur im formalen Sinn gleichzeitig sind. Tatsächlich ist die Natur jedes dieser Ereignisse nicht genau zu definieren, es sei denn, wir tragen dem Standpunkt Rechnung, den es in seiner besonderen Sequenz einnimmt. Die geformten Zeiten der diversen Bereiche überschatten den gleichförmigen Zeitfluß.

Hier nun kommt der historische Zeitraum in Sicht, die raumzeitliche Einheit, in der sich praktisch alle Geschichten einer gewissen Bandbreite in der Absicht sammeln, den Ablauf der Ereignisse zu strukturieren. Der Zeitraum scheint eine so unabdingbare Einheit, daß sie im Nachhinein erfunden wird, wenn sie im Material nicht zu entdecken ist.

Sie wird auch nicht gelenkt kraft schwankender, teils nominalistischer, teils realistischer Meinungen über die Bedeutsamkeit der Zeiträume.

Werfen wir also einen Blick auf den Zeitraum. Jeder Zeitraum, ob retrospektiv »gefunden« oder festgelegt, besteht aus inkohärenten Ereignissen oder Ereignisgruppen – ein wohlbekanntes Phänomen, das unter anderem für das Eintreffen von Ereignissen verantwortlich ist, die vom Zeitgeist relativ unbetroffen sind: so gehörten die überladenen Intérieurs der zweiten Hälfte des neunzehnten Jahrhunderts der gleichen Epoche an wie die in ihnen entstandenen Gedanken und waren dennoch nicht ihre Zeitgenossen. Der typische Zeitraum, Phase des geschichtlichen Prozesses, ist eine Mischung aus inkonsistenten Elementen. Dies ist nicht weiter verwunderlich. Ist der Geist des Individuums nicht auch inkohärent?* »Unsere Köpfe«, sagt Valéry, »sind voll von Tendenzen und Gedanken, die ihrer selbst nicht bewußt sind.«[24] Und Lichtenberg, etwa 150 Jahr früher: »Ich habe oft die Meinung, wenn ich liege, und eine andere, wenn ich stehe, zumal, wenn ich wenig gegessen habe und matt bin.«[25] Marc Bloch erwähnt die »erstaunlichen inneren Schubfächer«, die in unseren Köpfen existieren, und bemerkt beispielsweise, daß der Historiker Gustave Lenôtre »stets erstaunt war, so viele ausgezeichnete Familienväter unter den Terroristen zu finden«.[26] Die integrierte Persönlichkeit zählt zweifellos zum Lieblingsaberglauben moderner Psychologie.

Wie zu erwarten, herrscht auch kein Mangel an Erklärungen, die den nicht-homogenen Charakter des historischen Zeitraums bestätigen. Marx spricht von der »Ungleichzeitigkeit« des ideologischen Überbaus. Curtius hält fest, daß die Literatur andere Formen der Bewegung, des Wachstums, der Kontinuität als die Kunst habe.[27] Schapiro glaubt, daß eine Stileinheit innerhalb der Kultur eines Zeitraums, wo

* Vgl. das Argument des Autors im 5. Kapitel, S. 139. Es wird hier in Hinsicht auf die Probleme der Zeitstrukturierung wiederaufgenommen.

sie besteht, nicht als selbstverständlich anzunehmen ist, sondern nach Erklärung durch einen besonderen Faktor verlangt, der die Stileinheit mehreren Bereichen zuweist.[28] Raymond Aron verficht die Unabhängigkeit der Kunst mit Rücksicht auf ihre sozio-ökonomische Umwelt und verteidigt die relative Autonomie des politischen Bereiches gegen die Verfechter der Sozialgeschichte.[29] Mandelbaum stützt, in besonderem Blick auf Philosophiegeschichte, die Behauptung von unabhängigen, innerlich kontinuierlichen Spezialgeschichten im Namen des »kulturellen Pluralismus«.[30] Dilthey betont: »Neben der herrschenden, großen, durchgehenden Tendenz, die der Zeit ihren Charakter gibt, bestehen andere, die sich ihr entgegensetzen. Sie streben Altes zu konservieren, sie bemerken die nachteiligen Folgen der Einseitigkeit des Zeitgeistes und wenden sich gegen ihn; wenn dann aber ein Schöpferisches, Neues hervortritt, das aus einem anderen Gefühl des Lebens entspringt, dann beginnt mitten in diesem Zeitraum die Bewegung, die bestimmt ist, eine neue Zeit herbeizuführen.«[31]

Aber es ist zweierlei, ein Phänomen wahrzunehmen und seine potentielle Bedeutung zu erkennen. Keine dieser Erklärungen bezeugt ein Bewußtsein dessen, was die Divergenz der Elemente, die einen Zeitraum umfassen, für die Bedeutsamkeit der Chronologie zu besagen vermöchte. Und obgleich Marx zum Beispiel realistisch genug ist, um »Ungleichzeitigkeit« wahrzunehmen und begrifflich zu bestimmen, hängt er dennoch an Hegels Idee von einem dialektischen Geschichtsprozeß, der die konventionelle Gleichsetzung von homogener linearer Zeit mit der Zeit der Geschichte zur Folge hat.

Im Licht der Ansichten von Focillon und Kubler jedoch legt die Evidenz vielmehr nahe, daß diese Gleichung Raum für Zweifel läßt. Eigentlich besteht Geschichte aus Ereignissen, deren Chronologie uns nur wenig über ihre Beziehungen und Bedeutungen mitteilt. Da gleichzeitige Ereignisse öfter wesentlich asynchron sind, ist es in der Tat nicht sinnvoll, sich den geschichtlichen Prozeß als einen homogenen Fluß vorzustellen. Das Bild von jenem Fluß verschleiert nur die divergenten Zeiten, in denen substantielle Sequenzen geschichtlicher Ereignisse Gestalt annehmen. Im Hinblick auf Geschichte sollte man eher vom Marsch der Zeiten sprechen als vom »Marsch der Zeit«.* Kalenderzeit, alles andere als marschierend, ist ein leeres Gefäß. So sehr ihr Begriff der Wissenschaft auch unentbehrlich ist, findet er auf menschliche Verhältnisse keine Anwendung. Seine Belanglosigkeit in dieser Hinsicht wird durch die Mechanik unseres Gedächtnisses bestätigt. Wir mögen uns lebhaft bestimmte Ereignisse unserer Vergangenheit zurückrufen, ohne imstande zu sein, sie zu datieren. Vielleicht entfaltet das Gedächtnis für Qualitäten sich im umgekehrten Verhältnis zum chronologischen Gedächtnis: je besser jemand ausgestattet ist, wesentliche Züge von Begegnungen, die eine Rolle in seinem Leben spielten, wiederzuerwecken, desto leichter wird er ihre zeitlichen Abstände von der Gegenwart fehleinschätzen oder ihre chronologische Ordnung durcheinanderwerfen. Diese Irrtümer sind seiner Schwierigkeit anzulasten, seine Erinnerungen von ihren auf seiner subjektiven Zeitkurve festgelegten Standorten auf ihre objektiven Positionen in chronologischer Zeit zu übertragen – eine Zeit, die er nie erfuhr. Nichts schwieriger, als sie zu erfahren. Dies erhellt einmal mehr ihren formalen Charakter, ihre Leere. Wie sollte sie Inhalt tragen? Walter Benjamin bemerkt scharfsinnig: »Die Vorstellung eines Fortschritts des Menschengeschlechts in der Geschichte ist von der Vorstellung ihres eine homogene und leere Zeit durchlaufenden Fortgangs nicht abzulösen.«[32]

Das Ergebnis ist, daß der Zeitraum sozusagen vor unseren Augen zerfällt. Von einer sinnerfüllten raumzeitlichen Einheit wandelt er sich zu einer Art Treffpunkt für Zufalls-

* (Anspielung auf die gleichnamige Dokumentarfilmserie. Vgl. Kracauer, *Theorie des Films*, S. 167 und S. 278 f.)

begegnungen – wie etwa der Wartesaal eines Bahnhofes. Doch ist das nicht alles. So ist sich Laslett des Schwindels allgemeiner, in die geschichtliche Vergangenheit reprojizierter Begriffe bewußt und insistiert darauf, daß Geschichte »nach Rekonstruktion ... bis ins kleinste Detail« zu streben hat.[33] Doch ist das kein Grund aufzugeben, die ganze Gesellschaft und auf sie wirkende große geschichtliche Umwandlungen verstehen zu wollen. Das Verstehen wird bloß zu einer Frage »aller dieser winzigen kleinen Bewegungen und Reaktionen« oder »eine Frage von Einzelheiten, von Residuen, wenn man so will«.[34]

Im weiteren Verfolgen meines Arguments möchte ich daher bei einem Fall von großem theoretischen Interesse verweilen – Burckhardts Vorstellung vom Zeitraum. Die Art, in der er damit umspringt, verdankt vieles seiner zweideutigen, großenteils negativen Haltung zur chronologischen Schilderung. (Man beachte übrigens, daß auch er dazu überging, statt Geschichte Kunstgeschichte zu lehren.) Nicht, daß er bei Gelegenheit vor der Wiedergabe einer Abfolge allumfassender geschichtlicher Situationen zurückschreckte; er lehnt es jedoch ab, sich die Zwangsjacke des annalistischen Ansatzes anlegen zu lassen[35]; und ein Blick in seine Hauptschriften macht seinen Widerwillen deutlich, den homogenen Zeitfluß als ein folgenreiches Medium anzuerkennen. In seinen *Weltgeschichtlichen Betrachtungen* zieht er sich von jenem Fluß zurück in ein zeitloses Reich, um die variierenden Beziehungen an sich vorüberziehen zu lassen, die zwischen frei sich entfaltender Kultur und den beiden institutionalisierten Potenzen des Staates und der Religion sich behaupten oder behaupten könnten; und er untermauert seine Bemerkungen mit einer Überfülle an Beispielen, die er aus allen Ecken der Weltgeschichte mit nur oberflächlicher Berücksichtigung ihrer chronologischen Ordnung zusammentrug. *Die Zeit Constantins des Großen* wie *Die Kultur der Renaissance in Italien* bezeugen das gleiche Desinteresse an der Dynamik des geschichtlichen Prozesses. In beiden

Arbeiten bringt Burckhardt die Zeit zum Stillstand, staut ihre Flut und bleibt beim Querschnitt der dem Fluß enthobenen Phänomene, die sich dann zur Prüfung bieten. Seine Darstellung ist eine morphologische Beschreibung, keine chronologische Schilderung. Sie erfaßt einen einzigen historischen Zeitraum.
Doch selbst in der Abscheu vor Chronologie zollt ihr Burckhardt noch Tribut, wie seine *Renaissance* am besten illustriert. In diesem unstrittigen Meisterwerk geht er nach und nach den wechselhaften Manifestationen des Renaissance-Lebens nach, die sich von der Wiedererweckung des Altertums zum Staat als Kunstwerk, von der Entwicklung des Individuums zur Entdeckung der Welt und des Menschen und aufkommender Säkularisation erstrecken. Will er erweisen, daß ungeachtet ihrer Gleichzeitigkeit die von ihm erfaßten Ereignisse in verschiedene Richtungen deuten? Daß nicht alles, was zusammen scheint, auch eigentlich zusammenhängt? Er könnte dies wohl, denn seine Bemerkung »Allein das Höchste in der Kunst ist vom äußeren Staatenleben nicht unmittelbar abhängig«[36] läßt seine Bewußtheit von der Inkohärenz kultureller Epochen klar zutage treten. Nichtsdestoweniger ist sein erklärtes Ziel, die italienische Renaissance als das Zeitalter des erwachenden Individuums zu deuten – eine Vorstellung übrigens, die noch immer als gültig gewertet wird.[37] Nun besagt natürlich diese Vorstellung, eher eine genuine Idee als eine bloße Verallgemeinerung, daß ein und derselbe Geist des (säkularen) Individualismus sich in virtuell allem Tun und Trachten und den Seinsweisen, die einen Zeitraum umfassen, geltend macht. Folglich hat man sich die Renaissance nicht als ein inkohärentes Konglomerat von Ereignissen vorzustellen, sondern als ein Ganzes mit einer Bedeutung, die jegliches seiner Elemente durchdringt. Das heißt, Burckhardt tritt aus der chronologischen Zeit nur heraus, um am Ende von ihrem Fluß sich tragen zu lassen. So scheint es zumindest. Denn ist ein Zeitraum erst in seiner Komplexität als ein integriertes

Ganzes anerkannt, sinken die geformten Zeiten der Bereiche wie von selbst in Vergessenheit zurück und strebt Chronologie im Verein mit dem totalen Geschichtsprozeß erneut nach Signifikanz.

Dem aufmerksamen Leser wird schon aufgefallen sein, daß diese Vindizierung von Chronologie meinem ursprünglichen Theorem, wonach chronologische Zeit ein leeres Gefäß ist, flagrant widerspricht. Ich werde nun zeigen, daß das Theorem, das Burckhardt in der Interpretation der Renaissance darlegt, ebensogut begründet ist wie das umgekehrte antichronologische. Kubler, dessen Kritik an der Überbetonung der Kunsthistoriker von Zeiträumen ansonsten legitim ist, schießt entschieden übers Ziel hinaus, wenn er die Möglichkeit des Zusammenflusses von Bereich-Sequenzen fast ausschließt: »Der Querschnitt des Augenblicks«, behauptet er, »... gleicht eher einem Mosaik von Einzelteilen zu verschiedenen Entwicklungsstadien ... als einem radikalen Grundriß, der allen Einzelteilen seine Bedeutung verleiht«[38], und er hält fest, daß »kulturelle Bündel«, die einen Zeitraum ausmachen, »zum größten Teil durch Zufall beieinanderliegen«.[39] Dies trifft vermutlich auf die Biedermeier-Zeit zu (in der der späte Beethoven aus der Reihe fiel), aber bestimmt nicht auf die Renaissance, noch auf manche andere Ära. Das Fehlen von Zeiträumen mit einer eigenen »Physiognomie« (nach Panofsky) käme tatsächlich ziemlich überraschend. Die Physiognomie, die sie von anderem abhebt, mag Ereignissen, Handlungen und Stimmungen mit authentischem Wirklichkeitscharakter zuzuschreiben sein. Und warum nicht? Zeitgenossen kommunizieren auf verschiedene Weisen miteinander; so ist es sehr wahrscheinlich, daß ihr jeweiliger Austausch Querverbindungen zwischen den Errungenschaften und Transaktionen des Momentes aufkommen läßt.* Es sei auch an das »Prinzip geistiger Ökonomie« erinnert, demzufolge die Intensität eines Individuums

* Siehe S. 83–84.

an einer Stelle seine Trägheit, seinen Rückfall in Routine (oder Natur) an den meisten anderen wettmacht.* Man kann nicht in jeder Hinsicht originell sein. Offensichtlich begünstigt dieses Gesetz – das großenteils für die beharrliche Existenz dessen verantwortlich zu machen ist, was die »Welt« zu nennen wäre – auch die Errichtung von Querverbindungen. Folglich liegt es ziemlich nahe, daß gleichzeitige Ereignisse, obschon sie in der Regel zu Zeiten verschiedener Formen eintreten und zudem unterschiedlichen »Alters« sind, dennoch gemeinsame Züge zeigen. Gleichzeitigkeit mag ein Näherkommen bestärken; beliebige Koinzidenzen könnten sich zu einem gemeinsamen Muster verfestigen. Konvergieren nicht desgleichen die Fragmente von jenem Ich, das jeder von uns zeitweilig zu sein glaubt, und fügen sich zu einer Einheit oder deren Schein zusammen? Seiner Bemerkung zu den erstaunlichen Schubfächern in den Köpfen der Menschen fügt Bloch eine weitere, nicht minder bedeutsame, hinzu: »Waren Pascal der Mathematiker und Pascal der Christ einander fremd? ... es könnte sein, daß (die) Antithese, recht besehen, nur die Maske einer tieferen Solidarität ist.«[40] Jedenfalls taugen die osmotischen Prozesse, die beständig stattfinden, immer dazu, einen Zeitraum oder eine Situation zu produzieren, die tatsächlich von einem Geiste wären, der alle Bereiche betrifft und so den Charakter eines Ganzen annimmt. Dilthey analysierte die der Aufklärung gemeinsame Struktur als ein Beispiel dieser Art Einheit: »... nicht eine Einheit, die durch einen Grundgedanken auszudrücken wäre, ist es, sondern vielmehr ein Zusammenhang zwischen den Tendenzen des Lebens selbst, der im Verlauf sich ausbildet.«[41] Es gibt eine Analogie zwischen dieser prekären Einheit eines Zeitraums und der Einheit jeder Wesenheit, die wir »Gestalt« nennen. Bloch fragt sich, »ob es nicht vergeblich sei, etwas zu erklären zu versuchen, das zum jetzigen Zeitpunkt unseres Wissens über den Menschen über unser Verständnis zu gehen

* Siehe 1. Kapitel, S. 35 und 3. Kapitel, S. 84.

scheint: das Ethos einer Zivilisation und seine Anziehungskraft.«[42]
Aber wird dann dieser Zeitraum als ein Ganzes nicht wesentlicher Bestandteil des geschichtlichen Prozesses und erhebt dadurch an sich homogene Zeit zu einem bedeutungsträchtigen Medium? Es sollte auch nicht vergessen sein, daß den alten Tagträumen der Menschheit eine Zukunft in weiter Ferne vorschwebt, von der mit keinerlei Bestimmtheit anzunehmen ist, sie liege völlig außerhalb chronologischer Zeit; noch, daß es der griechischen Vorstellung einer fortschreitenden kulturellen Entwicklung gelungen wäre, sich in selbst überwiegend vertikal orientierten Zeiten zu behaupten: Tertullian scheint an eine säkulare Art Fortschritt geglaubt zu haben[43]; der hl. Ambrosius verweist in seiner Antwort an den Heiden Symmachus auf die »allmähliche Invention der Künste und das Fortschreiten menschlicher Geschichte«.[44] Edelstein sagt zu dieser Lehre der frühchristlichen Autoren: »Während das Heidentum in hohem Alter für die Autorität des Alten zu plädieren begann, am denkwürdigsten zur Verehrung der Victoria im römischen Senat, hatte die neue Glaubensrichtung jene Philosophie übernommen, die das Heidentum in seiner Jugendzeit selbst inaugurierte.«[45] Man achte es nicht zu gering, daß wir den Tag unserer Geburt datieren; daß wir unsere Stellung in der Reihe der Generationen kennen; und daß der Tod mit einem Stundenglas dargestellt wird. *Les extrêmes se touchent:* unser eigentliches Sein ist verflochten mit der leersten Art des Werdens. So führt Piaget Mathematik auf Biologie zurück. Übrigens mag die zunehmende Sichtbarkeit von Vorgeschichte des weiteren unser Vertrauen in die unbestreitbare Rolle der Kalenderzeit stärken.

Wir sehen uns derart zwei sich gegenseitig ausschließenden Theoremen konfrontiert, die beide nicht zu übergehen sind. Einerseits löst meßbare Zeit sich auf in dünner Luft und ist aufgehoben durch ein Bündel geformter Zeiten, in denen die mannigfaltigen verständlichen Ereignisreihen sich entwickeln. Andererseits behält Datieren seine Signifikanz, insofern diese Bündel in bestimmten Augenblicken, die dann für sie alle gültig werden, leicht zusammenwachsen. Dieser Stand der Dinge muß Burckhardt veranlaßt haben, Chronologie sowohl schlechtzumachen wie gutzuheißen. Er gibt sich aber keine Mühe, ihre inneren Widersprüche aufzudecken. Benjamin seinerseits ergeht sich im undialektischen Ansatz; mit Nachdruck betont er die Nicht-Wesenheit chronologischer Zeit, ohne im geringsten Interesse für die Kehrseite der Medaille zu bekunden. Daß sie zwei Seiten hat, ist selten erkannt worden.

Wie fertig werden mit dem Dilemma, in dem wir uns befinden? Um es in den Griff zu kriegen, werde ich im folgenden nicht weiter auf die verschiedenen Bereich-Sequenzen und ihre eigentümlichen Zeitpläne weisen, sondern mich auf die relativ gleichförmigen Zeiträume oder Situationen konzentrieren, die ihr Zusammenfluß zuwege brachte. Jeder dieser Zeiträume ist eine antinomische Wesenheit, die die beiden unversöhnlichen Zeitvorstellungen in kondensierter Form verkörpert. Als eine Konfiguration von Ereignissen, die Reihen verschiedener Zeitpläne angehört, hebt der Zeitraum sich *nicht* aus dem homogenen Fluß der Zeit; er setzt vielmehr eine eigene Zeit an – was besagt, daß die Art, in der er Zeitlichkeit erfährt, nicht identisch sein muß mit den Erfahrungen chronologisch früherer oder späterer Zeiträume. Man muß sozusagen von einem Zeitraum in den anderen springen. Die Übergänge zwischen einander folgenden Zeiträumen sind mithin problematisch. Sie könnten Brüche im Prozeß ergeben; tatsächlich könnte ein Zeitraum als auftauchendes »Ereignis« im Sinne von Focillon von »nirgendher« erstehen. Dilthey zitiert Burckhardt, der zur Ausbreitung des Glaubens an das Jenseits im römischen Imperium sagt: »Aus unerforschlichen Tiefen . . . pflegt solchen neuen Richtungen ihre wesentliche Kraft zu kommen, durch bloße Folgerung aus vorangegangenen Zuständen sind sie nicht zu deduzieren.«[46] Ähnlich ist Marx' Vorstellung von Geschichte in den Worten von Alfred Schmidt »eine Philosophie der Weltbrüche, die bewußt auf den Anspruch lückenloser Deduktion aus einem Prinzip verzichtet«.[47] Jonas glaubt, daß die Bewegung des Gnostizismus mißverstanden werden wird, solange sie eher als Ergebnis früherer Ideen und Glaubensrichtungen interpretiert denn *sui generis* akzeptiert wird, als etwas, das hervorgeht aus »so etwas wie absolutem Ursprung, radikalem Neuanfang«[48], das als neue »prima causa« mit dem Material bestehender Ideen und Motive arbeitet.[49] Sehr ähnliche Ansichten wurden vor nicht so langer Zeit in einem Artikel von Blumenberg vorgebracht, in dem das zunehmende Interesse von Historikern an »Epochenschwellen« zwischen deutlich abgesetzten Perioden durch die Tatsache erklärt wird, daß sie dem Historiker »›die Geschichte‹« vor Augen führen, die in Phasen klassischer Ausprägung »unter ihren Manifestationen verborgen« bleibt.[50] Aus der Sicht der hier skizzierten Erklärungen sind alle Geschichten, die den »Marsch der Zeit« darstellen, Trugbilder – Bilder auf einer Leinwand, die die Wahrheit, die sie dem Schein nach wiedergeben, verbirgt. Es ist anzunehmen, daß jeder Zeitraum ein neues Bild beisteuert und die so hergestellten sukzessiven Bilder Schicht um Schicht die immer größer werdende Leinwand auf eine Art bedecken, die der Dokumentarfilm *Le mystère Picasso* von Clouzot vollkommen illustriert. Er zeigt den Künstler beim Schaffensvorgang. Wir sehen, daß unmittelbar nachdem Picasso skizziert hat, was er im Sinn zu haben scheint, er seinen ersten Entwurf mit einem zweiten überdeckt, der sich kaum noch auf ihn bezieht. Und so geht es weiter; jedes neu entstehende System von Linien oder Farbflecken hat so gut wie nichts mit seinem Vorgänger gemein.[51]

Und doch bezeichnet die gleiche Konfiguration von Ereignissen, die wegen ihres spontanen Auftauchens den geschichtlichen Prozeß herausfordert, auch einen Moment chronologischer Zeit und hat daher seinen legitimen Platz in ihr. So werden wir aufgefordert, jenen Prozeß zu verfolgen und in Form von linearen Übergängen, zeitlichen Einflüssen und langfristigen Entwicklungen zu denken. Die Erklärungen dieses Kapitels, die darin übereinstimmen, das A-priori-Vertrauen in historische Kontinuität zu diskreditieren, sollen nicht völlig die Möglichkeit von Einflüssen leugnen, die sich über chronologische Zeit erstrecken. Um aber von ihnen mit einem Grad von Gewißheit zu sprechen, muß ihre Existenz in jedem spezifischen Fall beglaubigt werden. Ich bin der Ansicht, daß dieses zu den schwierigsten Aufgaben des Historikers zählt. Abgesehen davon, daß wegen der dürftigen Evidenz solche Einflüsse sehr schwer faßlich sind, tritt ein Teil von ihnen in Kraft, ohne eine Spur zu hinterlassen. Sie wirken im Verborgenen: ein längst entfallenes Wort könnte den Geist des Menschen verändert haben, dem es einst galt. Ich wurde tief beeinflußt durch eine beiläufige Bemerkung, die ein Freund von mir vor zwei oder drei Jahrzehnten machte: seine Bemerkung veränderte meinen Umgang mit Leuten und auch meine ganze Lebensansicht. Als wir nach langer Trennung uns kürzlich wieder trafen, schwelgten wir in Erinnerungen, und ich mußte einfach erwähnen, was ich alles ihm verdankte. Er war maßlos erstaunt; er erinnerte sich nicht, mir irgend etwas Derartiges gesagt zu haben. Substantielle Einflüsse scheinen prädestiniert, ins Dunkel zurückzusinken.

Es will mir scheinen, daß der einzig verläßliche Gewährsmann in dieser Sache, die so schwierig zu ermitteln ist, eine legendarische Figur ist – Ahasver, der Ewige Jude. Er wüßte über die Entwicklungen und Übergänge in der Tat aus erster Hand Bescheid, denn er allein in der gesamten Geschichte hatte unfreiwillig Gelegenheit, den Prozeß des Werdens und Vergehens an sich zu erfahren. (Wie unaussprechlich schrecklich er aussehen muß! Gewiß, sein Gesicht litt nicht durch Altern, aber ich denke es mir zusammengesetzt aus vielen Gesichtern, deren jedes einen der

Zeiträume spiegelt, die er durchzog und die alle ewig neue Muster ergeben, während er ruhelos und vergeblich auf seiner Wanderung versucht, aus den Zeiten, die ihn formten, jene Zeit zu rekonstruieren, die er zu inkarnieren verdammt ist.)

Ranke scheint sich, mit Einschränkung, der paradoxen Beziehung zwischen der Kontinuität des geschichtlichen Prozesses und ihren inneren Brüchen bewußt gewesen zu sein, was deutlich wird, wenn der schon im ersten Kapitel zitierte Abschnitt in seinem vollen Wortlaut wiedergegeben wird:

»Jeden Augenblick kann wieder etwas Neues beginnen, das nur auf die erste und gemeinschaftliche Quelle alles menschlichen Tuns und Lassens zurückzuführen ist; nichts ist ganz um des anderen willen da; keines geht ganz in der Realität des anderen auf. Aber dabei waltet doch auch ein tiefer inniger Zusammenhang ob, von dem niemand ganz unabhängig ist, der überall eindringt. Der Freiheit zur Seite besteht die Notwendigkeit. Sie liegt in dem bereits Gebildeten, nicht wieder Umzustoßenden, welches die Grundlage aller neu emporkommenden Tätigkeit ist. Das Gewordene konstituiert den Zusammenhang mit dem Werdenden. Aber auch dieser Zusammenhang selbst ist nichts willkürlich Anzunehmendes, sondern er war auf eine bestimmte Weise, so und so, nicht anders ... Eine längere Reihe von Ereignissen – nacheinander und nebeneinander – auf solche Weise miteinander verbunden, bildet ein Jahrhundert, eine Epoche ...«[52]

Ich habe den zweifachen Aspekt des Zeitraums mit einer bestimmten Absicht betont; zwei moderne Versuche – gibt es mehr? – weisen, um sowohl der Leere als der Sinnerfülltheit chronologischer Zeit gerecht zu werden, dem Begriff des Zeitraums eine Schlüsselposition zu. Ihre Erörterung mag der Erhellung der unentwirrbaren Dialektik dienen, die zwischen dem Zeitfluß und den zeitlichen Sequenzen herrscht, die ihn negieren.

Um mit Croce zu beginnen: sein Argument ist schlichtweg irreführend.[53] Dieser unbeirrbare Idealist, der keiner sein will, rühmt sich, Hegels transzendentaler Metaphysik einen tödlichen Schlag versetzt zu haben. Hegel, sagt er, postuliert einen absoluten Geist, oder Weltgeist, der ebenso immanent wie transzendent ist; er verwirklicht sich im dialektischen Prozeß der Weltgeschichte und hat zur gleichen Zeit seine Bleibe jenseits von Geschichte als dem Ziel dieses Prozesses. Croce meint, dieser ontologische Transzendentalismus reiche nicht länger hin. Und er macht Schluß mit ihm, indem er den absoluten Geist mit Haut und Haar in die Immanenz des innerweltlichen Universums zieht. Der Geist, so insistiert er, ist kein Absolutes über und außer unserer Welt im Wandel, sondern materialisiert sich nur in der Geschichte; genauer gesagt, er liefert uns konkrete Antworten auf konkrete Fragen, die in jeder gegebenen Situation gestellt werden – Fragen natürlich, die sich mit den Erfordernissen des Augenblicks ändern. Dann behauptet Croce die Existenz von vergleichsweise autonomen Situationen oder Zeiträumen, die alle einen eigentümlichen Geist hätten. Wenn aber die Manifestationen des Geistes von den spezifischen Bedürfnissen verschiedener Zeiträume nicht zu trennen sind, wirft ihre sinnvolle Verbindung in chronologischer Zeit ungeheure Probleme auf. Nun ist Croce so sehr am geschichtlichen Prozeß gelegen, daß er dennoch chronologischer Zeit geben will, was ihr zu geben ist. Wie löst er die durch diese Aufgabe bedingten Probleme? Er sieht sie nicht einmal. Sein Herz ist im Hochland, sein Herz ist nicht hier. Um es unverblümt zu sagen, es bebt noch vor Sehnsucht nach dem Idol, das er meint zerstört zu haben. Uneingedenk der Tatsache, daß nach seiner eigenen Voraussetzung sich der Geist über die Räume der Geschichte nicht ausdehnt, sondern sich ausschließlich in konkreten Situationen enthüllt, setzt Croce in seinem ansonsten bewundernswerten Entwurf »Zur Geschichte der Historiographie«[54] deren sukzessive Enthüllungen vom Altertum via Mittelalter, Renaissance usw. zur Gegenwart Phasen eines intelligiblen dialektischen Prozesses gleich, dem er auch noch eine fortschrittliche

Qualität beimißt. Gewiß, er versucht, den Begriff des pauschalen Fortschritts seiner Grundbehauptung einer völligen Immanenz des Geistes dadurch anzupassen, daß er die Idee eines absoluten Guten eliminiert und statt dessen das Bemühen des Geistes steigert, eine Besserung der Bedingungen zu erreichen, die sich in jedem besonderen Zeitraum behaupten. Dennoch ist dies reine Spielerei mit Worten in Hinsicht auf Croces idealistisches Verlangen, den totalen geschichtlichen Prozeß einer fortschrittlichen Bewegung, einer Bewegung zur »Freiheit« gleichzusetzen. Kurz, nachdem Croce Hegel schließlich mit großem Aplomb hinausgeworfen hat, läßt er ihn durch die Hintertür wieder herein, wobei ihm nicht bewußt ist, daß er das, was Hegel darf, noch längst nicht darf. Während Hegels transzendentaler Geist tatsächlich, leider, voll qualifiziert ist, die Richtung des Ganzen der Geschichte zu bestimmen, ist Croces immanenter Geist mit seinen konkreten Antworten auf konkrete Fragen – die aus Situationen sich erheben, die wir nicht hinterfragen können – nicht in der Lage, für den Verlauf der Ereignisse einzustehen. Croce weicht dem Problem, das an den antinomischen Charakter chronologischer Zeit gebunden ist, eher aus, als es anzugreifen. Statt zu fragen, wie, wenn überhaupt, die beiden widersprüchlichen Zeitvorstellungen aufeinander zu beziehen sind – das heißt, wie chronologische Zeit zur Nichtigkeit aufzuheben und doch zu bewahren ist –, stellt er sie undialektisch und geistesabwesend als nebeneinander vor. Und als Hegelianer, der er ist, sticht er den Hegel-Stürmer, der er gern wäre, aus.

Und hier kommt der einzigartige Versuch von Proust ins Spiel, das Verworrene der Zeit zu erfassen. Seltsam genug hat man sich dessen Konsequenzen für die Geschichte noch nicht klargemacht. Bei der Erörterung dieses Versuchs werde ich nur solche Züge seines Romans aufnehmen, die für mein derzeitiges Thema von Belang sind.[55]

Proust löscht radikal jeglichen Akzent von Chronologie. Ihm zufolge, scheint es, ist Geschichte überhaupt kein Prozeß, sondern ein Sammelsurium kaleidoskopischer Veränderungen – etwas wie Wolken, die sich nach Belieben ballen und zerstreuen. Er hält sich an diese platonische Sicht, lehnt es ab, den Historiker zu spielen, und verwirft die Idee des Werdens und Entwickelns. Es gibt keinen Fluß der Zeit. Was allerdings besteht, ist eine diskontinuierliche, nicht kausale Abfolge von Situationen, oder Welten oder Zeiträumen, die wie bei Proust als Projektionen oder Gegenpole des jeweiligen Ichs zu denken sind, in das sein Sein – aber sind wir berechtigt, ein identisches Ich darunter anzunehmen? – sich nach und nach verwandelt. Es versteht sich, daß diese verschiedenen Welten oder Situationen in Zeiten verschiedener Formen sich erfüllen und vergehen. Mit großer Erfindungsgabe weist Proust nach, daß jede Situation eine Wesenheit mit eigenem Anspruch ist, die nicht aus vorhergehenden abzuleiten ist, und daß in der Tat ein Sprung erforderlich wäre, um den Abgrund zwischen angrenzenden Welten zu überwinden. Durch seinen ganzen Roman verschleiert er systematisch die Momente ihrer Berührung, so daß wir von einer neuen Welt erst erfahren, nachdem sie schon in vollem Schwung ist. Und um unseren Glauben an die Wirkkraft der Zeit vollends unglaubwürdig zu machen, beseitigt er das unvergänglichste und zerbrechlichste Verbindungsstück zwischen zwei sukzessiven Welten – Hoffnung. Marcel, der Protagonist des Romans und die Verkörperung von Prousts je vergangenem Ich, nimmt künftige Erfüllungen in jeder Situation vorweg; doch kaum sind seine Hoffnungen wahr geworden, löst sich ihr Zauber auf wie das Ich, das sie nährte; und das nachrückende Ich beginnt von neuem auf einem Pfad, der besetzt ist mit anderen, wenngleich zunehmend geringeren Erwartungen. Der Abgrund ist nicht zu überbrücken; Zeit, alles andere als ein All-Erzeuger, erzeugt nichts.

Warum sie nicht einfach übergehen? Gerade dies tut Proust.

Durchweg wirft er Licht auf Zeitatome – Erinnerungsbilder von so blitzartigen Augenblicken oder Eindrücken, daß Zeit keine Zeit hat, sie zu formen. Durch zufällige Sinnessensationen ausgelöst, melden sich seine unwillkürlichen Erinnerungen mit völliger Gleichgültigkeit gegen Chronologie an. Die Ereignisse, die sie im großen und ganzen beschwören, sind zum Teil von der gleichen Natur wie die scheinbar unbedeutenden Einzelheiten täglicher Existenz, die Tolstoi für wirklicher und bedeutsamer hält als große Siege und Helden, wie sie in Geschichtsbüchern hochgespielt werden. Proust setzt diese mikroskopischen Einheiten in ihre wahre Position dadurch wieder ein, daß er sie riesig vergrößert darstellt. Jede solche »Großaufnahme« besteht aus einer Textur von Reflexionen, Analogien, Reminiszenzen usw., die unterschiedslos auf alle die Welten verweisen, die er, nicht nur Marcel, durchschritten hat, und insgesamt dazu dienen, die wesentlichen Bedeutungen des Augenblickes aufzudecken, von dem sie herstrahlen und zu dem sie hinstreben. Der Roman ist voll von derartigen Großaufnahmen. Sie dringen in die Tiefe, deren Bestandteile – jene Meditationen und Erinnerungen – nicht erkennbaren Zickzack-Wegen folgen, die sich über die ganze Schriftrolle der Vergangenheit ziehen. Die Muster, die sie bilden, sind nicht länger in Hinsicht auf die Zeit zu definieren; ihre Funktion ist vielmehr, Dinge, die zeitlich sind, ins fast zeitlose Reich der Essenzen zu erheben.

Bislang sieht es so aus, als ob Proust aus Desinteresse an Dialektik sich darauf beschränkte, für die Sache der diskontinuierlichen Welten und deren geformte Zeiten einzutreten. Dies ist jedoch nur ein Teil der Geschichte *(story)*. Und wenn Proust die Chronologie auch trübt, bemüht er sich, sie intakt zu halten. So sehr die Großaufnahmen und ihre zeitverwirrenden Muster auch dazu neigen, unser Bewußtsein vom Zeitfluß zunichte zu machen, weisen sie nicht nur auf die Situationen, die sie hervorrufen, sondern sind in eine Schilderung eingeblendet, die Marcels je folgendes

Ich in chronologischer Ordnung spiegelt. Im ganzen hält der Roman sich streng an eine Reiseroute. Oder, wie Jauss es formuliert, hinter dem Mosaik hält sich, der Sicht entzogen, das »präzise Uhrwerk der irreversiblen Zeit« verborgen.[56]

Da er mit dessen Einbau sich nicht zufrieden gibt, versucht Proust die chronologisch sukzessiven Welten – Welten, die als spontane Schöpfungen von nirgendher erstehen – dem Zeitfluß wieder einzubetten. Der Grund dafür ist sein Wunsch, jenen Zeitfluß zum gleichberechtigten Partner im Spiel zu machen. Denn er vermag die Antinomie, die er in Angriff nimmt, nicht zu lösen, es sei denn, er stellte wirklich ihre beiden gegnerischen Aspekte einander gegenüber und versöhnte sie dialektisch: die inkohärente Reihe geformter Zeiten und chronologische Zeit als homogener Fluß. Seine Lösung führt unausweichlich auf einen Umweg: er errichtet zeitliche Kontinuität retrospektiv. Gegen Ende des Romans entdeckt Marcel, der dann mit Proust eins wird, daß sein je unverbundenes früheres Ich im Grunde eine Phase oder Station auf dem Weg war, auf dem er sich fortbewegte, ohne je davon zu wissen. Erst jetzt im Nachhinein erkennt er, daß dieser Weg durch die Zeit ein Ziel hatte; daß er einzig dem Zweck diente, ihn auf seine Berufung als Künstler vorzubereiten. Und erst jetzt ist Proust als Künstler in der Lage, nicht nur die diskontinuierlichen Welten seiner Vergangenheit als Kontinuität in der Zeit auszuweisen, sondern auch stellvertretend seine Vergangenheit vom Fluch der Zeit zu erlösen, indem er ihre Essenzen einem Kunstwerk einverleibt, dessen Zeitlosigkeit sie um so unverletzbarer macht. Er beginnt, den Roman zu schreiben, den er geschrieben hat.

Die Tiefgründigkeit dieser Lösung sollte nicht dazu führen, die Reichweite ihrer Gültigkeit zu überschätzen. Es gelingt Proust nur a posteriori, chronologische Zeit als ein substantielles Medium wieder einzusetzen; die Geschichte *(story)* seines (oder Marcels) fragmentarisierten Lebens muß ihre

Endstation erreicht haben, bevor sie sich ihm als ein gemeinsamer Prozeß enthüllen kann. Und die Versöhnung, die er zwischen den anstehenden antithetischen Sätzen zuwege bringt – sein Verneinen des Zeitflusses und dessen (verspätete) Bejahung – hängt von seinem Rückzug in die Dimension der Kunst ab. Nichts dieser Art trifft aber auf die Geschichte zu. Weder hat Geschichte ein Ende, noch unterliegt sie ästhetischer Errettung.

Die Antinomie im Innersten der Zeit ist unauflösbar. Die Wahrheit ist vielleicht, daß sie erst gegen Ende *der* Zeit zu lösen ist. Prousts persönliche Lösung ist gewissermaßen ein Vorschein oder tatsächlich die Bedeutung dieses undenkbaren Endes – der imaginäre Augenblick, in dem Ahasver, ehe er sich auflöst, das erste Mal imstande sein mag, auf seine Wanderungen durch die Zeiträume zurückzusehen.

VII. Allgemeine Geschichte und ästhetischer Ansatz

Maurice Mandelbaum hat vor kurzem auf die »ziemlich merkwürdige Tatsache« aufmerksam gemacht, daß »jene, die sich mit den allgemeinen Problemen historiographischer Methode befaßten, selten die Frage erörterten, in welcher Relation die Methoden der ›Spezialgeschichten‹, Geschichten der Philosophie, Kunst oder Technologie oder des Rechts zu dem stehen, was sie als paradigmatische Fälle historiographischer Praxis ansehen«.[1] Die »paradigmatischen Fälle« sind Schilderungen eines Typus, an den man sich ohne weiteres erinnert, denkt man vage an Geschichte als eine Sparte des Wissens; was man sich dann sofort vergegenwärtigt, ist die Geschichte eines beliebigen Volkes oder die Geschichte eines Zeitalters. Insgesamt konstituieren solche Schilderungen eine Spezies mit eigenem Anspruch, die nach Mandelbaums Definition als »Allgemeingeschichte« zu bezeichnen wäre. (Der Begriff »allgemein« wurde ursprünglich auf politische Geschichten bezogen, die zu ihrer Glanzzeit eine privilegierte Stellung einnahmen.) Gleich, ob sie noch heutiger Gepflogenheit entspricht oder nicht, ist Allgemeingeschichte ein Hauptgenre moderner Historiographie.

Eines ihrer Hauptmerkmale ist gerade in der Tatsache zu suchen, daß sie allgemein ist: sie unterscheidet sich von Spezialgeschichten wesentlich darin, daß sie sich über eine Vielzahl von Bereichen erstreckt. Wo der Spezialhistoriker sein Augenmerk auf Phänomene in ein und demselben Bereich richtet – will sagen, relativ homogene Phänomene – befaßt sich der Allgemeinhistoriker virtuell mit allen Ereignissen, die das Ganze einer zeitlichen Sequenz oder einer Situation ausmachen. Es sollte offensichtlich sein, daß dieser Unterschied methodologische Implikate an sich haben muß, die Folgen tragen.

Eine allgemeine theoretische Verlautbarung enthüllt selten alle relevanten Aspekte jener Einzelheiten, die sie deckt. So wird ein Blick auf ihre wirklichen Konfigurationen sich stets als lohnend, ja unerläßlich erweisen. Im Prinzip trifft es zum Beispiel gewiß zu, daß Allgemeinhistoriker raumzeitliche Einheiten jeglicher Größe, große oder kleine, überblicken mögen; aber trifft es nicht ebenso zu, daß sie im großen und ganzen Schilderungen den Vorzug geben, die weite Gebiete der Vergangenheit umfassen? Nach jeglichem Ziel und Zweck fällt Allgemeingeschichte in die Makro-Dimension. Auch sind in der Praxis die Grenzen zwischen den beiden Genres fließend. Es gibt kaum eine spezialisierte Untersuchung, die sich nicht jenseits ihrer gesetzten Grenzen wagte. Solche »Überschreitungen« sind um so mehr geboten, wenn die Ereignisse in einem besonderen Bereich unmöglich von den Vorgängen und Veränderungen außerhalb dieses Bereiches zu isolieren sind. Die *Constitutional History* von Stubbs und die *History of English Law* von Maitland erfreuen sich der Geltung, die besten (allgemeinen) Geschichten von England im Mittelalter zu sein[2]; daß eine etwa Kunstgeschichte je einen ähnlichen Status erlangte, scheint mir höchst unplausibel. Im übrigen, selbst wenn eine Bereich-Geschichte sich zu einer allgemeinen Geschichte erhebt, bewahrt sie dennoch einen eigentümlichen Charakter. Ihre scheinbare Identität ergibt sich aus unterschiedlichen Absichten. Der Historiker, der sich spezialisiert, schlägt Schneisen in benachbarte Domänen, während der Allgemeinhistoriker die Massen von Fakten aus ungleichen Regionen zu erstellen versucht. Wo der erste seine spezifischen Einsichten zu ergänzen sucht, strebt der zweite von Anfang an nach Synthese.

Tatsächlich hat man sich das Thema der Allgemeingeschichte vorzustellen als etwas, das eine Art Ganzes darstellt. Ohne einen gemeinsamen Bezugsrahmen wäre das Genre nicht lebensfähig. Seine wahre Existenz hängt für den Historiker von der Möglichkeit ab, sein Material auf einen gemeinsamen Nenner zu bringen. Ist die Einheit, nach der er Ausschau hält, entdeckt oder auferlegt? Zugegeben, er wird geneigt sein zu glauben, daß sie historischer Realität innewohne. Und woraus besteht die Einheit? Auch hierauf gibt es keine klipp und klare Antwort. Mandelbaum ist der Ansicht, daß das Genre durchweg um das Leben der Gesellschaft im großen und ganzen kreist und daß demnach der Allgemeinhistoriker »mit menschlichem Denken und Handeln in dessen gesellschaftlichem *(societal)* Kontext und mit dessen gesellschaftlichen Implikaten befaßt ist . . .«[3] Spürbar eingegeben von der kurrenten Vorliebe für Sozialgeschichte ist diese Antwort unvollständig und zu billig, um in Rechnung gestellt zu werden. Das gemeinsame Substrat mag ebenso die Identität eines Volkes durch die Zeitalter hindurch oder eine solche Wesenheit wie ein Imperium oder eine Gesamtheit alles durchdringender Glaubensrichtungen sein. Hier mag jedes Substrat gelten. Und von jedem ist anzunehmen, daß es gemeinsamen Gliederungen und Interpretationen Raum schafft, die einer aus disparaten Elementen errichteten Schilderung unabdingbar sind. Wenn es dem Allgemeinhistoriker nicht gelingt, diese Elemente untereinander zu verbinden und uns den Eindruck von Kontinuität und Kohäsion zu vermitteln, täte er besser daran, seinen Beruf an den Nagel zu hängen. Doch dies zu behaupten, heißt zu unterstellen, daß sein ganzes Unternehmen auf unsicheren Füßen steht. Die ihm erforderliche Einheit – spürt er ihr nach oder postuliert er sie? – ist nicht garantiert; die Fakten, die er mustert, sind widerspenstig. Und dennoch, Allgemeingeschichte lebt und besteht. Wie ist dies vertrackte Genre möglich?

Ob bewußt oder unbewußt, der Allgemeinhistoriker ist in einer heiklen Lage. Er hat einem beträchtlichen Problem gerecht zu werden – der Antinomie im Innersten der chronologischen Zeit.* Einerseits ist die partielle Signifikanz des

* Gewiß ist er auch mit Schwierigkeiten konfrontiert, die sich aus der

Vergehens von Zeit für das Ganze menschlicher Verhältnisse nicht abzustreiten. Innerhalb bestimmter Grenzen und Zusammenhänge ist es sinnvoll, von Entwicklungen in der Zeit und den gemeinsamen Zügen ausgewählter Zeiträume zu sprechen. Dies schiene die Arbeiten des Allgemeinhistorikers in einem gewissen Maß zu rechtfertigen. Günstige Winde mögen eine relativ ruhige Fahrt zulassen, wenn er dazu übergeht, den allgemeinen Lauf der Dinge wiederzugeben und zu erklären. Andererseits wird er ständig behindert, auf diesem Wege voranzukommen, weil die Ereignisse, die er zu verbinden sucht, verschiedenen Bereichen angehören und daher sich weigern, als Elemente einer gemeinsamen und sinnvollen Zeitsequenz behandelt zu werden. Der Grund, warum sie sich nicht einfach dazu hergeben, an dem gemeinsamen Unternehmen teilzuhaben, ist der Tatsache zuzuschreiben, daß sie in erster Linie Glieder von Sequenzen sind, die sich nach Zeitplänen entfalten, die ihren jeweiligen Bereichen eigentümlich sind. Der entgegengesetzte, nicht minder mächtige Aspekt chronologischer Zeit ist der eines leeren Mediums: ein Strom, der Schein-Einheiten und unbedeutsame Aggregate von Vorfällen mit sich führt. Verglichen mit dem Spezialhistoriker, der im Idealfall auf einer Zeitkurve vorrückt, die mittels einer Reihe kohärenter Phänomene beschrieben wird, befindet der Allgemeinhistoriker sich im Nachteil: er wird ertappt in einem Katarakt der Zeiten. (Da der antinomische Charakter *der* Zeit meistens übersehen wurde, ist die geringe Beachtung, die man methodologischen Differenzen zwischen den synthetisierenden und spezialisierenden Ansätzen bislang schenkte, nicht weiter verwunderlich.)

Noch einmal, wie ist Allgemeingeschichte möglich? Die Antwort ist einfach genug. Das Genre kann sich nur materialisieren, wenn es dem Historiker gelingt, sich der seinem

nichthomogenen Struktur des historischen Universums ergeben (siehe Kapitel 5). Aber um die Sache zu vereinfachen, werde ich sie hier unerörtert lassen, zumal sie Historiker aller Spielarten betreffen.

Projekt verhängnisvollen Hindernisse zu entledigen. Natürlich ist es ihm nicht gegeben, die bestehenden zeitlichen Abgründe zu überbrücken, geschweige zu eliminieren; noch ist er in der Lage, die vielen beliebigen Ereigniskomplexe, auf die er stößt, in wirklich lebende Einheiten umzuwandeln. Alles, was er hinsichtlich dieser permanenten Störungen tun kann, ist, sie so gut wie möglich herunterzuspielen. Um sein Ziel zu erreichen, muß der Allgemeinhistoriker zu *manipulativen Hilfsmitteln und Kunstgriffen* Zuflucht nehmen, die es ihm gestatten, seine Schilderung mit nachtwandlerischer Sicherheit vorzubringen. Sie sollen uns (und ihn) vergessen lassen, daß der Weg chronologischer Zeit in Wahrheit uneben und holprig ist.

Sein Bemühen in dieser Richtung wird durch zwei Umstände erleichtert. Der erste ist die Wirkung des »Perspektiv-Gesetzes«. Beim Vorgehen in der Makro-Dimension läßt der Allgemeinhistoriker die potentiell verfügbare Evidenz aus beträchtlichem Abstand an sich vorüberziehen. An dem Ort, den er einnimmt, tritt das Detail zurück und wird die Luft dünner. Er ist gewissermaßen allein mit sich – mehr, als er es in der Mikro-Dimension wäre, wo sich ihm Scharen von Fakten aufdrängen können. Aber je weniger er ihrem Druck ausgesetzt ist, desto freier fühlt er sich (und ermächtigt), seinen formgebenden Kräften freien Lauf zu lassen. Und dies enthebt ihn natürlich der Vorbehalte gegen seinen Rückgriff auf berechnete Kunstgriffe.*

Da zweitens die von ihm erzählte Geschichte *(story)* sich auf einer vergleichsweise hohen Ebene von Allgemeinheit entfaltet, kommt ihm die täuschende Leichtigkeit, mit der Verallgemeinerungen vom Milieu ihres Ursprungs in jede andere Umwelt zu übertragen sind, auch zustatten. Einmal etabliert, beanspruchen sie Unabhängigkeit und lassen alle Arten von Anwendungen zu. Ihre scheinbare Dehnbarkeit ist ein Segen für den synthetisierenden Historiker. Und

* Siehe 5. Kapitel, S. 145–146, und auch Kapitel 8, »Das Allgemeine und das Besondere«, S. 230–231.

warum sollte er in der Tat sie nicht ausnutzen, um seine Schilderung in Gang zu halten? Natürlich nimmt er dabei gewisse Risiken auf sich. Verallgemeinerungen sind zerbrechliche Produkte und verlangen sorgsame Behandlung. Wenn immer sie ihrem angestammten Boden entzogen werden und in fremden Kontexten gedeihen sollen, könnten sie sprachlos werden und nicht mehr die Bedeutungen wiedergeben, die zu ihrer Bildung führten. In seiner *Geschichte Europas* faßt Pirenne den Stand der Dinge unter dem Kaiser Justinian wie folgt zusammen:

»Bekanntlich hat Justinian die Athener Akademie ... schließen lassen; aber die Dogmen und Mysterien des Christentums lieferten der Leidenschaft für die Dialektik, die seit Jahrhunderten für das griechische Denken charakteristisch war, Stoff genug. Seit dem Erscheinen des Christentums wucherten im Osten Ketzereien, die in den großen Städten zu Straßenkämpfen führten, die Konzile gegeneinander in Aufruhr brachten ...«[4]

Leidenschaftliche Liebe zur Dialektik? Wuchernde Ketzereien? Die Undurchsichtigkeit dieser Montage von Verallgemeinerungen ist nicht zu überbieten. Im Interesse der Kontinuität der Geschichte *(story)* vernebeln sie gerade die Situation, die sie aufgerufen sind zu evozieren.

Das Hauptinteresse des Allgemeinhistorikers ist ohne Zweifel der unbezähmbare *Gehalt* seiner Schilderung. Der vielleicht auffälligste Kunstgriff, ihn zu zügeln, besteht darin, ihn vor das historische Medium der einen oder anderen von einigen großen philosophischen Ideen zu spannen, die den Anspruch erheben, den ganzen Geschichtsprozeß zu decken und zu erklären. (Ich muß kaum wiederholen, daß philosophische und historische Ideen zweierlei sind.)* Mancher Allgemeingeschichte scheinen Ideen von Fortschritt oder Evolution oder jegliche Mischung beider eingegeben. Der Erzähler hat sie seinem Material ja nicht erst aufzuerlegen; die Luft ist erfüllt von diesen Ideen, so daß sie ihm als

* Siehe Seite 121–124.

gegeben und selbstverständlich scheinen mögen. Tatsächlich mag er sie nicht als spekulative Abstraktionen, die sie einmal sind, erkennen, wenn er auf der Suche nach substantieller Einheit wieder auf sie verfällt. Dies wird durch die typische Sprachform historischer Schriften erhärtet; J. H. Hexter, ein scharfsinniger zeitgenössischer Historiker, ist der Meinung, daß solche Wörter wie »neigten, entwuchsen, entwickelten, entfalteten; Hang, Entwicklung, Tendenz, Evolution, Wachstum« zu ihrem stehenden Vokabular zählen.[5] (Unter dem Bann der Ideen dieses zugrundeliegenden Vokabulars stellen erzählende Historiker die Geschichte etwa eines Volkes manchmal als eine Folge von Ereignissen dar, die direkt zur Gegenwart führt. Das Ergebnis ist eine mehr oder minder geschlossene Erfolgsgeschichte *(story)*, die wegen ihres notwendigen Rückhalts in teleologischen Erwägungen nicht nur verfälschende Einsichten ausbrütet, sondern weiter die Bindungen zwischen den Elementen der Schilderung enger macht und derart alle bestehenden Risse, Verluste, Fehlstarts, Inkonsistenzen glättet.)

Im Verein mit der Gruppe von Ideen, die Fortschritt, Vervollkommnung und/oder eine sonstige Spielart von Darwinismus verfechten, liefert die Philosophie auch den Modellbegriff zyklischen Wechsels. Und dessen biologische Version – das Bild rekurrenter Prozesse organischen Wachstums und Vergehens – bietet sich ebenso den Historikern als bequemes Mittel an, breite Teile der Vergangenheit als kohärente und intelligible Sequenzen abzutun. Verweise auf dieses Bild, das nicht weniger als der Begriff des Fortschritts verinnerlicht wurde, tauchen sogar in Darstellungen auf, die sich ansonsten biologischen Analogien verschließen. »Zu Beginn des römischen Imperiums«, sagt Nilsson, »ist die Welt müde geworden.«[6] Philosophische Ideen haben es deutlich an sich, von mutigen Versuchen zur totalen Interpretation sich zu Opiaten und Wegweisern in die Irre zu wandeln.

Ich habe diese ideenorientierten Geschichten nur erwähnt,

um sie von Anfang an zu eliminieren. Der Spekulationen, die dem wahren Sachverhalt ausweichen, überdrüssig, versuchen gewissenhafte Historiker, ohne solche ideologischen Stützen oder Krücken auszukommen. Tatsächlich gibt es zahlreiche allgemeine Schilderungen, die *a priori* Behauptungen über die Richtung und Bedeutung der Geschichte aus dem Wege gehen; weder setzen sie Geschichte einer fortschrittlichen Bewegung gleich, noch behaupten sie von vornherein, daß sie in Zyklen verläuft. Pirenne zum Beispiel hätte im Traum nicht daran gedacht, sich von totalen philosophischen Ansichten leiten oder verleiten zu lassen. Diese sozusagen nicht infizierten Schilderungen sind hier von besonderem Interesse, weil sie einem am ehesten gestatten, etwas über die weniger auffälligen Kunstgriffe herauszufinden, die zu ihrem Aufbau erforderlich sind – Kunstgriffe, die ihre Autoren sich zunutze machen *müssen*, um imstande zu sein, die Geschichte *(story)* zu erzählen, die sie mitteilen wollen. Wenn sie als verantwortliche Historiker gelten wollen, wollen sie bestimmt nicht ihren Gehalt manipulieren; wenn sie aber davor zurückschreckten, angemessene Anpassungen vorzunehmen, fiele das ganze Gebäude sofort zusammen. So werden sie das tun, was sie zu tun haben, fast gegen ihren Willen und oft, ohne sich dessen klar zu sein. Das Genre bindet die Hände der ihm Ergebenen. Dies erklärt, warum die Anpassungen, zu denen sie sich wohl oder übel bequemen, viel von leichten Retuchen und sanftem Druck an sich haben – man merkt den Zauber kaum.

Und dennoch sind sie unvermeidlich. Und ganz verständlich dienen viele von ihnen dazu, den Eindruck von Kontinuität in der Zeit zu verstärken. Nun wird die chronologische Sequenz jeden Augenblick von der Auflösung in divergierende Fasern von Ereignissen bedroht, aus denen sie zusammengesetzt ist, so daß dieser Eindruck nur gegen eine überwältigend schwere Übermacht aufrechtzuerhalten ist. Kein Wunder, daß unter solchen desperaten Umständen selbst bedächtige Historiker keinen anderen Ausweg sehen, als leichtsinnige Argumente zur Stützung der gesamten Sequenz anzuführen. Zwei zufällig herausgegriffene Beispiele mögen dies verdeutlichen.

Paul Wendland erklärt in seinem Buch Die hellenistisch-römische Kultur, einem wahren Klassiker, das Aufkommen des Aberglaubens im römischen Imperium wie folgt: »Es ist für die Kaiserzeit symptomatisch, daß das gesteigerte religiöse Leben mit leidenschaftlicher Gewaltsamkeit sich auf die orientalischen Kulte wirft. Äußere Momente haben diese Entwicklung begünstigt.« Er führt sie summarisch auf und fährt dann fort: »Das Sinken der Bildung und der Verfall der Wissenschaft befördert jede Art des Aberglaubens.«[7]

Offensichtlich besessen vom Drang, die Macht von Längsschnitt-Einflüssen auf den Schild zu heben, verläßt er sich auf eine total imaginäre Lebenserfahrung – daß Aberglauben zum großen Teil sich aus dem Verfall der Paideia (wie Werner Jaeger gesagt hätte) und dem Niedergang der Wissenschaften ergibt. Wirklich? Es stimmt, daß Dodds in *The Greeks and the Irrational* auf ähnliche Art räsoniert: er ist der Ansicht, daß »ein Nachlassen der Spannkraft« (Gilbert Murrays Begriff) in der Spätantike für die Annahme von Astrologie verantwortlich ist und daß wir Modernen im gleichen Boot wie die Alten sitzen – oder vielmehr säßen, wäre nicht die Psychotherapie dazwischengetreten, die, so hofft er, uns gegen jede neumodische Version chaldäischer Glaubensrichtungen immun machen wird.[8] Ich will aber zu bedenken geben, daß auch etwas zugunsten der gegenteiligen Interpretation zu sagen ist, der zufolge Psychotherapie, wie sie heute gewöhnlich praktiziert wird, weniger ein ernüchterndes Gegengift, sondern mit ihren pseudowissenschaftlichen Kalkulationen und Direktiven den modernen Gegenpol zur hellenistischen Astrologie darstellte. So wäre gegen Wendland ebenso zu behaupten, daß wissenschaftlicher Fortschritt einen Zuwachs an Aberglauben fördert.

Gelegentlich betont selbst Marc Bloch übertrieben lineare Entwicklungen. Nachdem er in seiner Société Féodale die verheerenden Auswirkungen der Invasionen der Araber, Hunnen und Skandinavier geschildert hat, verkündet er, daß »eine Gesellschaft nicht ungestraft in einem Zustand fortgesetzten Terrors existieren kann«, und fügt den folgenden Absatz als Übergang ein: »Die Verwüstung war dennoch nicht bloß destruktiv gewesen. Gerade die Unordnung ließ bestimmte Modifizierungen – einige davon von großer Reichweite – in der inneren Organisation Westeuropas aufkommen.«[9]

Diese Passage wiederum stellt einen rasch entworfenen Überblick darüber dar, was sich in Frankreich und England ereignete, als das Schlimmste erst einmal vorbei war. Waren alle der teilweise positiven Veränderungen unvermittelt Folge der Feindeinfälle? Bloch bejaht diese Frage, indem er behauptet, daß die Verwüstung, die die Eindringlinge in Westeuropa anrichteten, nicht bloß destruktiv war. Dadurch aber bürdet er den Feindeinfällen entschieden zuviel an kausaler Verantwortung auf.

Zeitliche Kontinuität ist von sinnvoller Gesamtheit nicht abzutrennen. Außer daß er jene Kontinuität stützt, wird der Allgemeinhistoriker daher automatisch versuchen, jeden Zeitraum seines Interesses als eine Einheit erscheinen zu lassen. Dies verlangt nach Anpassungen im Inhalt der Geschichte *(story)*, was ihn befähigt, die Diskrepanzen zwischen nebeneinander bestehenden Ereignissen zu verwischen und statt dessen Licht auf ihre wechselseitigen Affinitäten zu werfen. Es ist ein Gebot der Zweckmäßigkeit, daß er intelligible Bereich-Sequenzen über Neben-Einflüssen seiner eigenen Erfindung außer acht lassen wird.

Von Ranke bis zur Gegenwart sind Beispiele an höchst achtsamen Stellen zu finden. Wenn immer Ranke selbst aus dem Fenster politischer Geschichte schaut, um die benachbarten Regionen von Kunst, Philosophie, Wissenschaft usw. zu überblicken, besteht er darauf, was in ihnen vorgeht, aus der totalen Situation her zu erklären, aus dem und dem

Augenblick der Nationen oder Völker, deren Schicksal er erzählt. Mit anderen Worten, er will die kulturellen Ereignisse des Zeitraums in ein Behelfsschema pressen, das uns den Eindruck vermitteln soll, sie gingen dem allgemeinen Stand der Dinge konform. Aber gerade sein Eifer, diese Ereignisse auf einen gemeinsamen Nenner eines Ganzen, das sich in der Zeit bewegt, zu bringen, hindert ihn daran, ihre Essenzen, ihre wirklichen historischen Positionen zu prüfen. Ranke stellte sie in verzerrten Bildern dar, in Einspruch gegen seinen eigenen Anspruch, daß Geschichte uns sagen soll, »wie es eigentlich gewesen«. Das Profil von Erasmus in seiner *Deutschen Geschichte im Zeitalter der Reformation* ist so lebensähnlich und leblos wie die Portraits eines glatten Hofmalers.[10] Und seine Kommentare in der *Geschichte der Päpste* zu Guido Reni, Palestrina und anderen Exponenten italienischer Kultur des späten 16. Jahrhunderts sind, abgesehen von ihrer Belanglosigkeit, in so blumige und dilettantische Ausdrücke gekleidet, daß heute jeder Student sich schämte, sie zu verwenden.[11] Man beachte jedoch, daß der junge Burckhardt Teile dieses berühmten Werkes auswendig wußte.[12] (Aber niemand von uns ist immun gegen magischen, wenn auch nichtigen Glanz. Ich erinnere mich daran, daß ich in meiner Jugend, wie tatsächlich meine ganze Generation, völlig im Bannkreis von Thomas Manns *Tonio Kröger* mit seiner elegischen, wenn nicht komischen Sehnsucht nach den Blonden und Blauäugigen stand.[12a])

Alles folgende richtet sich an dem von Ranke gesetzten Grundmuster aus. Und oft genug resultiert das zwanghafte Bemühen des Erzählers, Dinge aufeinander zu beziehen, die im Grunde Meilen entfernt sind, in Verlautbarungen, die, gelinde gesagt, weit hergeholt sind. Die Fata Morgana der Einheit wird glaubhaft nur in schimärischer Evidenz. An einer Stelle seiner *Geschichte der Alten Kirche* verweilt Hans Lietzmann beim Absinken der Künste in der Spätantike. Nach der Erwähnung, daß die Sarkophagplastik ihrer Tradition verlustig ging, eröffnet er den nächsten Absatz mit dem Satz: »Die Nöte der zweiten Hälfte des 3. Jahrhunderts nahmen auch der Literatur den Atem.«[13] Diese Erklärung, die ökonomische Bedingungen und künstlerische Manifestationen zum Zweck der Vereinheitlichung zusammenbringt, ist nichts als eine dürftige *ad hoc*-Improvisation, ohne jede Basis in der Wirklichkeit. Nach dem Ersten Weltkrieg blühte in Deutschland der Geist der Literatur – das heißt zu einer Zeit verschärfter wirtschaftlicher Nöte.

Oder kommen wir auf Wendland zurück. In dem Abschnitt seines Buches, der »Individualismus« als Titel trägt, wirft er eine Anzahl von Entwicklungen unter genau dieser Überschrift in einen Topf:

»Der individualistische Zug, der in der Wissenschaft zur Spaltung der Berufszweige, überall zur Arbeitsteilung, zur Sonderung und Abgrenzung der Interessensphären führt, tritt auch in der literarischen Produktion bedeutsam hervor.«[4]

Eine hypostasierte Verallgemeinerung – der »individualistische Zug« – wird hier zur zentralen Ursache einer Verschiedenheit von Phänomenen erhoben, als brächte Fingiertes Reales hervor. Doch genügt ein Blick auf die Phänomene, um sich klarzumachen, daß zum Beispiel wissenschaftliche Spezialisierung unmöglich eine Wirkung jener »Ursache« gewesen sein kann. Wendland zäumt das Pferd nicht nur beim Schwanze auf, sondern zäumt das falsche Pferd auf. (Im übrigen ist seine *Hellenistisch-römische Kultur* ein unerschöpfliches Reservoir von derartigen Anpassungen. Sie gipfeln in einem wahren Juwel von Fehlanzeige – der lapidaren Erklärung: »Mit dämonischer Kraft gibt Augustus seiner Zeit auch geistig ein einheitliches Gepräge.«[15] Es fiele schwer, die Einheit eines Zeitraums auf eine mehr kategorische und minder schlüssige Art zu errichten.)

Dennoch finden alle diese Anpassungen ihre natürliche

Grenze in der Natur des Materials, auf das sie sich beziehen. Die Vergangenheit wird bedroht von nichtfaßlichen Veränderungen und inkohärenten Bestandteilen von Ereignissen, die hartnäckig sich der Art Straffung, wie sie Allgemeingeschichte fordert, widersetzen. Und sei es nur wegen der Versuche des Historikers, den Inhalt der Geschichte *(story)* auf die Bedürfnisse des Genres auszurichten, das Genre könnte aus Mangel an Substanz verfallen. Um es als eine laufende Aufgabe zu erhalten, wird er diese Versuche durch *formale* Kunstgriffe, einschließlich Struktur und Komposition, zu ergänzen haben. Es gibt praktisch keine allgemeine Schilderung, die sich nicht auf sie stützte. Was der Erzähler in der inhaltlichen Dimension nicht erlangen kann, denkt er in der ästhetischen Dimension zu erreichen.

Und dies stellt die uralte Kontroverse über die Relationen von Geschichte und Kunst in den Mittelpunkt. Die extremen Ansichten, die die antiken Rhetoriker und Altertumsforscher vertraten, enthalten noch immer exemplarische Bedeutsamkeit. Robert Graves bringt diese Ansichten in seinem Roman *I, Claudius* treffend auf einen Nenner, indem er die römischen Historiker Livius und Pollio – den gleichen Pollio, den er sagen läßt, »Geschichte ist das Spiel eines alten Mannes« – als Sprecher der beiden widerstreitenden Philosophenschulen ins Spiel bringt. Während Livius Pollio der Langeweile anklagt, besteht letzterer darauf, daß man Dichtung und Geschichte nicht mischen darf:

*»›Das könnte ich nicht? Natürlich kann ich das‹, sagt Livius. ›Willst du etwa sagen, ich soll keine Geschichte mit epischem Thema schreiben, weil das ein Vorrecht der Dichtung sei ...?‹ ›Genau das will ich sagen. Geschichte ist ein wahrer Bericht über das, was sich ereignete, wie Menschen lebten und starben, was sie taten und sagten; ein episches Thema verzerrt bloß den Bericht.‹«*16

In dem durch diesen Dialog abgesteckten Rahmen wurde die Auseinandersetzung bis zur Neuzeit fortgeführt, mit ambivalenten Haltungen, die im großen und ganzen sich gegen Analyse und Argument durchsetzten. Symptomatisch für das Schwanken sind die widersprüchlichen Kommentare von Bury zu Thukydides: er preist Thukydides dafür, daß er Herodots epische Absichten verwirft und »den Forderungen historischer Präzision gegenüber den Erfordernissen literarischer Kunst« den Vorzug gibt, um dann doch wieder seine »Reden« zu verteidigen, weil sie dem »künstlerischen Zweck von Ruhepunkten in der Handlung« dienten.[17] Die herrschende Unentschiedenheit manifestiert sich in der weitverbreiteten Meinung, daß Geschichte eine Wissenschaft wie auch eine Kunst sei.[18] Selbst zu unserer Zeit mit ihrer Betonung wissenschaftlicher Methode und des sozialen Wandels finden Historiker in dieser Formel, die anstehende Probleme eher verschleiert als entlarvt, sich gut aufgehoben.[19]

Um sie in den Griff zu kriegen, wird man genau die beiden unterschiedlichen Funktionen, die Kunst in historischen Schriften annehmen kann, auseinanderhalten müssen. Eine dieser Funktionen ist in der Tat unabdingbar. In Konkretisierung entsprechender Hinweise von Meinecke[20] erarbeitet Marc Bloch die wesentliche Rolle der Kunst in einem Passus, der den Kern der Sache trifft:

»Menschliche Aktionen«, sagt er, »sind im wesentlichen sehr delikate Phänomene, von denen viele Aspekte sich mathematischen Messungen entziehen. Um sich angemessen in Worte zu übertragen und sie derart richtig auszuloten, ... sind Feingefühl für die Sprache und präzise Abschattungen des sprachlichen Tons notwendig.« Er folgert: »Zwischen dem Ausdruck physischer und menschlicher Realitäten besteht eine ebenso große Differenz, wie zwischen der Aufgabe eines Facharbeiters an der Bohrmaschine und der eines Geigenbauers: beide arbeiten genau bis auf den letzten Millimeter, der Facharbeiter aber benutzt Präzisionswerkzeuge, während der Geigenbauer in erster Linie sich durch seine Sensitivität in Klang und Fühlung leiten läßt ... Wird irgend jemand bestreiten wollen, daß mit Wörtern nicht ebensogut zu fühlen sei wie mit Fingern?«[21]

Demnach erfüllt Kunst eine unerläßliche Funktion, wenn sie weniger das Ziel als eine Konsequenz der Studien des Historikers ist. Gerade die Natur seiner Streifzüge mag ihm eine Sprache auferlegen, die notwendig ästhetisch ist; ihre eigentümliche Schönheit bezeichnet jedoch nur die Tiefe seines Verstehens; sie ist ein Nebenprodukt, kein gesetztes Ziel. In dem Maß, wie er Kunst hervorbringt, ist der Historiker kein Künstler, sondern ein vollkommener Historiker. Genau dies hat Namier im Sinn, wenn er den großen Historiker »einem großen Künstler oder Arzt« vergleicht.[22] Die Betonung liegt auf der Kunst des großen Arztes, und die rationale Begründung des Vergleiches liegt in der Tatsache, daß sowohl der Arzt wie die Historiker in der Bahn der *Lebenswelt* operieren, von menschlichen Realitäten handeln, die, um aufgenommen und behandelt zu werden, die ästhetische Sensibilität eines Diagnostikers voraussetzen. Burckhardt ist sich dessen – wie zu erwarten – bewußt. »Das wissen diese und andere Leute nicht mehr«, schreibt er 1847 an Gottfried Kinkel, »dass wahre Geschichtsschreibung ein Leben in jenem feinen geistigen Fluidum verlangt, welches aus Monumenten aller andern Art, aus Kunst und Poesie ebensogut dem Forscher entgegenweht wie aus den eigentlichen Scriptoren . . .«[23]

Die andere Funktion der Kunst ist dem Medium nicht wesensgemäß. Kunst in diesem Sinn ist Zuwachs und Zierat. Als solche mag sie der legitimen popularisierenden Absicht, die Darlegungen des Fachmanns dem Laien schmackhafter zu machen, noch dienlich sein. Geschichte ist auch eine öffentliche Angelegenheit; und stilistisches Können braucht gelehrter Akkuratesse nicht in die Quere zu kommen. Die *Society of American Historians* vergibt Preise für Arbeiten, die »Gelehrsamkeit und literarische Glanzleistung« am deutlichsten in sich vereinigen.[24] Wenn die Forderung nach »literarischer Glanzleistung« nicht mehr besagt, als daß der Historiker seine Prosa aufmerksam begutachte, ist die Politik jener Gesellschaft nur für Professionelle anfechtbar, die da glauben, daß Indifferenz gegen die Art der Darstellung eine Voraussetzung zur Erudition sei.* Doch ist dem ästhetischen Bestreben des Historikers eine Grenze gesetzt, eine Schwelle, über die hinaus es auf seine wesentlichen Tätigkeiten übergriffe. (Des verstorbenen Garrett Mattingly Geschichten *(stories)* der Armada und Katharina von Aragonien liegen gefährlich nah an jener Grenze; ich frage mich, ob sie sie nicht manchmal übertreten.) Sobald der Historiker auch noch den Status eines Künstlers anstrebt – um sich die Freiheit des Künstlers anzumaßen, sein Material in Übereinstimmung mit seiner Vision zu formen –, wird Schönheit als unbeabsichtigte Wirkung seiner eigentlichen Untersuchungen verdrängt durch Schönheit als vorsätzliche Wirkung. Und sein Triumph als Künstler ist angetan, die Sache der Geschichte zu besiegen. Folglich hat die Behauptung, daß Geschichte sowohl eine Wissenschaft wie eine Kunst sei, nur Bedeutung, wenn sie auf Kunst nicht als äußeres Element, sondern als innere Qualität verweist – auf eine Kunst, die sozusagen anonym bleibt, weil sie in erster Linie sich in der Fähigkeit des Historikers zur Selbstauslöschung und Selbsterweiterung und im Gewicht seines diagnostischen Prüfens erweist.

Nun kann der Allgemeinhistoriker sein Erzählvorhaben nicht voll ausführen, wenn er nicht der Form seiner Geschichte *(story)* besondere Beachtung schenkt. Dies braucht nicht zu bedeuten, daß er nach »literarischer Glanzleistung« strebte oder sie tatsächlich erreichte; er mag im Grunde ein schwacher Schriftsteller sein. Hingegen bedeutet es, daß er literarische Kunstgriffe in der Façon des Künstlers, der

* Man beachte, daß ich hier vom Schreiben als einem Handwerk mit eigenem Anspruch spreche und nicht von der Art Schreiben, die das Vorrecht des großen Historiker-Diagnostikers ist. Bei ihm ist die Kunst der Prosa seiner Kunst als Interpret kontingent. Gewiß muß er fähig sein, »ein Gespür für die Wörter zu haben«, um seine Einsichten angemessen zu vermitteln, aber dies besagt nicht notwendig, daß er ein vollendeter Schriftsteller sei.

sein Material formt, spezifisch zu nutzen hat. Das heißt, im Fall der Allgemeingeschichte wird die nicht wesensgemäße Funktion von Kunst wesentlich; ästhetische Arrangements werden von äußerer Verzierung zur inneren Voraussetzung. Im Verein mit dem auf den Gehalt der Geschichte *(story)* ausgeübten Druck sind diese Arrangements gezwungen, Grundmustern zu weichen, die das Unverbundene verbinden, täuschende Zusammenhänge stiften und alles in allem die Einheit zeitlicher Sequenz verfestigen. So werden willige Leser sicher durch *die* Zeit geleitet. Sie sind etwa in der gleichen Lage wie jene Karawanen von Urlaubern und Touristen, auf die man allerorten in Europa stößt – ohne Auswege, ohne Gelegenheit, von der vorgeschriebenen Route, die ihre jeweiligen Reise-Agenturen planten, abzuweichen. Die allgemeine Schilderung hängt so vollständig von formalen Anpassungen an das Vorgegebene ab, daß selbst ein sehr aufmerksamer Künstler machtlos ist, sich ihnen zu entziehen. Werner Kaegi ist der Meinung, daß Burckhardt in seiner *Renaissance* »in der Eile seines Schaffens zuweilen Formulierungen in die Feder flossen, bei denen man nicht recht weiß, ob sie mehr von sorgfältiger Überlegung der Sache oder mehr vom gestaltenden Bedürfnis nach einer formalen Grenze diktiert seien«.[25]
Scheinüberleitungen sind ein sehr beliebter Oberflächenkunstgriff. Sie schaffen die Illusion eines Strömens, das nach Croce »ästhetische Kohärenz der Darstellung durch logische, hier unerreichbare Kohärenz« ersetzt.[26] Das folgende Beispiel stammt von Nilsson:

»Während die Kunst der augusteischen Zeit zum Klassizismus zurückkehrte und unter den folgenden Kaisern verschiedene Strömungen zeigte, machte sich im zweiten Jahrhundert mit Hadrian ein romantisches Zurückgreifen auf das Alte (Archaismus) geltend.«[27]

Abgesehen davon, daß er mit stereotypen Verallgemeinerungen von keinerlei Nutzen liebäugelt, baut Nilsson mit diesem Satz eine Brücke, die verschiedene Kunstbewegungen aufeinanderfolgender Zeiträume verbindet. Trotzdem bleibt es eine rein verbale Brücke, die konstruiert ist mit Hilfe eines einzigen Wortes, der nicht sehr vertrauenswürdigen Konjunktion »während«. Daß einfältige Leser sich nichtsdestoweniger einbilden könnten, sie überquerten wirklich eine Brücke, ist etwas ganz anderes.

Die *Geschichte Europas* von Pirenne wimmelt von ähnlichen Schlichen – vielleicht aus dem Grund, daß sie hastig eine Vielzahl unterschiedlicher Themen vorüberziehen läßt, die man schließlich irgendwie zusammenbringen muß.

*Bei Erörterung der Entwicklungen in Italien, die zur Renaissance führten, stellt Pirenne zunächst die norditalienischen Stadtrepubliken heraus – ein Absatz, der mit dem Lob von Florenz schließt. Das folgende Thema sind die dem Papst gehörenden Gebiete. Zur Überleitung sagt er: »Die dem Papst gehörenden Gebiete waren der Lombardei und Toskana an politischer, geistiger und gesellschaftlicher Aktivität weit unterlegen. Der Kirchenstaat hatte von Anfang an ...«*28

Dieser fadenscheinige Übergang, der auf einem unpassenden Vergleich beruht, bezeugt das unbezähmbare Verlangen nach stilistischen Bindemitteln.

*An anderer Stelle handelt Pirenne von der Herrschaft Alfonso V. und der Bedeutung Aragoniens für Spanien: »So war Aragonien zu einer Macht am Mittelmeer geworden. Es hat dem spanischen Volk, das durch die Pyrenäen von Europa abgesondert war, den Weg zum Meer geebnet: den einzigen Weg, auf dem es Europa erreichen konnte.« Dann möchte er uns für Kastilien interessieren. Aber wäre dieser Themawechsel nicht ein zu großer Schock für uns? Um ihn abzufangen, fügt er einen Übergangssatz ein, der lautet: »Dennoch war nicht Aragonien, sondern Kastilien das echte Spanien. Kastilien hat ...«*29 *Es folgt Information über Kastilianisches.*

Der Satz erinnert mich an den Zoologie-Studenten, der seinem Professor etwas über den Elefanten erzählen sollte. Der Student, nur auf die Fliege eingebimst, antwortet: Der

Elefant ist sehr viel größer als die Fliege. Was die Fliege betrifft...

Dieses Glätten zeitigte an und für sich keine Folgen, läge es nicht auf gleicher Linie mit anderen Tricks von mehr Substanz. Insgesamt sind sie darauf aus, die Komposition der allgemeinen Schilderung zu straffen, so daß sie etwas von Ganzheit annehmen, das an Kunstwerke erinnert. In Ermangelung ideologischer Stützen werden solche Arrangements der Komposition um so nötiger werden. Die Aufgabe, Kohäsion in der ästhetischen Dimension vorzutäuschen, läßt eine Vielzahl von Lösungen zu. Der Erzähler könnte sukzessive Ereigniswellen oder Daseinszustände in etwas einbringen, was einem Epos nahekommt. Oder er geht wie ein Stückeschreiber vor, indem er die Retardation im Drama beachtet. Oder er formt seine Geschichte *(story)* derart, daß von ihr eine singuläre Stimmung ausgeht – wie von Huizingas *Herbst des Mittelalters.*

Was hier geschieht, hat seinen Gegenpol im Film. Die filmische Qualität der Film-Stories variiert in direktem Verhältnis zu ihrer Transparenz an Kamera-Realität. Da diese kontingente und unbestimmte Realität teilweise strukturiert ist – wie das historische Universum mit seinen lang anhaltenden Ereignissen –, sind Stories oder ihre Fragmente leicht darin zu entdecken. (Man denke an *Nanook* von Flaherty und ähnliche Dokumentarfilme.) Bestimmt sind sie ihrem Charakter nach strukturiert, wie auch Episodenfilme, da Episode definitionsgemäß aus dem Fluß des Lebens auftaucht, um darin wieder zu verschwinden. Genauer gesagt, ihr filmisches Aroma ist eine Funktion ihrer Durchlässigkeit; sie müssen Zufallsmanifestationen des Lebens durchlassen. Nun entsprechen viele kommerziellen Filme dem Medium nicht in diesem Sinn. Sie zollen dem Prestige der etablierten Künste Tribut und erzählen Stories, die entweder von (erfolgreichen) Bühnenstücken oder Romanen übernommen werden oder in Struktur und Bedeutung sich nach ihnen richten. Der »theatralische Film«, wie dieser

Story-Typus zu nennen wäre, opfert Durchlässigkeit für dichte Komposition und entfaltet sich über die Dimension von Kamera-Realität, anstatt durch sie hindurchzugehen. In dem Bühnenstück *Romeo and Juliet* ist die Tatsache, daß der Mönch Julias Brief nicht rechtzeitig weitergibt, deshalb bedeutsam, weil sie das Walten des Schicksals bezeichnet. Aber in Castellanis Film *Romeo and Juliet* macht dasselbe Ereignis den Eindruck einer durch das Vorangegangene unmotivierten äußeren Intervention, einer Wendung in der Story, die ohne jeden ersichtlichen Grund den Kurs der Handlung plötzlich ändert. Die ganze Geschichte *(affair)* mit dem Brief gehört in ein ideologisches Kontinuum, nicht in das materielle, das der Film anstrebt. Sie ist eine Schein-Entität, die erst in ihre psychologischen Bestandteile zerlegt werden müßte, um Teil der Kamera-Realität zu werden.[30]
Die allgemeine Erzählung ähnelt dem theatralischen Film. In beiden Medien geben Erfordernisse der Komposition den Ton an. Kein Geringerer als Rostovtzeff fällt ihnen unbewußt anheim, wenn er in seiner knappen Geschichte Roms die Spartakus-Revolte auf einen Zwischenfall, eine bloße Bagatelle reduziert.[31] Zweifellos wußte er es besser. Aber er scheute sich, die Struktur, die er aufbaute, abzureißen.

Alle diese Kunstgriffe und Techniken verfolgen eine Harmonisierungstendenz – was besagt, daß die ihr zugrunde liegenden Intentionen in offenem Widerspruch zu jenen der zeitgenössischen Kunst stehen. Joyce, Proust und Virginia Woolf, die Wegbereiter des modernen Romans, scheren sich nicht mehr darum, biographische Entwicklungen und chronologische Sequenzen nach der Machart des älteren Romans wiederzugeben; im Gegenteil zerlegen sie entschlossen (fingierte) Kontinuität in der Zeit. Das Werk von Proust beruht durchweg auf der Überzeugung, daß nicht nur kein Mensch ein Ganzes ist, sondern es auch schlichtweg unmöglich ist, einen Menschen kennenzulernen, weil er sich ver-

ändert, während wir unsere ursprünglichen Eindrücke von ihm zu klären suchen[32]. Wie Erich Auerbach es formulierte: »Diese modernen Schriftsteller, welche die Ausschöpfung beliebiger alltäglicher Vorgänge binnen weniger Stunden und Tage der vollständigen und chronologischen Darstellung eines äußeren Gesamtverlaufs vorziehen, ... werden auch ... (mehr oder weniger bewußt) von der Erwägung geleitet, daß es hoffnungslos ist, innerhalb des äußeren Gesamtverlaufs wirklich vollständig zu sein und dabei das Wesentliche hervorleuchten zu lassen; auch scheuen sie sich, dem Leben, ihrem Gegenstand, eine Ordnung aufzuerlegen, die es selbst nicht bietet.«[33] Mit anderen Worten, sie suchen und finden Realität in atomgleichen Vorfällen, von denen man sich jeden als ein gewaltiges Energiezentrum vorzustellen hat. Die ihnen versagte »Ordnung des Lebens« mag existieren oder nicht. Tatsächlich bezweifeln sie eher, ob die kleinen beliebigen Einheiten, in denen das Leben, wirklich greifbares Leben Gestalt annimmt, sinnvoll miteinander verbunden sind, so daß am Ende die schattenhaften Konturen eines Ganzen sich am Horizont abzeichnen.
Moderne Kunst stellt die künstlerischen Ideale, aus denen der Allgemeinhistoriker seine Eingebung bezieht, radikal in Frage – Ideale, auf die er sich beziehen muß, um sein Genre zu begründen. Und wegen des Wandels der ästhetischen Sensibilität, der sich daraus ergibt, hat seine Suche nach ästhetischer Kohärenz viel von ihrer Anziehung verloren. Und auch die »literarische Glanzleistung« ist ihm in Harmonie mit unserer Wahrnehmung, unserer Stilbegriffe nicht erreichbar.[34] Die Schönheit der glänzenden Geschichten von Mattingly ist passé.

Den disruptiven Intentionen der modernen Schriftsteller und Künstler laufen die zunehmenden Bedenken von Historikern und Philosophen parallel, die sie der synthetisierenden Schilderung samt ihrer Betonung des »äußeren Gesamtverlaufs« entgegenbringen. Es wäre verlockend, diese Ähnlichkeiten auf eine gemeinsame Quelle zurückzuführen. Aber der Zeitgeist ist eine Fata Morgana, und Neben-Einflüsse werden oft durch allerlei Inkonsistenzen aufgewogen. Burckhardt vereinigte einen geschärften Sinn für Diskontinuität in menschlichen Verhältnissen mit einer ausgesprochenen Vorliebe für harmonische Ganzheit in Kunstwerken.

Bevor ich mich den Bedenken und Einwänden, die mir vorschweben, zuwende, sollte ich den Leser vielleicht davor warnen, sie mit den laufenden Versuchen zu verwechseln, die Treue zur Realität in Darstellungen des Allgemeinhistorikers zu prüfen und in Frage zu stellen. Seit Anbeginn hat die moderne Historiographie ihre Aufgabe erfüllt, wie Penelope Synthesen zu weben, um sie wieder aufzulösen. Darum geht es hier nicht. Was ich vielmehr betonen möchte, ist die negative Haltung gegen Allgemeingeschichte an sich. Der Widerstand gegen sie kommt aus verschiedenen Ecken und macht sich mehr oder minder unverhohlen geltend.

Die Argumente, die Valéry gegen das Genre vorbringt, wären noch überzeugender, entstammten sie nicht seinem unentwegten Glauben an den naturwissenschaftlichen Ansatz. Valéry, der sich auch hierin als scharfsinniger Beobachter des intellektuellen Schauspiels erweist, wirft der Allgemeingeschichte vor, das Chaos undurchdrungen zu belassen, und verficht zu gleicher Zeit, ähnlich dem Theorem von Focillon und Kubler, das Studium dessen, was er »faßliche Reihen« nennt – genau die Reihen, die Spezialgeschichten herausstellen: »Ich habe hier und da einiges aus der Lektüre von spezialisierten Geschichten der Architektur, Geometrie, Schiffahrt, Politökonomie und Taktik gewonnen. In jedem dieser Gebiete sind die Dinge sichtlich die Kinder der vorhergehenden«, wohingegen in der »Allgemeingeschichte jedes Kind tausend Väter zu haben scheint und umgekehrt«.[35]

Valéry weist auf ein zentrales Problem: die fatale Neigung des Allgemeinhistorikers, allen Findlingen in seiner Obhut ihre Väter nachzuweisen. Er hält Ahnenschaft für Deutung.[36] Gerade diese besessene *recherche de la paternité*, dieses unmäßige Schwelgen in Ursprüngen, Pauschalentwicklungen und Längsschnitt-Einflüssen ist die Hauptzielscheibe zeitgenössischer Attacken auf das Genre. Hexter sucht bekanntlich die irrige Vorstellung, die synthetisierenden Historikern, ob Marxisten oder nicht, teuer ist, zu sprengen, daß das Feudalzeitalter den allmählichen Verfall der Landaristokratie und den Aufstieg der Bourgeoisie zur Folge hatte. Er versucht es mit dem Argument, daß die gerade Entwicklungslinie, die diese Vorstellung ansetzt, nichts als eine »imaginäre Konstruktion« sei, die das Bild einer konsistenten Kette des Werdens beschwören soll. In Wirklichkeit, sagt er, erklärt sie weder die anstehenden Veränderungen, noch weist sie ihre Unvermeidbarkeit nach. Er verbindet seine Kritik mit einer Empfehlung: Historiographie wäre zu verbessern, wenn »die Historiker der Reihe nach Ort und Zeit, mit denen sie sich vornehmlich befassen, erneut durchmusterten und, um zu erzählen, was in jenem Ort und Zeitraum vorfiel, ein Vokabular von Begriffen erstellten, das eher als das ziemlich abgetragene, das derzeitig verwendet wird, geeignet ist, das Eigentümliche an Ort und Zeit herauszuheben.«[37]

In ähnlicher Weise äußert Peter Laslett seine Geringschätzung der unter Historikern geläufigen Gewohnheit, die sogenannte wissenschaftliche Revolution des 17. Jahrhunderts aus angeblich sozioökonomischen Entwicklungen großen Maßstabs wie dem Aufstieg der Mittelschicht und der kapitalistischen Ökonomien zu erklären. Als Spezialist für die Gesellschaft des 17. Jahrhunderts bestreitet Laslett im England der Stuarts die Existenz einer Mittelschicht, wie wir sie verstehen, und schilt desgleichen die Lehrbücher, weil sie das Anwachsen rationaler wissenschaftlicher Ansicht in Relation zu Prozessen ökonomischer Rationalisierung sehen. Alles dies mündet in seinem Einspruch gegen den Schwindel imaginärer gemeinsamer Begriffe und ihren Gebrauch als Hebel zur Interpretation.[38]

Hans Blumenberg seinerseits nimmt Anstoß an der weithin sanktionierten Ansicht, der zufolge die Idee des Fortschritts eine Säkularisierung der eschatologischen Interpretation von Geschichte sei. Nach dieser Ansicht stammte die Hoffnung auf unbegrenzten irdischen Fortschritt direkt von der religiösen Hoffnung auf letztliche Erlösung ab, indem sie die Hoffnung aus dem übernatürlichen auf den innerweltlichen Bereich übertrage. Im Grunde gibt es keine solche Abstammung. Unter Hinweis auf den Ursprung unserer Fortschrittskonzeption in der »Querelle des Anciens et des Modernes«[39], glaubt Blumenberg, daß der Glaube an ihre religiöse Ahnenschaft schlicht und einfach Illusion ist. Daß die Illusion sich perpetuiert, ist den Surplus-Funktionen anzulasten, die jene säkulare Konzeption anzunehmen begann: sie ist mit der Verpflichtung belastet, genau für jene menschlichen Bedürfnisse zu sorgen, die ihr Ventil einst in messianischen Prophezeiungen fanden. Aber wo es zutrifft, daß das Kommunistische Manifest in etwa die gleichen Erwartungen erregt, wie diese Prophezeiungen sie weckten, ist es nicht weniger wahr, daß sein Gehalt, seine eigentliche Substanz nicht auf sie zurückzuführen ist. Blumenbergs Opposition gegen traditionelle Geistesgeschichte und ihre Voreingenommenheit zugunsten linearer Entwicklungen gründet sich auf eine Voraussetzung, der ich entscheidende Signifikanz beimesse: er vertritt die Ansicht, daß wir zu Recht von einer spontanen Erzeugung von Gedanken und Ideen sprechen dürfen.[40]

Passiver Widerstand gegen Allgemeingeschichte kommt zu diesen Frontalangriffen hinzu. Man hat bemerkt, daß Namier sich hartnäckig weigert, eine durchgeführte Schilderung zu geben.[41] Burckhardts eingefleischter Verdacht gegen das Genre zeigt sich genau an jenen Stellen, wo er aus irgendeinem Grund es für angebracht hält, die Wenden und Kurven einer chronologischen Sequenz zu verfolgen. Der häufige Gebrauch, den er bei diesen Gelegenheiten von dem Wort »nun« macht, ist ziemlich entlarvend. Nehmen wir nur seine Darstellung vom Verlauf der Ereignisse, die die Ära der griechischen Tyrannen kennzeichnen: nach dem Bericht zum Beispiel, daß manch ein Tyrann versuchte, sich beim Pöbel einzuschmeicheln durch Erlassen bedrückender Schulden oder durch Grundstücksenteignung der Adligen, scheint er bereit zu sein, über den geringen Erfolg der Bestechungen zu berichten; kaum sind die launischen Massen für die Sache des Tyrannen gewonnen, scheint ihnen, daß es ihnen noch besser ohne einen starken Mann an der Spitze erginge. Aber an diesem Punkt unterbricht ein »nun« die Chronologie: »Und *nun*« (kursiv von S. K.), fährt Burckhardt fort, »– muß er [der Tyrann] die Erfahrung machen, wieviel leichter es ist, die Gewalt zu ergreifen als zu behaupten.«[42] Die Geschichte *(story)* ist voll von solchen »nuns«, die sie buchstäblich durchlöchern und dem Erzähler als Schlupflöcher dienen. Durch sie entweicht er immer wieder der Tyrannei einer chronologischen Ordnung der Dinge in zeitlosere Regionen, wo er frei ist, phänomenologischen Beschreibungen zu frönen, seine Erfahrungen zu übermitteln und seinen Einsichten in die Natur des Menschen Raum zu schaffen. Gewiß hat seine Darstellung noch etwas von einer Geschichte *(story)*, aber die Einflüsse, die das »vor« mit dem »nach« verbinden, erschlaffen wie Muskeln. Burckhardt hat mit ihnen nicht viel im Sinn. Er verlegt die Betonung von den möglichen Ursachen verflossener Ereignisse lieber auf ihre Folgen für die Nachwelt, ihre Wirkungen auf das Wohlergehen der Zeitgenossen. So fragt er danach, was die griechische Polis zum Glück und Unglück ihrer einzelnen Mitglieder beitrug.[43] Seine Betrachtungen »Über Glück und Unglück in der Weltgeschichte«[44] werfen moralische Fragen auf in Form von laufenden Kommentaren zu den bunten Szenen, die vor dem Auge des Betrachters abrollen. Moralische Absicht verschmilzt hier unlösbar mit ästhetischem Interesse. So veranschlagt der Kunstliebhaber Schönheit und Häßlichkeit. Es ist bemerkenswert, daß, entgegen den ästhetischen Arrangements des Allgemeinhistorikers, Burckhardts Ausweichen in die ästhetische Dimension nicht den Eindruck chronologischer Kontinuität vertiefen soll, sondern unmißverständlich zu verstehen gibt, daß Geschichte voll von Kontingenzen ist, die wir zu bewältigen haben.

Trotzdem, dies ist noch nicht alles, was dazu zu sagen ist. Sosehr die Argumente gegen Allgemeingeschichte auch als gerechtfertigt erscheinen, ist es ihnen nicht gelungen, die Sehnsucht nach Synthese, nach Schilderung großen Maßstabs zu unterdrücken. Das Genre ist dem Untergang geweiht, und dennoch erweist es sich als unzerstörbar. Es scheint dahinzuschwinden und der Agoraphobie der Spezialisten, ihrer Platzangst vor allzu weiten Themen und Räumen anheimzufallen, zieht aber trotzdem weiterhin Geist und Verstand auf sich. »Wenn wir uns fragen«, sagt ein zeitgenössischer Historiker, »welchen Historikern am meisten anhaltende Bewunderung zukommt, werden wir finden, ... daß es ... jene sind, die (wie imaginative Schriftsteller) Menschen oder Gesellschaften oder Situationen, in vielen Dimensionen, auf vielen einander kreuzenden Ebenen simultan darstellen ...«[45]

Die Leistungen dieser vergangenen Meister halten noch Historiker in ihrem Bann, die sich der methodologischen Verwirrung, in der jeder Praktiker in diesem Gebiet ertappt wird, voll bewußt sind. Ich denke an gewisse sporadische Versuche, der Allgemeingeschichte wieder theoretisches Ansehen zu verleihen. Sie decken sich, wie zu erwarten, im Versuch, das Erstellen langfristiger Entwicklungen mit der Anerkennung aller der Fakten und Umstände, die ihnen trotzen, zu versöhnen. Einer dieser Versuche stammt von einem erklärten Gegner des Genres. Es gibt keinen besseren Beweis der ewigen Anziehungskraft des Genres als Hexters anscheinenden Mangel an Konsequenz. Einerseits wirft er der breiten allgemeinen Schilderung vor, sich partout in rein imaginären Konstruktionen zu ergehen, und fordert, daß sie durch Geschichten von deutlich begrenztem Ausmaß zu ersetzen sei. Andererseits schlägt er einen Kompromiß vor, der dieses Genre am Leben hielte. Der Erzähler, glaubt Hexter, vermöchte die schlimmsten Mängel des Genres zu vermindern, wenn er, bei jeder wichtigen Veränderung, auf die er stößt, seine Geschichte *(story)* unterbricht, um jene Veränderung auf die Bedingungen des Augenblicks zurückzuführen. So wird sein unvermeidbares Interesse an anhaltenden Einflüssen hier und da überprüft durch Untersuchungen zur Interaktion zwischen den divergierenden Elementen, die die Prozession der Ereignisse durch die »Korridore der Zeit«[46] ausmachen (und in der Prozession verschwinden). Ob dieser Kompromiß brauchbar ist oder nicht, steht noch dahin.

Die Kompilation von inklusiven Makro-Geschichten kraft vereinter Anstrengung könnte ein erneuter Versuch dieser Art sein. Ihr Prototyp ist die *Cambridge Modern History* von Lord Acton. In der Aneinanderreihung und der gegenseitigen Abstimmung von Monographien der Spezialisten wollen die Herausgeber dieser Kollektivarbeiten zwei Fliegen mit einer Klappe schlagen: die totale chronologische Sequenz geben und gleichzeitig die Verzerrungen und Verkürzungen vermeiden, zu denen Schilderungen, die die Sequenz wiedergeben, neigen. Sie wollen Makro-Geschichte konstruieren, indem sie eine Reihe von Mikro-Geschichten erstellen. Doch ist dies ein mechanischer Kniff. Geschichten auf unterschiedlichen Ebenen von Allgemeinheit setzen unterschiedliche Behandlung voraus; und es ist äußerst unwahrscheinlich, daß eine Sammlung solcher Monographien die Art Ganzheit erreichen soll, die für Allgemeingeschichte wesentlich ist.* Diese Kompromisse (zu denen andere

* Gemessen an ihrem ersten Band ist die in Vorbereitung befindliche *History of Mankind* der UNESCO, ein Produkt internationaler Teamarbeit, in einer etwas weniger mechanischen Weise organisiert. Aber selbst in dieser Form bewahrt sie durchweg den Charakter eines Kompromisses – abgesehen davon, daß einige ihrer Grundzüge ziemlich umstritten sind.

noch ohne weiteres hinzuzufügen wären) erheben nicht einmal den Anspruch, die Probleme des Allgemeinhistorikers zu lösen. Gibt es für sie eine Lösung? Die einzig wirkliche Lösung – gesetzt, sie sei eine – wurde vor Jahrhunderten erwogen. Wir verdanken ihre Wiederentdeckung Robert Merton, der sie mit seinem unfehlbaren Sinn für Genuines in *Tristram Shandy* ausfindig machte.[47] Tristrams Antwort auf die Frage, wie das Chaos zu durchdringen sei, ist so denkwürdig, daß ich der Versuchung nicht widerstehen kann, sie hier in extenso wiederzugeben:

»Könnte ein Geschichtsschreiber seine Geschichte so vor sich her treiben wie ein Maultiertreiber den Maulesel – geradeaus, sagen wir: von Rom nach Loreto, ohne sich nach rechts oder links umzusehen –, so dürfte er es wagen, Ihnen auf die Stunde vorauszusagen, wann er das Ende seiner Reise erreicht haben werde; doch in der Sittenwelt ist das unmöglich, denn wenn unser Geschichtsschreiber ein Mann von nur wenig Geist ist, wird er fünfzig auf keine Weise vermeidliche Abweichungen von der geraden Linie mit der oder jener Gesellschaft, die er am Wege trifft, machen. Sein Auge wird ohne Unterlaß von Aussichten und Ansichten in Anspruch genommen sein, und er wird ebensowenig umhinkönnen, vor ihnen haltzumachen, wie er es zustande zu bringen vermöchte, zu fliegen. Er wird zudem verschiedene
Nachrichten zu vergleichen,
Anekdoten zu sammeln,
Inschriften zu lesen,
Geschichten einzuweben,
Überlieferungen zu sichten,
großen Herren aufzuwarten,
Lobreden auf diese Tür,
Schmähverse auf jene aufzukleben haben,
von welchen Dingen sowohl der Maultiertreiber als auch der Maulesel selber befreit sind. Alles in allem: vor jedem Abschnitt muß in Archive Einblick genommen werden, in Rollen, Erinnerungen, Dokumente und endlose Genealogien, vor welchen haltzumachen und auf welche einzugehen die Gerechtigkeit und Billigkeit ihn stets von neuem auffordern. Kurzum, das Ende ist an keiner Stelle abzusehen.«[48]

Und hier liegt der Hase im Pfeffer. Genau wie es Tristram selbst nie gelingt, die Schilderung über die Tage seiner Kindheit hinauszutreiben – es gibt so viel zu erzählen, so viel anzuschauen –, ist es »in der Sittenwelt« jedem Historiker, der ihm folgt, unmöglich, Loreto je zu erreichen. Er ist schließlich kein Maultiertreiber.[49]

Demnach ist Allgemeingeschichte ein Hybrid aus der Legende und dem Ploetz, jenem annalistischen Handbuch, nach dem wir in der Schulzeit die Daten von Schlachten und Königen paukten. Wie erklärt sich die erstaunliche Lebensdauer dieses unmöglichen Genres? Was uns als »imaginäre Konstruktion« erscheint, ist die meiste Zeit *raison d'être* der Allgemeingeschichte gewesen. Unsere vorgefaßte Meinung zum Verlauf von Geschichte gründet sich auf religiöse Prophezeiung, theologische Berechnungen und metaphysische Vorstellungen über das Geschick der Menschheit. Wie alle grundsätzlichen Untersuchungen geht das Erforschen der Schicksale von Imperien und Völkern vom Ansatz von »oben« aus – einem Modus des Begreifens und Argumentierens, der erst in der Neuzeit dem Ansatz von »unten« wich. Aber nicht ganz und gar. Die alten Fragen, Ziele und Trugbilder schleppen sich fort und verbünden sich mit den Bedürfnissen und Interessen, die sich aus dem Engagement des Historikers für die Angelegenheiten seiner Zeit ergeben. Auch sie fordern ihn auf, der zeitlichen Sequenz, der Vergangenheit als Ganzes Rechnung zu tragen. Unter der Einwirkung sowohl dieser zeitgenössischen und traditionellen Absichten kann er tatsächlich nicht umhin, seinen Maulesel geradewegs nach Loreto zu treiben. Allgemeingeschichte wäre den Angriffen schutzloser ausgesetzt, diente sie nicht größtenteils Zielen, die nicht geschichtlich sind.

VIII. Der Vorraum

Man könnte den Bereich historischer Realität wie den der photographischen Realität als einen Vorraum-Bereich definieren. Beide Realitäten sind von einer Art, die sich nicht leicht in bestimmter Form abhandeln läßt. Das eigentümliche Material dieser Bereiche entzieht sich dem Zugriff systematischen Denkens und ist auch nicht zu einem Kunstwerk zu formen. Wie die Darlegungen zur physischen Realität mittels der Kamera, können sich jene, die sich aus unserer Beschäftigung mit historischer Realität ergeben, gewiß über die Stufe bloßen Meinens erheben; aber weder vermitteln, noch erstreben sie letzte Wahrheiten wie Philosophie oder eigentliche Kunst. Sie teilen die ihnen innewohnende vorläufige Natur mit dem Material, das sie aufnehmen, erforschen und durchdringen. Nun wurde das gesamte Reich, zu dem Photographie wie auch Geschichte im modernen Sinn zählen, bislang von falschen Auffassungen überschattet, die in dem herkömmlichen Vorurteil gründen, daß kein Wissensgebiet mit eigenem Anspruch zwischen den Nebelfeldern, in denen wir unsere Meinung bilden, und den Bereichen hoher Ebene, die Produkte höchsten menschlichen Strebens bergen, existiere. So wurde Photographie entweder als Kunst im etablierten Sinn mißverstanden oder als eine Art Aufnahmemedium, das bloß Eindrücke geringen Nutzens einträgt; und auf genau gleiche Weise wurde Geschichte falsch interpretiert als eine Sache außer acht zu lassender Meinungen oder als ein Thema, das adäquat nur vom Philosophen oder Künstler zu erfassen sei. In diesem Traktat erachte ich es als meine Aufgabe, für die Geschichte zu leisten, was ich in meiner *Theorie des Films*[1] für die photographischen Medien getan habe – die eigentümliche Natur eines vermittelnden Bereiches herauszustellen und zu charakterisie-

ren, der als solcher noch keine volle Anerkennung und Bewertung fand.
Dies bedeutet, daß wir, vom Blickpunkt der Philosophie oder Kunst her gesehen, sozusagen im Vorraum haltmachen, wenn wir mit der Geschichte auf dem ihr eigenen Grund und Boden übereinkommen. Aber was hat unser Aufenthalt im Vorraum zu bedeuten? Wäre es nicht besser, wir griffen die letzten Dinge direkt an, anstatt uns müßig bei den vorletzten Dingen aufzuhalten? Offensichtlich ist meine Aufgabe nicht erfüllt, es sei, ich spekulierte über die Bedeutung der Vorraum-Einsicht. Ich habe in der *Theorie des Films* ausgeführt, daß die photographischen Medien uns helfen, unsere Abstraktheit dadurch zu überwinden, daß sie uns tatsächlich zum ersten Mal mit »dieser Erde, die unsere Wohnstätte ist« (Gabriel Marcel) vertraut machen[2]; sie helfen uns, *durch* die Dinge zu denken, anstatt über ihnen. Anders gesagt, die photographischen Medien erleichtern es uns, die vergänglichen Phänomene der äußeren Welt einzuverleiben und sie derart der Vergessenheit zu entreißen. Etwas Ähnliches wäre auch über Geschichte zu sagen.

Vorläufige Abgrenzung der Bereiche

Zum Zweck der folgenden Untersuchung möchte ich zunächst, wenn auch provisorisch, den Bereich, in den Geschichte fällt, eingrenzen. Die Unterschiede von Geschichte und dem eigentlich szientifischen Ansatz wie der Kunst sind schon in früheren Zusammenhängen (Kapitel 1 und 7) dargelegt. Und es herrscht kein Bedarf, historisches Wissen ausdrücklich von bloßer Meinung abzuheben. Was zu erwägen bleibt, sind die Beziehungen zwischen Geschichte und Philosophie.
Wie aber ist Philosophie allgemein zu definieren? Solche Definitionen sind, unabhängig von einem bestimmten Bezugsrahmen, unmöglich. Vielleicht ist es das beste, philosophisches Argumentieren mittels jener Definitionen ihrer

Eigentümlichkeiten zu charakterisieren, die sich dem Historiker stark aufdrängen. In einem Abschnitt, der die Ergebnisse eines historischen Überblicks über Philosophie zusammenfaßt, sagt Dilthey:

»Immer aber sahen wir in ihr dieselbe Tendenz zur Universalität, zur Begründung, dieselbe Richtung des Geistes auf das Ganze der gegebenen Welt wirken. Und stets ringt in ihr der metaphysische Zug, in den Kern dieses Ganzen einzudringen, mit der positivistischen Forderung der Allgemeingültigkeit ihres Wissens. Das sind die beiden Seiten, die ihrem Wesen eignen und sie auch vor den nächstverwandten Gebieten der Kultur auszeichnen. Im Unterschied von den Einzelwissenschaften sucht sie die Auflösung des Welt- und Lebensrätsels selbst. Und im Unterschied von Kunst und Religion will sie diese Lösung in allgemeingültiger Weise geben.« [3]

Aus diesem und anderen Beispielen[4] scheint es, daß der Historiker geneigt ist, Philosophie einige der folgenden Züge zuzuschreiben:

Erstens zielt Philosophie auf Wahrheiten über die letzten menschlichen Belange – die Natur des Seins im Allgemeinen, des Wissens, des Guten, der Schönheit und nicht zuletzt der Geschichte. Sie handelt von den allerletzten Dingen, indem sie ihre Existenz behauptet oder bezweifelt. Daher, zum Teil, ihr Anspruch auf höchste Signifikanz.

Zweitens sind philosophische Behauptungen von höchster Allgemeinheit, da sie auf der Voraussetzung beruhen, daß sie automatisch alle pertinenten Einzelheiten decken. Es gibt praktisch keine Geschichtsphilosophie, die nicht versuchte, das Ganze der Geschichte einsichtig zu machen. Der Anspruch der Philosophie auf höchste Signifikanz gründet sich auch auf die Überzeugung, daß ihre allgemeinen Behauptungen über die Welt jene Welt voll umfassen.

Drittens streben philosophische Behauptungen nach objektiver Gültigkeit – so zumindest scheint es jedem Historiker, der sich seiner Abhängigkeit von empirischer Evidenz bewußt ist. Grob gesagt, könnte man tatsächlich meinen, daß

Philosophie, ob sie Absolutheiten postuliert oder ableugnet, zu Behauptungen unbegrenzter Autorität kommen möchte – Behauptungen, die sich von Bedingungen von Zeit und Ort zu emanzipieren suchen. Dies liegt in der Natur menschlicher Vernunft. Und es bezeugt, daß die zeitgenössische Philosophie vornehmlich mit den Implikationen des Historismus befaßt ist.

Viertens mag der Historiker betroffen sein von dem, was ihn oft als ziemlich heftigen Radikalismus und Rigidität philosophischer Wahrheiten trifft. Sie scheinen nicht für bestimmte Einzelheiten seines Interesses zuzutreffen; und sie neigen dazu, Gradunterschiede, denen er Gewicht beimißt, zu ignorieren, zu verdunkeln oder zu verkleinern. Jaeger wirft in seiner *Paideia* den »zünftigen Philosophiegeschichten« vor, integrale Züge »als bloßes dichterisches Beiwerk von Platos Bild des Sokrates abzustreifen. Es scheint unterhalb des ›Niveaus‹ der Abstraktion zu liegen, auf welchem ein Philosoph sich bewegen sollte.«[5]

Historiographie unterscheidet sich von Philosophie in jeder dieser Hinsicht. Anstatt von Behauptungen über die Bedeutung, beziehungsweise Bedeutungslosigkeit von Geschichte an sich auszugehen oder darin zu gipfeln, ist sie eindeutig eine empirische Wissenschaft, die gegebene historische Realität in genau der gleichen Weise erforscht und interpretiert, wie die photographischen Medien die physische Welt um uns wiedergeben und durchdringen. Geschichte ist der praktisch endlosen, zufälligen und unbestimmten *Lebenswelt* – Husserls Begriff für die Grunddimension des Alltags – um vieles näher als die Philosophie. Folglich ließe der Historiker es sich nicht im Traum einfallen, seinen Funden und Folgerungen die Art Allgemeinheit und Gültigkeit zuzuschreiben, die philosophischen Behauptungen eignet. Hohe Abstraktionen und Absolutheiten sind seine Sache nicht; zumindest kümmert er sich um sie nicht in erster Linie.

Der Unterschied zwischen beiden Ansätzen zeigt sich beispielsweise in der Ideengeschichte. Während es dem Philosophen bei ihrer Abhandlung darum geht, die einer Idee innewohnenden Potentialitäten als treibende Kraft hinter ihrer Entwicklung zu betonen – z. B. die *Gnosis* von Jonas –, zieht der Historiker (falls er nicht wie Kubler den Verhaltenswissenschaften durch die Finger sieht) die Idee, deren Entfalten in der Zeit er aufzeichnet, lieber durch das Unterholz der Geschichte (wie auch Jonas dies versucht); man denke an Daniel Halévy[6] oder *The Idea of Progress* von Bury[7]. In der Tat hegen bekanntlich viele Historiker Bedenken gegen den philosophischen Ansatz und mißtrauen ihm. Man könnte sogar von ihrem Befremden darüber sprechen – einer Art Frustration, die auf die Tatsache zurückzuführen ist, daß sie selten gerüstet sind, dem Philosophen auf dessen Grund und Boden entgegenzutreten. Und umgekehrt widmet sich der Historiker, aus der Sicht hoher Regionen der Philosophie, den letzten Dingen vor den letzten und läßt sich in einem Bereich nieder, der etwas von einem Vorraum an sich hat. (Und in diesem »Vorraum« atmen wir, bewegen uns und leben.)

Die Grenzen zwischen den Bereichen der Historiographie und Philosophie sind fließend, was die Existenz von Vorstellungen veranschaulicht, die beiden Bereichen angehören. Die Vorstellungen über Universalgeschichte und Fortschritt, die ihren Ursprung in theologischen und metaphysischen Spekulationen haben, sind auch für den Historiker von Belang. Ihre zweideutige Natur wird im Verlauf der folgenden Meditationen erörtert werden, die sich auf zwei Fragen von beträchtlichem Gewicht für die Philosophie wie für die Geschichte erstrecken – die Frage der Geschichtlichkeit und jene des Allgemeinen in seiner Relation zum Besonderen. Diese Meditationen sollen Licht auf die Verfassung des Vorraums werfen.

Das Problem. Der Historismus des neunzehnten Jahrhunderts ist größtenteils für die sichere Verankerung des Bewußtseins von der Geschichtlichkeit des Menschen, den Glauben an die bildenden Kräfte von Zeit und Ort verantwortlich. Dilthey war vielleicht der erste, der sich die Konsequenzen dieses Glaubens völlig klarmachte. Danach gibt es keine »ewigen Wahrheiten«; unser gesamtes Denken ist vielmehr eine Funktion von Zeit. Das Bewußtsein des Menschen als geschichtliches Wesen zieht notwendig die Überzeugung der Relativität menschlichen Wissens nach sich. (Weizsäcker meint bekanntlich, daß auch die Naturgesetze nicht gegen Veränderungen immun sind, obwohl dieses Teilhaben der Natur am Geschichtsprozeß sehr langsam vor sich ginge.*)
Ist Geschichtlichkeit erst einmal als wesentlicher Bestandteil der condition humaine anerkannt, erhebt sich die Frage, wie die daraus sich ergebende Relativität des Wissens mit dem Streben der Vernunft nach signifikanten Wahrheiten von Allgemeingültigkeit zu versöhnen sei. Dies ist das Schlüsselproblem der modernen Philosophie. Alle philosophischen Lösungsversuche probieren, einen Ausweg aus dem Dilemma zu finden, das sich dem zeitgenössischen Denken stellt; was besagt, daß sie die Mühen der Vernunft, der Absolutheiten habhaft zu werden, zu legitimieren suchen und oft sogar deren Erreichbarkeit vorgeben und gleichzeitig die Idee der Geschichtlichkeit aufrechterhalten wollen. Diese Versuche sind in zwei Gruppen zu unterteilen.

Zwei »Lösungen«. Es gibt erstens eine Anzahl vorgeblicher Lösungen, die »transzendental« zu nennen wären; sie sind allesamt Ausläufer, oder vielmehr Abhub säkularisierter theologischer Begriffe und traditioneller Metaphysik mit der Evolutionsidee als Dreingabe. Sie verkünden von Anfang

* Siehe 1. Kapitel, S. 34.

an die Möglichkeit zeitloser Wahrheiten und setzen dabei ein Reich absoluter Wahrheiten, Normen und ähnliches voraus. So etwa Ranke und Droysen, Scheler mit Einschränkung[8], Rickert[9], Troeltsch[10], Meinecke[11] usw. Sie alle versuchen, den Klauen des geschichtlichen Relativismus zu entgehen, den sie desungeachtet bestätigen müssen, um den Anforderungen der Vernunft gerecht zu werden und wieder Einlaß ins verlorene Paradies zu erhalten – jenes Reich außerhalb der Zeit, das sie sehnsüchtig vor Augen haben. Wie stellen sie es an? Schlicht gesagt, mittels dieser oder jener Ausflucht. Was eintritt, ist durch die Bank das gleiche: man glaubt, noch im Strom der Zeit zu schwimmen, und findet sich unversehens ans Ufer gespült und angesichts der Ewigkeit. Es macht Spaß, diese Denker, auf ihre Luftschlösser ziehen zu sehen. Irgendwo unterwegs führen sie unweigerlich etwas vor, was nach allem Zweck und Ziel dem berühmten indischen Seiltrick ähnelt.

Die Lösungen der anderen Gruppe, die ich als »immanentistisch« bezeichnen möchte, gehen umgekehrt vor. Sie weisen die Vorstellung von Zeitlosigkeit und jede Behauptung ontologischen Charakters entschieden zurück. Ihnen zufolge ist Geschichtlichkeit allemal ein Grundsatz, der, einmal angenommen, den Rekurs auf ewige Wahrheiten ausschließt. Folglich ist die einzige Möglichkeit für Philosophen diesen Schlages, das Absolute zu retten, sich in die Immanenz des Geschichtsprozesses zu versetzen und Geschichtlichkeit auf ihren letztlichen logischen Schluß zu bringen. Die neueren Versuche zeichnen sich seit Diltheys verzweifeltem Bemühen ab. Er verwirft die unabhängige Existenz zeitloser Normen, Ideen oder Werte[12] und setzt sich statt dessen ein für »die vollständige Anerkennung der Immanenz auch der als unbedingt auftretenden Werte und Normen im geschichtlichen Bewußtsein«.[13] Und er müht sich zu zeigen, daß im allgemeinen gültige Wahrheiten der Geschichte selbst entwüchsen.

»Hierin liegt zunächst ein, wie es scheint, unauflösliches Rätsel. Wir müssen aus den Teilen das Ganze aufbauen, und in dem

Ganzen muß doch das Moment liegen, durch welches Bedeutung zugeteilt wird und das sonach dem Teil seine Stellung zuweist. Wir sahen aber schon, daß hierin eben das liegt, was die geschichtliche Arbeit in Bewegung setzt... Die Geschichte selbst realisiert Werte, deren Geltung aber aus der Explikation der im Leben enthaltenen Verhältnisse entspringt. Ein solches ist die Verbindlichkeit, die im Vertrag beruht, und die Anerkennung der Würde und des Wertes in jedem Individuum, angesehen als Mensch. Diese Wahrheiten sind allgemein gültig, weil sie an jedem Punkte der geschichtlichen Welt eine Regelung möglich machen.« 14
An anderer Stelle folgert er: »Nicht die Relativität jeder Weltanschauung ist das letzte Wort des Geistes, der sie alle durchlaufen hat, sondern die Souveränität des Geistes gegenüber einer jeden einzelnen von ihnen und zugleich das positive Bewußtsein davon, wie in den verschiedenen Verhaltensweisen des Geistes die eine Realität der Welt für uns da ist.«[15] Kommentar zu Diltheys Position: er ist immer noch genau der philosophischen Tradition verfallen, die er bekämpft. Dies zeigt sich auch darin, wie besessen er von großen Schemata und Anordnungen ist. Auch Croce und Collingwood wollen das Objektive dem Fluß der Zeit entnehmen. Heidegger, der Dilthey ausbaut und ausbeutet, geht in *Sein und Zeit* am weitesten in dieser Richtung: er postuliert eine an sich seiende Geschichtlichkeit und durchkreuzt derart die Subjekt-Objekt-Relation und die ehrwürdigen Begriffe Substanz und Essenz in deren Gefolge. (Radikalismus aber ist nicht unbedingt eine Tugend; und zur Subjekt-Objekt-Relation sagt Hans Jonas einsichtig, daß sie »kein Lapsus, sondern Privileg, Last und Pflicht des Menschen ist«.[16]) Die immanentistische Richtung, die dem Existentialismus zugrunde liegt, hat eine zum Teil synkretistische Literatur ausgebrütet – z. B. Karl Mannheims Historismus-Aufsatz[17] von 1924, mit seinen Anleihen bei Dilthey, Weber usw. und seiner belanglosen klassifizierenden Finesse. Mannheim verwirft den Rekurs auf das statisch Absolute und stützt die historische Behauptung, es gäbe keine absolute Wahrheit. Wahrheiten und Werte sind nur per-

spektivisch zu erfassen. Doch haben wir darum keinen Anlaß zur Verzweiflung, da wir zu Recht annehmen, daß jede »Wahrheit« das letzte Wort in ihrer eigenen konkreten Situation ist und daß die verschiedenen Perspektiven eine Hierarchie im gesamten Geschichtsprozeß bilden. – Es ist evident, daß alle Lösungen diesen Schlages Geschichte »verabsolutieren« müssen, um das Absolute von ihr wiederzugewinnen. Genau dies unternimmt Gadamer in der von Heidegger beeinflußten *Wahrheit und Methode*[18], die auf eine glatte Verschmelzung immanentistischer Hauptmotive hinausläuft. Es ist symptomatisch, daß er Diltheys Nachdruck auf *Wirkungszusammenhänge* und *Wirkungsgeschichte* wiederaufnimmt.[19] Tatsächlich kommt nach ihm der nichtexistentialistische Hauptstrom des Immanentismus zur Erfüllung: er weiht geschichtliche Kontinuität und heiligt aktuelle Tradition, ohne nach Wahrheitskriterien außerhalb zu suchen. Auf diese Art wird Geschichte aber zu einem engen geschlossenen System, das entsprechend Hegels Diktum *»was wirklich ist, das ist vernünftig«*[20] die verlorenen Prozesse, die nicht verwirklichten Möglichkeiten aussperrt. Geschichte als eine Erfolgsgeschichte (*story*) – niemals hätte Burckhardt die moderner Hermeneutik impliziten Sätze akzeptiert.

Geschichtliche Relativität. Alle diese Lösungen gehen in die Irre. Ihr Unvermögen, die Implikationen des Historismus effektiv zu behandeln, ist darauf zurückzuführen, daß sie sich auf einen mehr als versimpelten Begriff von geschichtlicher Relativität verlassen. Sowohl die transzendentalen Epigonen wie die Immanentisten gehen von der Voraussetzung aus, daß Geschichte eine Kontinuität sei, die sich in homogener Zeit entfalte. Wäre dies der Fall, dann wäre geschichtliche Relativität in der Tat unausweichlich; und alle Mühen, die Suche der Vernunft nach Absolutheiten trotzdem zu rechtfertigen, seien sie ontologisch oder nicht, zögen notwendig Ausflüchte, zweifelhafte intellektuelle Manöver nach sich.

Jedoch verlangt die traditionelle Vorstellung von geschichtlicher Zeit, wie ich in Kapitel 6 zu zeigen versuchte, nach Qualifikation. Wegen der Antinomie in ihrem Inneren entspricht Zeit nicht nur dem konventionellen Bild eines Flusses, sondern muß ebenso als eine dem nicht entsprechende Vorstellung zu denken sein. Wir leben in einem Katarakt der Zeiten. Und inmitten dieser zeitlichen Ströme gibt es »Lager« und Lücken, die vage an Interferenzphänomene erinnern. Das führt mich dazu, auf eine vorläufige Art, von der »begrenzten« Relativität bestimmter Ideen zu sprechen, die aus solchen Lagern stammen. So wandelt sich geschichtliche Relativität von einer Selbstverständlichkeit zu einem befremdlichen Problem. Was ich nämlich in Kapitel 4 über historische Ideen wie z. B. die von Marx oder Burckhardt gesagt habe*, gilt auch gewiß für allgemeine philosophische Wahrheiten: man hat sie sich als sowohl in der fließenden Zeit, wie ihr enthoben vorzustellen. Ist der ihnen innewohnende Anspruch auf zeitliche Exterritorialität gerechtfertigt? Oder mindert ihr Anteil an geschichtlicher Relativität einen jeden solchen Anspruch?

Theorem. Indem ich diese Fragen stelle, gehe ich über zu einem Theorem, das sich von der transzendentalen wie der immanentistischen Lösung unterscheidet. Die erstere stellt ein Reich absoluter Wahrheiten und Normen in den Mittelpunkt, von denen sie alles, was nur zeitlich ist, abtrennt und abhebt. Dennoch büßt diese Unterscheidung – die zudem besagt, daß das Absolute von höherer Signifikanz als das Zeitgebundene und Relative ist – ihre Bedeutung ein, wenn die paradoxe Natur der Zeit erst einmal erkannt wird. Nach den Immanentisten andererseits saugt das Temporale das Absolute so vollständig auf, daß es möglich scheint, die zeitbedingten Wahrheiten selbst zu verewigen. Wird aber Zeit nicht länger als ein kontinuierlicher Fluß begriffen, ist auch diese Lösung unhaltbar.

* Siehe Seite 119–123.

Aus der Sicht meines Theorems haben philosophische Wahrheiten einen doppelten Aspekt. Weder kann sich das Zeitlose der Spuren von Zeitlichkeit entledigen, noch umfaßt das Zeitliche völlig das Zeitlose. Wir sind vielmehr zu der Annahme gezwungen, daß die beiden Aspekte der Wahrheiten nebeneinander existieren und untereinander in einem Bezug stehen, den ich für theoretisch undefinierbar halte.* Was einer Analogie nahekommt, wäre in dem »Prinzip der Komplementarität« der Quantenphysiker zu finden. Ich behaupte, daß Spekulationen über die totale Natur des Universums wie Zufälle im Sinn von Kafka gerufen kommen oder wirklich unabdingbar sind.[21] Sie treten bedeutungsvoll zu (unvorhersehbaren) Gelegenheiten auf die Bühne und üben vermutlich eine entscheidende Funktion aus.

Die schwer vorstellbare Koexistenz beider Aspekte will wohl besagen, daß die scheinbare Alternative von Transzendentalismus mit seinem Hang zum Ontologischen und Immanentismus mit seiner totalen Annahme der Geschichtlichkeit und seiner Affinität zum Existentialismus keine genuine Alternative ist. Obwohl sie in entgegengesetzte Richtungen weisen, sind die beiden Ansätze als Einheit zu denken, in der das »Seite-an-Seite« das »Entweder-Oder« ersetzt.[22] Daher der problematische Charakter von Löwiths Versuch, den Konsequenzen der Geschichtlichkeit aus dem Wege zu gehen durch sympathisierenden Verweis auf antike Kosmologie und auf das, wofür sie steht; denn dies ist eher ein Ausweichen in platten ontologischen Transzendentalismus als eine zeitgemäße Antwort auf unsere gegenwärtige intellektuelle Situation.[23] Ähnlich bietet sich der umgekehrte Versuch zur Kritik an – Adornos entfesselte Dialektik, die Ontologie gänzlich eliminiert.[24] Sein Verwerfen jeder ontologischen Stipulation zugunsten einer unbegrenzten Dialektik, die alle konkreten Dinge und Wesenheiten durch-

* Hier tritt die Kategorie des *Taktes* auf. Vgl. weiter unten in diesem Kapitel die Unterabschnitte »Koexistenz«, S. 233–234, und »Das Namenlose«, S. 242–244.

dringt, scheint unablösbar von einer gewissen Willkür, einer Abwesenheit von Inhalt und Richtung in diesen Reihen materialer Bewertungen. Der Begriff von Utopie ist daher von ihm notwendig auf rein formale Art als ein Grenzbegriff benutzt, der am Ende unweigerlich wie ein *deux ex machina* auftaucht. Doch ist utopisches Denken nur dann sinnvoll, wenn es die Form einer Vision oder Intuition mit einem wie immer bestimmten Inhalt annimmt. Folglich ist es mit der radikalen Immanenz des dialektischen Prozesses nicht getan; einige ontologische Fixierungen sind erforderlich, ihn mit Bedeutsamkeit und Richtung zu durchtränken.

Und wie sollen wir sukzessive allgemeine Wahrheiten miteinander in Verbindung bringen? Liegt die Betonung auf Zeit als einem langsamen Fluß, muß das Moment solcher Ideen wie Evolution und Fortschritt, die Zusammenhänge zwischen chronologisch sukzessiven Phasen stiften, zunehmen. Dementsprechend versucht Dilthey, die Objektivität der Geisteswissenschaften durch die Annahme zu ermitteln, daß relevantes Wissen im Geschichtsprozeß sich erweitert und fortschreitet. Wenn hingegen chronologische Zeit als leeres Gefäß betrachtet wird, wird die Erstellung sinnvoller Beziehungen zwischen sukzessiven Wahrheiten ziemlich schwierig. Der gleiche Dilthey, der sich der Idee des Fortschritts[25] annimmt, läßt sie fallen, sobald er am Zauber fließender Zeit zu zweifeln beginnt; er spekuliert dann lieber über »Typen der Weltanschauungen«.[26] Sein Schwanken in dieser Hinsicht will mir als sehr bezeichnend erscheinen. Die beiden Extreme, zwischen denen er pendelt, werden gekennzeichnet durch Hegels »Weltgeist« und Heideggers »Seinkönnen«, die jegliche Objektivität und damit, meinte man, alle Beziehungen zwischen sukzessiven Wahrheiten aufsaugen. Die Fortschrittsidee (die sich aus einer fragwürdigen Analogie zum Lernprozeß nährt) erreicht ihren vollen Aussagenumfang nur, wenn man sie auf die Geschichte als Ganzes anwendet. Aber ist sie in solcher pauschalen Art überhaupt anzuwenden? Blumenberg sieht ihre Anwendung bekanntlich als ein Ergebnis forcierter Adaption ihrer begrenzten Ursprungsform (in der sie auf theoretische Prozesse und den Bereich der Ästhetik begrenzt war), die dem heterogenen theologischen Begriff Eschatologie dienlich sein soll. »Wohl aber ist es so, daß die Fortschrittsidee ihren ursprünglich regional begrenzten, gegenständlich gebundenen Aussageumfang erweitern und zu geschichtsphilosophischer Allgemeinheit *›überanstrengen‹* mußte, um eine Frage zu beantworten, die gleichsam herrenlos und ungesättigt, im Raume stehengeblieben war, nachdem die Theologie sie *virulent* gemacht hatte.«[27] Jegliche Definition des diesem Konzept innewohnenden antithetischen Charakters (der aus dem doppelten Aspekt allgemeiner Wahrheiten folgert) muß einfach fehlschlagen. Hier stelle ich eine eher einseitige Definition, nicht ohne Einschränkung, zur Diskussion: Die Fortschrittsidee stellt sich zu verschiedenen Zeiträumen, ob deren Abfolge nun auf Fortschritt hinausläuft oder nicht, verschieden dar. Ideen und philosophischen Wahrheiten gelingt es noch am ehesten, die Leinwand zu durchlöchern, die uns von dem, was wir als Wahrheit orten, trennt. Die coincidentia oppositorum, die Cusanus in *De visione Dei* die »Paradiesmauer, hinter der Gott wohnt«[28], nannte, materialisiert sich nicht diesseits der Leinwand.

Das Allgemeine und das Besondere

Das intellektuelle Universum. Die zweite gewichtige Frage zur Verfassung des Vorraums erhebt sich aus der hohen Allgemeinheit aller philosophischen Wahrheiten über die letzten Belange des Menschen. Es wird als Selbstverständlichkeit erachtet, daß diese Wahrheiten (z. B. Kants kategorischer Imperativ) auf alle Einzelheiten zutreffen, die sie decken sollen. Wirklich?* Hier kommt mein Argument zur nichthomogenen Struktur des historischen Universums ins

* Die theologische Idee vom lebenden Gott ist die *einzige* extrem hohe Abstraktion, die volle Konkretion in jeglichem Einzelfall zuläßt.

Spiel.* Bei sinnvoller Erweiterung hat dieses Argument einen bestimmten Bezug auf die anstehenden Fragen. Tatsächlich ist das historische Universum nur ein Grenzfall des allgemeinen intellektuellen Universums. Ich behaupte, daß das, was auf das erstere zutrifft, auch für das letztere gültig ist. Auch unser intellektuelles Universum ist nicht homogen; es herrschen in ihm nicht weniger Verkehrsprobleme als in der eigentlichen historischen Planetenbahn. Um von »oben« nach »unten« zu gelangen – das heißt von den philosophischen Abstraktionen hinunter zu den konkreten Einsichten, die formal in ihren Bereich fallen –, muß man eine Menge neuer Definitionen beim Vorrücken der Bahn einführen. Die Konstruktionen und Hilfsmittel, die vonnöten sind, um den kategorischen Imperativ im Einzelfall anzuwenden, sind ein Beispiel. Ein anderes ist die Ungreifbarkeit stereotyper Vorstellungen über die Nationen.[28a] Im allgemeinen gehen sie der Realität konform, lösen sich aber auf, sobald man auf die konkreten Fälle stößt. Eine Analyse ihrer merkwürdigen Ungreifbarkeit könnte sich als lohnend erweisen. Auch sollte die Beziehung des Allgemeinen und Besonderen in Thema und Ausführung der *Vendée* von Tilly, die im ersten Kapitel analysiert wurde**, zu diesem Problem, wie es im augenblicklichen Zusammenhang erscheint, verglichen werden.

Kurz, philosophische Wahrheiten decken nur unzulänglich die Erfahrungen und Vorfälle, die sie verallgemeinern. Diese Wahrheiten wären aus einer ganzen Reihe empirischer Beobachtungen (auf die man dann und wann stößt) zu destillieren, doch setzt der Rückweg zu den Konkretionen viele zusätzliche Behauptungen voraus. Das Allgemeine umfaßt die Einzelheiten nicht völlig. (Zu dieser ganzen Theorie siehe meine *Soziologie als Wissenschaft*[29] und auch Dilthey[30].)

* Siehe 5. Kapitel, S. 145–150.
** Siehe Seite 43–45.

Universalgeschichte. Ich werde nun die innere Dialektik dieses Grenzbegriffes herausarbeiten, der, wie Fortschritt, sowohl zur Philosophie wie zur Geschichte gehört. Angelsächsischer Empirismus und Positivismus ist wichtig als Revolte gegen den »Schein«-Charakter allgemeiner Metaphysik. Diese Philosophenschulen schlagen sich auf die Seite des Besonderen gegen das Allgemeine – doch zu welchem Preis! In diesem Zusammenhang wird Kant signifikant. In der Abhandlung *Ideen zu einer allgemeinen Geschichte in weltbürgerlicher Absicht* empfiehlt er »die Bearbeitung der eigentlichen bloß *empirisch* abgefaßten Historie« und betont, daß »sehr geschichtskundig« zu sein eine Voraussetzung für »einen philosophischen Kopf« ist, hält aber daran fest, daß »diese Idee einer Weltgeschichte gewissermaßen einen Leitfaden *a priori* hat«.[31] Kant sagt voraus: »Überdem muß die sonst rühmliche Umständlichkeit, mit der man jetzt die Geschichte seiner Zeit abfaßt« (letztlich aus Gründen, die das Prinzip geistiger Ökonomie ausdrücken*), »doch einen jeden natürlicherweise auf die Bedenklichkeit bringen: wie es unsere späten Nachkommen anfangen werden, die Last von Geschichte, die wir ihnen nach einigen Jahrhunderten hinterlassen möchten, zu fassen. Ohne Zweifel werden sie die der ältesten Zeit, von der ihnen die Urkunden längst erloschen sein dürften, nur aus dem Gesichtspunkte dessen, was sie interessiert . . ., schätzen.«[32]
Ausgehend von der Antinomie des Allgemeinen und des Besonderen glaube ich, daß Universalgeschichte illegitim geworden ist, wenn sie nicht diese grundsätzliche Antinomie der Geschichte anerkennt. Es ist nicht länger legitim, »von oben nach unten« zu denken – das heißt, von irgendeiner philosophischen Vorstellung zur Universalgeschichte auszugehen. Mit solchem Vorgehen wären wir in Gefahr, in den Bann von Ideen zum Allgemeinen zu geraten. Wir müssen vielmehr »von unten nach oben« vorgehen, um diese ohne

* Zum Prinzip geistiger Ökonomie siehe besonders 1. Kapitel, S. 35, und 5. Kapitel, S. 153.

Schaden zu verfolgen. Aber insbesondere ist hier ein kritischer Kommentar zu der Illusion fällig, daß Weltgeschichte von »unten« mittels Kompilation und Vereinheitlichung der Ergebnisse historischer Forschung herzustellen sei. Dies wurde durch die in Kapitel 5 zitierten Einwände* von Levi-Strauss und Valéry vorweggenommen. Ein passendes Beispiel ihrer Anwendung wäre die *Unesco World History*, über die Wittram zutreffend urteilt, daß sie »einen weiten Rahmen spannt, ohne daß der geistige Ansatz schon erkennbar oder, soweit erkennbar, völlig überzeugend wäre«.[33]
Hier ist eine Bemerkung zu einer bereits erwähnten Tatsache fällig** – daß die Idee einer Universalgeschichte dazu neigt, einen existentiellen Ansatz hervorzurufen, und daß das existentielle Genre dann sich am ehesten materialisiert, wenn das Ganze der Geschichte in Sicht kommt ... Je größer das Ausmaß einer Schilderung, desto dringender sind heuristische Behauptungen und gemeinsame Ideen geboten. In den höchsten Höhen tritt Realität zurück und ist der Mensch mit sich allein ... Oder gäbe ihm Realität dann Antwort?

Koexistenz. Die Art Beziehung, die zwischen dem Allgemeinen und dem Besonderen sich behauptet, führt eine Implikation von großem Interesse mit sich. In dem Maße, wie philosophische Wahrheiten ihren Anspruch auf höchste Signifikanz auf ihre Einschließlichkeit, ihre Anwendbarkeit auf die besonderen Einsichten und Fakten mittels logischer Subsumtion gründen, ist dieser Anspruch illusionär. Er wäre gültig nur, wenn das Besondere sozusagen blind aus dem Allgemeinen, auf dessen Bahn es liegt, abzuleiten wäre. Dies ist aber nicht der Fall. Es gibt keine allgemeine Definition etwa der Schönheit, die nicht direkt zu einer angemessenen Definition der eigentümlichen Schönheit eines bestimmten Kunstwerkes führte; jene allgemeine Definition übertrifft die letztere an Reichweite, bleibt allerdings an Bedeutungs-

* Siehe Seite 160–161.
** Siehe S. 93.

fülle hinter ihr zurück. Gewiß haben philosophische Wahrheiten eine ihnen eigene Signifikanz, sie brauchen aber nicht im Sinn von Regeln, die die Bedeutung der untergeordneten Einzelheiten entschieden festsetzen, signifikant, geschweige denn erschöpfend zu sein. So erklärt sich die Vergeblichkeit von Versuchen, ein Syndrom von besonderen Gedanken aus einigen Allgemeinbegriffen herzuleiten und diese als die »Philosophie«, die hinter jenem Syndrom steht, auszugeben. Die Gedanken und Begriffe eines Historikers etwa müssen nicht in einer Philosophie konvergieren. Und wenn sie konvergierten, hätte diese Philosophie nicht Ursprung seiner besonderen Einsichten zu sein. Die allgemeine Wahrheit und eine passende konkrete Konzeption vermöchten nebeneinander zu existieren, ohne daß ihre Beziehung auf die Tatsache zu reduzieren ist, daß Abstraktion logisch Konkretion impliziert. Diese Beziehung in jedem Sonderfall zu definieren, setzt »Takt« voraus.

Tatsächlich sind das Einrichten des Allgemeinen und das Niederlassen des Besonderen zwei getrennte Vorgänge. In seinem Roman *Point of No Return*[34] gab Marquand eine treffende Satire darüber, wie sie von Soziologen, und ich möchte hinzufügen Philosophen, wie selbstverständlich subsumiert werden. Der Held dieses Romans ist äußerst verblüfft, herauszufinden, daß die Leute, die in einer soziologischen Studie über seine Heimatstadt als Mitglieder der oberen niederen Mittelschicht, der mittleren Mittelschicht usw. erfaßt werden, genau die gleichen Leute sind, die er in seiner Kindheit so gut kannte. Seinc Überraschung über ihre unerwartete Identität beleuchtet die relative Belanglosigkeit ihrer logischen Erfassung. – Der Spruch, die Ausnahme bestätige die Regel, ist sehr zutreffend – vorausgesetzt, wir verstehen unter Ausnahme das, was der Regel folgt.

Bevor ich die Konsequenzen dieser Meditationen für die Beziehungen zwischen den Bereichen Philosophie und Geschichte entwickle, möchte ich einen Modellfall dessen vorstellen, was Vorraum-Denken und -Verhalten zu nennen wäre. Das Opus von Burckhardt spiegelt in etwa die hier angebotenen Argumente. Nicht, daß ihm die theoretischen Begründungen, auf denen sein Verfahren beruht, bewußt gewesen wären oder ihm wirklich daran lag, sie aufzudecken. Aber er nimmt das Phänomen der Zeit und die ungleiche Struktur des intellektuellen Universums mit der Genauigkeit eines Seismographen, einer durch keinen modernen Historiker übertroffenen Sensitivität auf.

Einige von Burckhardts Haltungen und Meinungen könnten Kritik hervorrufen. Seine Aversion gegen Massenbewegungen und Revolutionen wie seine Visionen der Zukunft veranlaßten ihn, einen eher einseitigen Standpunkt gegen die Forschrittsidee einzunehmen, der schlecht ins Gesamtbild paßt.[35] Immer wieder zeigt er sich von der Großartigkeit des Geschichtsprozesses überwältigt. Dies bezeugen seine absurden teleologischen Spekulationen großen Maßstabs wie sein Insistieren darauf, daß Geschichte die Neigung habe, Kompensationen für Unglück und Leiden bereitzuhalten. Seine Ausdrücke *Glück* und *Unglück* – wie gesagt – verschmelzen moralische Teilnahme mit ästhetischem Interesse. Gelegentlich scheint es, er sei ein ausgesprochener Antisemit.[36] Und er verherrlicht den Krieg.[37] Hierher gehört auch Burckhardts Verehrung des Genies verknüpft mit seiner Abscheu vor jeglicher Geschichte, die Massenbewegungen als Quelle geschichtlicher Veränderung darstellt. Aber all dieses mindert kaum die Signifikanz seiner praktischen Anerkennung von Antinomien, die das Denken im Bereich von Geschichte bedingen.

Geschichtlichkeit im Allgemeinen. Hier ist Burckhardts eingestandene Amateur-Einstellung zur Geschichte zu erwähnen. Burckhardt geht sein Material auf beiläufige Art an. Er ist vorsätzlich unsystematisch und lehnt alles ab, was wie von außen auferlegte Konstruktion aussieht. Er erklärt an einer Stelle, daß Begriffe und Zeiträume fließend zu halten sind. Oft erwägt er Möglichkeiten, die zu verwirklichen gewesen wären, ohne sich je zugunsten einer zu entscheiden. Von der Vergangenheit nimmt er das auf, was ihn beim Flanieren durch die Weltgeschichte anzieht und interessiert; und nie steht er für die Gründe seiner Wahl ein.

Obwohl er natürlich ein Fachmann ist, verhält Burckhardt sich der Geschichte gegenüber wie ein Amateur, der seinen Neigungen folgt. Nur, weil der Fachmann in ihm tief davon überzeugt ist, daß Geschichte keine Wissenschaft ist. Der »Erzdilettant«, als der Burckhardt sich in einem Brief bezeichnet[38], schiene der einzige Typus, der sie adäquat behandelte. Man kennt Amateure, aus denen Fachleute werden; hier besteht ein Fachmann darauf, ein Amateur zugunsten seines besonderen Arbeitsgebietes zu bleiben.

Er hat auch nicht die leiseste Hemmung, Werturteile über Individuen und Ereignisse zu fällen. Und als Amateur ist Burckhardt nicht nur geschichtsbewußt, sondern auch zutiefst human. Niemals vergißt er das Individuum und dessen Leiden im Lauf der Ereignisse. Nie weist er auf die segensreichen Taten im Fahrwasser despotischer Herrscher, ohne zu erwähnen, daß die Verbrechen, die sie zur Ergreifung und Festigung der Macht begingen, unter keinen Umständen zu rechtfertigen sind. Seine Humanität ist spürbar in Theologie begründet. Als Christ ist er außerdem von seinem klassischen Erbe geprägt: von daher sein beständiges Schwanken zwischen Mitleid für die Besiegten und Bewunderung von weltgeschichtlichen Taten.

Zeit. Burckhardts Ambiguität in Hinsicht auf Chronologie und seine Vorstellung vom Zeitraum sind schon erörtert worden. Auf sein Gespür für die Dialektik zwischen chronologischer Zeit und den Zeitformen, die Geschichte durchziehen, seine Neigung, eher sinnvolle Ereignismuster zu behandeln, als ihre Chronologie zu erforschen, und sein Sinn für die Inkohärenz jeden Zeitraums wurde in jenen Zusammenhängen hingewiesen.* Bleibt, auf sein Schwanken zwischen antiquarischem und gegenwärtigem Interesse aufmerksam zu machen. Obwohl es Burckhardts erklärte Absicht ist, nur zu berichten, was ihn »interessiert«, glaubt er nicht, daß unsere Vorstellungen über die Vergangenheit durch unsere gegenwärtigen Bedürfnisse einseitig bedingt sind. Burckhardts Leistung als Historiker illustriert, daß die Tatsache, daß jedermann die Welt aus seiner gegenwärtigen Bedingung sieht, nicht besagt, daß seine Ansicht völlig von der gegenwärtigen Weltlage bestimmt ist. Nicht alles an seinem Interesse an der Vergangenheit ist von zeitgenössischen Auffassungen oder von der Verzweiflung über die von ihm vorausgeahnten Katastrophen abzuleiten; er wird aber auf bestimmte Abschnitte der Vergangenheit auch deshalb gelenkt, weil er als gegenwärtige Person sich der Vergangenheit um ihrer selbst willen zuwendet. Er sagt: »Überhaupt muß man imstande sein, sich temporär von den Absichten völlig wegwenden zu können zur Erkenntnis, weil sie Erkenntnis ist, man muß zumal Geschichtliches zu betrachten fähig sein, auch wenn es sich nicht direkt oder indirekt auf unser Wohl- oder Übelergehen bezieht; und auch, wenn es sich darauf bezieht, so soll man es objektiv betrachten können.«[39] In gewisser Hinsicht ist sein Interesse an der Gegenwart identisch mit einem leidenschaftlichen Bedürfnis, verlorene Prozesse in der Geschichte aufzudecken. Er sieht die Vergangenheit nicht nur im Lichte der Gegenwart, sondern wendet sich der Gegenwart nach anfänglicher Versenkung in die Vergangenheit zu.

* Siehe 6. Kapitel, S. 173–176, und 7. Kapitel, S. 212–214.

Das Allgemeine und das Besondere. Ohne Zweifel bejaht Burckhardt »Absolutheiten« – wie z. B. sein Menschenbild und sein Glaube an die Unveränderbarkeit des Menschen zeigen; seine (augenfällig etwas spießige) Verehrung der Regelmäßigkeit bekunden seine Schriften zur Kunst mit ihrem Vorurteil zugunsten von Raffael gegen die übermenschliche Großartigkeit von Michelangelo[40]; und nicht zuletzt sein ausdrückliches Bemühen, das Bewußtsein (kultureller) Kontinuität aufrechtzuerhalten, auf die unten verwiesen ist. Diese stehenden Motive gehen jedoch einher mit einer Charakterisierung konkreter Ereignisse und Figuren als Phänomene mit eigenem Anspruch. Seine Beschreibungen und Profile illustrieren nicht nur seine allgemeinen Ansichten, sondern beziehen sich oft ziemlich mittelbar darauf. In seiner Einführung zu Vorträgen über die Zeit des Dreißigjährigen Krieges, die er 1848 in Basel hielt, bestreitet Burckhardt, wie Kaegi berichtet, daß das Ganze jener Zeit durch einen einzigen Begriff von großer Allgemeinheit wiederzugeben sei. (Kaegi vermutet, daß Burckhardt bei dieser Gelegenheit den Ausdruck Gegenreformation im Sinn hatte.) »›Man darf hier ja nicht haarscharf nachweisen und etwa alles in ein Wort fassen wollen‹«, sagt Burckhardt. »›Das Wesen des europäischen Geistes will an tausenden Enden zugleich angefaßt sein.‹«[41] Das Allgemeine und das Besondere existieren hier Seite an Seite in einer Weise, die eine eingehende Analyse erforderte.

Auch wenn er Universalgeschichte ausdrücklich zurückweist, fühlt Burckhardt sich dennoch von ihr angezogen. Er mißbilligt »welthistorische Perspektiven«[42] und erklärt: »Hiezu bedürfen wir einer Lossprechung von der bloßen Erzählung, welche durch Handbücher zu ersetzen ist.«[43] Statt eines systematischen Ansatzes, den er verabscheut, begünstigt er Einzelbeobachtungen von Interesse, Querverbindungen usw., die »das *sich Wiederholende, Konstante, Typische* als ein in uns Anklingendes und Verständliches«[44] enthüllen. Dennoch scheint es, Burckhardt nähme allgemeine *Kultur*geschichten, die auf die Gegenwart sich auf eigentümliche Weise beziehen, von seinem Verdikt zur Universalgeschichte aus. Tatsächlich bezeichnet er als seine leitende Idee ». . . [den] Gang der Kultur, die Sukzession der Bildungsstufen bei den verschiedenen Völkern und innerhalb der einzelnen Völker selbst«. Und er fügt wie einen nachträglichen Einfall hinzu: »Eigentlich sollte man vor allem diejenigen Tatsachen hervorheben, von welchen aus die Fäden noch bis in unsere Zeit und Bildung hineinreichen.«[45]

Die Art, in der Burckhardt mit Philosophie und Theologie verfährt, bezeugt die gleiche Ambiguität oder »Furcht vor dem Fixierten«, in der er Erasmus ähnelt. Zur Geschichtsphilosophie bemerkt er: »Diese ist ein Kentaur, eine contradictio in adjecto; denn Geschichte, d. h. das Koordinieren, ist Nichtphilosophie und Philosophie, d. h. das Subordinieren, ist Nichtgeschichte.«[46] Und über Hegel sagt er insbesondere: »Wir sind aber nicht eingeweiht in die Zwecke der ewigen Wahrheit und kennen sie nicht. Dieses kecke Antizipieren eines Weltplanes führt zu Irrtümern, weil es von irrigen Prämissen ausgeht.«[47] Und dennoch, trotz dieser Bedenken, kann er gelegentlich nicht umhin, in Hegel-Manier zu philosophieren[48] und in einer Passage, auf die Wind aufmerksam machte, eine Beziehung zu Hegel anzuerkennen: »Immerhin ist man dem Kentauren den höchsten Dank schuldig und begrüßt ihn gerne hier und da an einem Waldesrand der geschichtlichen Studien.«[49]

Eine ähnliche Ambiguität wie zur Geschichtsphilosophie behauptet sich in Hinsicht auf Theologie. Und obwohl er Theologie verwirft, schwelgt Burckhardt manchmal unverhohlen in absurden theologischen Spekulationen, wobei er so weit geht, die Vorsehung zu invozieren.

Vorraum-Denken

Das Ziel. Erst jetzt bin ich in der Lage, mein Endziel anzusteuern – eine Neudefinition und Rehabilitierung bestimmter

Denkweisen, die Historikern eigentümlich sind. Aber nicht nur ihnen. Ihre Art zu argumentieren und zu reflektieren herrscht in dem ganzen Bereich, in den Geschichte fällt – ein Bereich, der an die Welt des Alltags grenzt – die *Lebenswelt* – und sich bis an die Grenzen eigentlicher Philosophie erstreckt. In der Lebenswelt, die alle Züge eines vermittelnden Bereiches an sich hat, konzentrieren wir uns gewöhnlich nicht so sehr auf die letzten als auf die vorletzten Dinge.

Ich spreche von Rehabilitierung in diesem Zusammenhang, weil die Kategorien, die im Bereich von Geschichte eine so vitale Funktion einnehmen, seit langem von der Wirkkraft philosophischer Tradition überschattet wurden. Wie ich in den Abschnitten zu Eingang dieses Kapitels zu zeigen versuchte, ist dieser Zwischenbereich aus der Sicht der Philosophie als Vorraum zu charakterisieren. Die dort aufgestellten Behauptungen haben nicht die Art Wahrheitswert an sich, die virtuell allen philosophischen Behauptungen innewohnt. Sie bleiben hinter ihnen in Hinsicht auf Verstehbarkeit zurück und erstreben auch gar nicht die bindende Kraft und Reichweite an Gültigkeit der letzteren. Auf der anderen Seite ist den meisten Historikern der Anspruch der Philosophie auf höhere Signifikanz unbehaglich. Sie meinen, der Ansatz des Philosophen verdunkle die autonome Bedeutung und Legitimität ihrer eigenen Bemühungen.

Im Verein mit meiner Kritik an der Vorstellung von Geschichtlichkeit ist mein Argument zur nicht-homogenen Struktur des intellektuellen Universums vorteilhaft zur adäquaten Einschätzung typischer Vorraum-Denkweisen zu nutzen. Um die Implikate dieses Argumentes zusammenzufassen: philosophische Wahrheiten decken nicht völlig die Einzelheiten, die ihnen logisch subsumierbar sind. Unbeschadet ihrer hohen Allgemeinheit sind sie im Umfang begrenzt. Folglich verstößt die eigentümliche Signifikanz und Würde, die sie auf ihrer eigenen Ebene erhalten, nicht unbedingt gegen die Signifikanz und Würde mancher weniger allgemeinen Sicht oder Beurteilung.

Grade. Da, wie die beiden Aspekte der Zeit, das Allgemeine und das Besondere koexistent sind und auf eine schwer faßliche Art zusammenhängen, wird es möglich, Gradunterschieden mehr Gewicht beizumessen; wie zum Beispiel dem Grad an Engagement, den ich als entscheidend zur Differenzierung zwischen »existentiellen« und wahren Geschichten in Kapitel 3 betonte.* Es liegt nahe, daß der Philosoph diese Differentiationsdifferenzen außer acht läßt, die eher allgemeine Prinzipien als die von ihnen scheinbar umfaßten Phänomene betreffen. Haben Croce und Collingwood erst einmal die unbestreitbare Wahrheit verkündet, daß Faktenerstellen Interpretation impliziert und daß folglich dem Historiker reine Fakten unzugänglich sind, glauben sie, alles gesagt zu haben, was dazu zu sagen ist.** So verflüchtigt sich ihnen zufolge das Faktische. Aber sie haben nur prinzipiell recht – was nicht sehr viel besagt. Was in dieser Hinsicht wirklich zählt, ist der Grad, in dem ein Historiker imstande ist, sein Ich im Umgang mit den gegebenen Daten auszulöschen. Huizinga bemerkt zur Verteidigung holländischer Historiographie gegen den deutschen Ansatz jener Zeit, daß die deutschen Historiker oft den Holländern vorwerfen, niemals ein Problem bis zu seinem logischen Ende zu denken. »›... Vor allem wird er scharf und schematisch formulierte Schlußfolgerungen vermissen.‹« Huizinga, der es natürlich mit holländischer Lässigkeit hält, erklärt diesen scheinbaren Mangel aus dem Bedürfnis, »die Dinge weniger in abstrakt gefaßten Begriffen als in bildhaften Anschauungen zu erfassen«.[50] Und im Kommentar zu Michelets »L'histoire c'est une resurrection« und Taines »L'histoire c'est à peu près voir les hommes d'autrefois« sagt er: worauf es ankommt, ist das *à peu près*, das »mehr oder weniger«. Es ereignet sich, so sagt er, eine Auferstehung »in der Traumsphäre, einem Anblick ungreifbarer Figuren, einem Anhören halbverstandener Wörter«.[51] Zu-

* Siehe S. 91–92.
** Siehe 3. Kapitel, S. 80–81.

sammen mit Huizingas Rehabilitierung des antiquarischen Interesses im gleichen Zusammenhang[52], ist dies eine der besten Definitionen zum Vorstoß des Historikers ins Reich der Ideen, auf die ich bislang gestoßen bin. Sie zeigt Huizingas Bewußtheit, daß seine Ideen Subjektivität transzendieren, obwohl sie ihr erwachsen, und entledigt sich so mit einem Schlag der Streitfrage über den Anteil an Subjektivität im Wissen des Historikers. Tatsächlich wäre ein Halt auf halber Strecke letzte Weisheit im Vorraum. Daher zieht sich durch dieses ganze Buch meine Sorge um Abschattungen und Näherungswerte. In ähnlicher Absicht habe ich in meinem Aufsatz »The Challenge of Qualitative Content Analysis«[53] argumentiert, daß die pseudo-szientifische methodologische Strenge, in der unsere Sozialwissenschaftler sich ergehen, sich ihrem besonderen Thema oft als weniger adäquat erweist als der »impressionistische«, von ihnen in Verruf gebrachte Ansatz. Akkuratesse im Approximativen vermag statische Elaborate an Präzision zu übertreffen.

Das Namenlose. Wegen ihrer Allgemeinheit und daraus folgenden Abstraktheit neigen philosophische Wahrheiten dazu, einen radikalen Charakter anzunehmen. Sie sind für Entweder-Oder-Entscheidungen, entwickeln einen Hang zur Ausschließlichkeit und haben es an sich, zu Dogmen zu erstarren. Verschiedene philosophische Lehren widersetzen sich Meditationsversuchen, so wie eine Partei, die eine Idee verficht, sich in eine oder mehrere Gruppen aufspaltet – die sich dann bekämpfen –, beginnen erst die verschiedenen Aspekte der gemeinsamen Idee sich zu Lasten der Affinität zu behaupten, die sie zusammenhielt.[54] In den Zwischenräumen zwischen diesen Wahrheiten scheint nichts übrigzubleiben, was Folgen zeitigte. Oder vielmehr wird, im Bann des traditionellen Glaubens an die allumfassende Signifikanz hoher Abstraktionen, alles, was dort übrigblieb, von Anfang an als eklektischer Synkretismus, eine Art Kompromiß, in Verruf gebracht. (Wurde Erasmus nicht Kompromißler geschimpft, weil er zwischen Kirchendogma und Reformation schwankte?) Dies droht, potentielle Wahrheiten zu überschatten oder unbegründeten Verdächtigungen Wahrheiten anzuhängen, deren einzige Ähnlichkeit mit schlechten Kompromissen darin besteht, daß sie in Kluften zu finden sind, die etwa Marx von den Frühsozialisten trennen, Planwirtschaft von der Wirtschaft der »unsichtbaren Hand«, oder welche scharfgeschliffenen Theoreme auch immer unsere Einbildung aufgreifen mag. Die Quelle der hastigen Herabsetzung solcher Wahrheiten ist das tiefverwurzelte Vertrauen in die unbegrenzte Reichweite des Allgemeinen. Aber dieses Vertrauen ist ungerechtfertigt; die Einsicht in die nicht-homogene Struktur des intellektuellen Universums erledigt es. Bei Annahme dieser Einsicht ist der Boden für eine theoretische Bestätigung der namenlosen Möglichkeiten bereitet, von denen anzunehmen ist. daß sie in den Zwischenräumen der vorhandenen Lehren hoher Allgemeinheit existieren und auf Anerkennung warten.

Wie Kenntnis nehmen von diesen verborgenen Möglichkeiten? Gewiß nicht durch den Versuch, sie aus jenen Lehren zu deduzieren; jeder Versuch dieser Art liefe tatsächlich auf einen Kompromiß hinaus. Wenn aber diese Wahrheiten in den Zwischenräumen nicht mittels Deduktion aus einer anerkannten Konzeption oder einem anerkannten Prinzip zu gewinnen sind, vermöchten sie wohl, sich aus der Versenkung in Konfigurationen der Einzelheiten zu erheben. In seinem Aufsatz »Melanchthons Einspruch gegen Kopernikus« sagt Blumenberg: »Wird aber das unter der Einstrahlung jener neuen Idee gewachsene, an ihr zur Selbstgenügsamkeit erstarkte Bewußtsein sich einmal *fragwürdig*, dann tauchen aus dem Dunkel, in dem die Geschichte die Erfolglosen verwahrt, auch die konturlosen Gestalten derer auf, die widersprochen haben, dann kann sogar jener Kleinmütig-Starrsinnige, der nicht durch Galileis Fernrohr das verbotene Spiel der Jupitermonde ansehen möchte, zu der späten Satisfaktion gelangen, daß ein bedeutender Gelehrter von ihm sagt: ›To applaud him is by no means impossible for a reasonable being ...‹«[55] Ich habe früher schon ausgeführt, daß die allgemeinen Ansichten, die aus einer historischen Mikro-Studie sich ergeben, nicht mit jenen identisch sein müssen, die einer entsprechenden Geschichte großen Maßstabs zugrunde liegen.* Mit anderen Worten, wenn A sich von »oben« nach »unten« bewegt und B in die Gegenrichtung, werden sich beide nicht unbedingt auf halbem Wege treffen oder jeweils zum anderen Ausgangspunkt gelangen. Ein Beispiel ist bei Marx zu finden, der sich in seiner *Pariser Commune* nicht auf eine allgemeine Definition der Kleinbourgeoisie beschränkt, auf der dann seine ganze Analyse gründet, sondern versucht, den Kleinbürger jener Zeit unabhängig vom allgemeinen theoretischen Begriff und über ihn hinaus zu charakterisieren. Verfahren dieser Art sind oft an entlegenen Stellen seiner Schriften zu finden.[56] So ist auch Kafkas »seltsame Mischung von Hoffnungslosigkeit und Aufbauwillen, die sich bei ihm nicht aufhoben, sondern zu unendlich komplizierten Gebilden steigerten« (Brod)[57] zu erklären. Die Schwierigkeit, die Wahrheiten in den Zwischenräumen aus den Behauptungen, Prinzipien oder Lehren hoher Stufe, in deren Geltungsbereich sie fallen, zu deduzieren, besagt nicht, daß sie reine Trugbilder wären. Was unter einem auferlegten Entweder-Oder verschüttet liegt, könnte aus einem beiläufigen, an den Rand einer Nahaufnahme geschriebenen Aperçu aufleuchten.

Sancho Pansa. Das »Seite-an-Seite«-Prinzip, das ich hier aufstellte, erstreckte sich dann auf die Beziehungen zwischen dem Zeitlosen und dem Zeitlichen wie auf die zwischen dem Allgemeinen und dem Besonderen. Was besagt das für Historiker und andere alteingesessene Vorraum-Bewohner? Es setzt voraus, daß sie die mögliche Signifikanz philosophischer Wahrheiten mit ihrem Anspruch auf objektive Gül-

* Siehe 5. Kapitel, S. 148–150.

tigkeit (die Heidegger und seinen existentialistischen Nachwuchs ausschließt) anerkennen und sich gleichzeitig ihrer Begrenzungen hinsichtlich der Absolutheiten und der Kontrollmacht (die jede bestimmte ontologische Position ausschließt) bewußt sind. Ambiguität ist in diesem vermittelnden Bereich wesentlich. Eine beständige Anstrengung seitens seiner Einwohner ist erforderlich, um den widerstreitenden Erfordernissen zu entsprechen, denen sie sich unterwegs an jeder Abfahrt zu stellen haben. Sie befinden sich in einer heiklen Lage, die sie sogar auffordert, ihr Glück mit Absolutheiten und allerlei Donquichotterien zur universalen Wahrheit zu versuchen. Dieses eigentümliche Unterfangen ruft bestimmte Haltungen hervor, von denen eine besonders passend zu sein scheint, weil sie wahrhaft den Geist des Vorraums atmet. Sie verkörpert sich in einem Brief, den Burckhardt an Nietzsche über dessen *Vermischte Meinungen und Sprüche* schrieb. In der von Löwith verkürzten Form enthält Burckhardts Brief folgende Passage: »Als ein ›nachlässiger Pilger‹ sei er bekanntlich nie in den Tempel des eigenen Denkens eingedrungen; er habe sich zeitlebens nur in Hof und Hallen des Peribolos ergötzt und in Bildern gedacht. Wo er darum nicht mitkommen könne, sehe er mit einer ›Mischung von Furcht und Vergnügen‹ zu, wie sicher Nietzsche auf den ›schwindelnden Felsgraten‹ wandle, und suche sich ein Bild von dem zu machen, was er wohl in der Tiefe und Weite sehen müsse.«[58] An einer anderen Stelle nennt der Geschichtsphilosophie »eine Art von Zeitvertreib«.[59] Tatsächlich wäre der einfache Mann in uns nicht in Langeweile und Öde geraten, wenn nicht aufgrund der verschrobenen und nicht verifizierbaren Spekulationen, die er unentwegt anstellen muß. Es steckt etwas von einem Epikureer in Burckhardt – vom Schlage Sancho Pansas, der an das Bild denken läßt, das Kafka von dieser denkwürdigen einfachen Natur entwarf: »Sancho Pansa, der sich dessen übrigens nie gerühmt hat, gelang es im Laufe der Jahre, durch Beistellung einer Menge Ritter- und Räuberromane in den Abend- und Nachtstunden seinen Teufel, dem er später den Namen Don Quixote gab, derart von sich abzulenken, daß dieser dann haltlos die verrücktesten Taten aufführte, die aber mangels eines vorbestimmten Gegenstandes, der eben Sancho Pansa hätte sein sollen, niemandem schadeten. Sancho Pansa, ein freier Mann, folgte gleichmütig, vielleicht aus einem gewissen Verantwortungsgefühl, dem Don Quixote auf seinen Zügen und hatte davon eine große und nützliche Unterhaltung bis an sein Ende.«[60] Die Definition, die Kafka hier von Sancho Pansa als einem *freien Mann* aufstellt, hat utopischen Charakter. Sie weist auf ein Utopia des Dazwischen – eine terra incognita in den Mulden uns bekannter Länder.

Statt eines Epilogs

(Aus Aufzeichnungen des Autors)

Das »Genuine«, das in den Zwischenräumen der dogmatisierten Glaubensrichtungen der Welt verborgen liegt, in den Brennpunkt stellen und so eine Tradition verlorener Prozesse begründen; dem bislang Namenlosen Namen geben.

*»›Sobald ein Mensch kommt, der etwas Primitives mit sich bringt, so daß er also nicht sagt: Man muß die Welt nehmen, wie sie ist ..., sondern der sagt: Wie die Welt auch ist, ich bleibe bei einer Ursprünglichkeit, die ich nicht nach dem Gutbefinden der Welt zu verändern gedenke: im selben Augenblick, als dieses Wort gehört wird, geht im ganzen Dasein eine Verwandlung vor sich. Wie im Märchen – wenn das Wort gesagt wird, sich das seit hundert Jahren verzauberte Schloß öffnet und alles Leben wird: so wird das Dasein lauter Aufmerksamkeit. Die Engel bekommen zu tun und sehen neugierig zu, was daraus werden wird, denn dies beschäftigt sie. Auf der anderen Seite: finstere unheimliche Dämonen, die lange untätig dagesessen und an ihren Fingern genagt haben, springen auf und recken die Glieder, denn, sagen sie, hier gibt's etwas für uns.‹«*61

(Zur Genuinität)

Kafka, Kierkegaard zitierend (Brod, Kafka. Eine Biographie, *S. 181).*

Anhang

Anmerkungen

I. Kapitel

1 Vgl. zum Beispiel Droysen, *Historik,* München 1960, S. 17–18.

2 Siehe Dilthey, *Gesammelte Schriften,* Stuttgart und Göttingen 1957–62, Bd. VII, S. 70, 79, 82 f., 85, 90, 118, 131 und *passim.*

3 Rickert, *Die Probleme der Geschichtsphilosophie,* Heidelberg 1924, S. 74 und *passim.*

4 Vgl. zum Beispiel die Zeitschrift *History and Theory* (Den Haag); Gardiner (Hgb.), *Theories of History,* Glencoe, Ill. 1959; Gottschalk (Hgb.), *Generalization in the Writing of History,* Chicago 1963; Hook (Hgb.), *Philosophy and History,* New York 1963.

5 Vgl. Valéry, *Œuvres,* Paris 1957, tome 1, p. 1132.

6 Mommsen, »Historische Methode« in Besson (Hgb.), *Geschichte,* Frankfurt/M. 1961, S. 79 f. (Fischer Lexikon).

7 Bloch, *Apologie pour l'histoire ou métier d'historien,* Paris 1964, p. xiv.

8 Siehe Bagby, *Culture and History,* Berkeley und Los Angeles 1959, pp. 48–50. Vgl. auch Bock, *The Acceptance of Histories: Toward a Perspective For Social Science,* Berkeley und Los Angeles 1956, *passim.* Zur Exposition des Arguments siehe Mink, »The Autonomy of Historical Understanding«, *History and Theory* (Middletown, Conn, 1966) vol. V, no. 1, pp. 28–44.

9 Zu einem frühen Hinweis dieser Art siehe Kant, ›Idee zu einer allgemeinen Geschichte in weltbürgerlicher Absicht«, *Berlinische Monatsschrift* 4 (Nov. 1784).

10 Murray, *Five Stages of Greek Religion,* New York [3]1951, pp. xi, xii (Anchor Book).

11 Siehe Brooke, »Namier and Namierism«, *History and Theory* (Den Haag 1964), Vol. III, no. 3, 338–9.

12 Dodds, *The Greeks and the Irrational,* Boston 1957, p. 252.

13 Siehe Schmidt, *Der Begriff der Natur in der Lehre von Marx,* Frankfurt/M. 1962, S. 39, 48, 50.

14 v. Weizsäcker, *Geschichte der Natur*, Göttingen 1958, S. 37–43.

15 Vgl. Schmidt, a.a.O., S. 48.

16 v. Weizsäcker, a.a.O., S. 69.

17 Siehe Kracauer, »Die Gruppe als Ideenträger« (1922), in *Das Ornament der Masse*, Frankfurt/M. 1963, S. 141.

18 Zu diesem Abschnitt siehe Kracauer, ibid., *passim*.

19 Dodds (a.a.O., p. 243) exemplifiziert das lange Überleben religiöser Riten und zitiert Matthew Arnolds gelungene Wendung von der »extremen Trägheit der Dinge«.

20 Platon, *Der Staat*, 496 d. Deutsch von A. Honeffer. Stuttgart 1965, S. 206 (Kröners Taschenbuchausgabe, Band 111).

21 Tocqueville, *Souvenirs d'Alexis de Tocqueville*, Paris 1893, p. 36.

22 Klapper, *The Effects of Mass Communication*, Glencoe, Ill. 1960, diskutiert ausführlich die Funde zeitgenössischer sozialwissenschaftlicher Forschung, die Gesetzmäßigkeiten in der Meinungsbildung und -übermittlung betreffen.

23 Siehe McPhee, *Formal Theories of Mass Behavior*, Glencoe, Ill. 1963.

24 Erwähnt bei Butterfield, *Man on His Past*..., Boston 1960, pp. 138-9.

25 Nach der Erklärung: »Und nun ist die Macht an sich böse, gleichviel wer sie ausübe... Unfehlbar gerät man dabei in die Hände... solcher Kräfte, welchen gerade an dem Weiterblühen der Kultur am wenigsten gelegen ist« fährt Burckhardt fort: »Aber wer die Macht will und wer die Kultur will, – vielleicht sind beide blinde Werkzeuge eines Dritten, noch Unbekannten.« Burckhardt, »Weltgeschichtliche Betrachtungen« in *Jacob Burckhardt Gesamtausgabe*, Stuttgart, Berlin und Leipzig, Bd. VII, S. 73. Übrigens vergleicht Butterfield in *Christianity and History*, New York, p. 109 (Scribner's paperback) diese unbekannte »Intelligenz« mit einem »Komponisten, der seine Musik im Vorübergehen schreibt...«

26 Zitiert von Gadamer, *Wahrheit und Methode*, Tübingen 1960, S. 192, aus Ranke, *Weltgeschichte*, Bd. IX, S. xiii f. – Butterfield, *Man on His Past*..., Boston 1960, p. 106, verweist auf das gleiche Ranke-Zitat.

27 v. Weizsäcker, a.a.O., S. 116.

28 Siehe Kracauer, *Theory of Film...*, New York 1960, pp. 66–67. (Deutsche Ausgabe *Theorie des Films*, S. 103–104.)

29 In Anlehnung an dieses Argument hält Jonas, *Gnosis und spätantiker Geist*, Bd. I, Göttingen 1964, S. 58–64, daran fest, daß bestimmte historische Phänomene sich psychologischen und soziologischen Erklärungen gegenüber als unzugänglich erweisen. So sagt er über die Entstehung der gnostischen »Seinshaltung« in der Spätantike: »Denn wie die Wirkungsweise des Psychologischen, ist auch schon die Funktionsweise des Sozialen und der Faktizität überhaupt von der jeweiligen Seinsart des existenzialen Subjektes abhängig. – Auf dies, was derart bei aller ›Motiviertheit‹ *a priori* nicht in die Rechnung der empirischen Faktoren aufgeht, sondern selber, bedingt und bedingend zugleich, als Sinnprinzip schon ihre geistige Umsetzung bestimmt, was überhaupt nicht ›erklärbar‹, sondern nur in sich als eine ganze Entdecktheit der Existenz ›verstehbar‹ ist, kommt es uns hier an« (a.a.O., S. 62).

30 Siehe Tilly, »The Analysis of a Counter-Revolution«, *History and Theory* (Den Haag 1963), vol. III, no. 1, 30–58. Inzwischen hat Tilly seine Studie zu einem Buch erweitert: *The Vendée*, Cambridge, Mass. 1964.

31 Burckhardt, a.a.O., S. 26. Vgl. auch Croce, *History: Its Theory and Practice*, New York 1960, vol. I, p. 102; vol.II, p. 291.

32 Hexter, *Reappraisals in History*, Evanston, Ill. 1961, p. 21. Auch Gallie, »The Historical Unterstanding«. *History and Theory* (Den Haag 1963), vol. III, no. 2, 169, erklärt, daß »Geschichte eine Spezies oder spezielle Anwendung der Genregeschichte *(story)*« ist. Aber im Gegensatz zu Dilthey – genauer gesagt, dem Kantianer in Dilthey – scheint er den Unterschied zwischen Geschichte und Wissenschaft hauptsächlich als einen Unterschied in den Arten des Ansatzes aufzufassen.

33 Hexter, a.a.O., p. 39.

34 Vgl. Blumenberg, »Säkularisation‹, Kritik einer Kategorie historischer Illegitimität«, in Kuhn und Wiedmann (Hgb.), *Die Philosophie und die Frage nach dem Fortschritt*, München 1964, S. 204–65, *passim*. Siehe auch Jauss, »Ursprung und Bedeutung der Fortschrittsidee in der ›Querelle des Anciens et des Modernes‹«, ibid., S. 51–72, *passim*.

35 Vgl. Schmidt, a.a.O., S. 39.
36 Vgl. zum Beispiel Hexter, a.a.O., pp. 15–16. Zu einer ähnlichen Kritik an Comte, siehe Bury, *The Idea of Progress ...*, New York 1955, pp. 302–3.
37 Dilthey, *Gesammelte Schriften*, Bd. I, S. 107.
38 Vgl. Lowe, *On Economic Knowledge*, New York 1965, pp. 192–3. Carr, *What is History?*, New York 1962, p. 90.
39 Zu einer Einschränkung dieser Behauptung in Hinsicht auf Marx, siehe Schmidt, »Zum Verhältnis von Geschichte und Natur im dialektischen Materialismus«, in *Existenzialismus und Marxismus*, Frankfurt/M. 1965, S. 123: (»Der Geschichtsverlauf ist also für Marx weit weniger linear als gemeinhin angenommen wird.«)
40 Zitiert aus Spengler, »The World-as-History«, nach Gardiner (Hgb.), *Theories of History*, a.a.O., p. 194.
41 Frankfort, »The Dying God«, *Journal of the Warburg and Courtauld Institutes* (London 1958), vol. XXI, nos. 3–4, 151.
42 Zu diesem Sonderpunkt siehe Frankfort, *The Birth of Civilization in the Near East* (Anchor Book), New York 1950, pp. 17–18.
43 Siehe zum Beispiel Toynbee, *Reconsiderations*, London 1961, p. 238.
44 Jonas, a.a.O., S. 73–74, lobt Spengler für die Entdeckung »arabischer« Kultur und die Einführung des Begriffes der »Pseudomorphose«, der von ihren Schicksalen in einer von griechischer Kultur beherrschten Welt Zeugnis ablegen soll.
45 Mink, »The Autonomy of Historical Understanding«, *History and Theory* (Middletown, Conn. 1966), vol. V, no. 1, 35, führt aus, daß »auch die Geschichte der Naturwissenschaft an Beispielen falscher Theorien, die zu glücklichen Entdekkungen führten, keinen Mangel zeigt«.
46 Vgl. zum Beispiel Dilthey, *Gesammelte Schriften*, Bd. VII, S. 70–71, wo er die Geisteswissenschaften wie folgt definiert: »Sie sind alle fundiert im Erleben, in den Ausdrücken für Erlebnisse und in dem Verstehen dieser Ausdrücke.« – Oder, ibid., S. 131: »Der Inbegriff dessen, was uns im Erleben und Verstehen aufgeht, ist das Leben als ein das menschliche Geschlecht umfassender Zusammenhang.«

47 Huizinga, »The Task of Cultural History«, in *Men and Ideas: Essays by Johan Huizinga,* New York 1959, p. 54, nennt in einer bewunderungswürdigen Passage den Umgang des Historikers mit der Vergangenheit »einen Eingang in eine Atmosphäre, ... einer der vielen Formen des Sichselbstübertreffens, des Wahrheitserlebens, die den Menschen gegeben sind«. – Berlin, »History and Theory: The Concept of Scientific History«, *History and Theory* (Den Haag 1960), vol. I, no. 1, 23, fordert, der Historiker solle uns etwas anbieten, »das voll genug und konkret genug ist, um unserer Vorstellung vom öffentlichen Leben zu entsprechen ... etwas, das von so vielen Standpunkten und von so vielen Ebenen als möglich gesehen wird, einschließlich vieler Komponenten, Faktoren und Aspekte, wie das weiteste und tiefste Wissen, die größte analytische Kraft, Einsicht, Einbildung sie aufbieten kann«.

48 Zitiert nach Reinhold Niebuhr, »The Diversity and Unity of History«, in Meyerhoff (Hgb.), *The Philosophy of History in Our Time,* Garden City, N. Y. 1959, p. 315.

49 Siehe das Zitat von Berlin wie in Anm. 46 wiedergegeben.

2. Kapitel

1 Kristeller, »Some Problems of Historical Knowledge«, *The Journal of Philosophy* (New York, 16. Febr. 1961), vol. LVIII, no. 4, 87.

2 Zitiert von Blumenberg, »Das Fernrohr und die Ohnmacht der Wahrheit«, S. 45, aus Husserl, *Die Krisis der europäischen Wissenschaften* ..., Den Haag 1962, S. 448.

3 Siehe Löwith, *Jacob Burckhardt* ..., Luzern 1936 (u. Stuttgart 1966), S. 274.

4 Vgl. Alfred Schmidt, *Der Begriff der Natur in der Lehre von Marx,* S. 27.

5 Vgl. Mandelbaum, *The Problem of Historical Knowledge* ..., New York 1936, *passim.* Er nimmt an, »daß Ereignisse in der wirklichen Welt« – er meint historische Realität – »eine bestimmte, ihre eigene Struktur aufweisen, die durch den Geist erfaßt, aber nicht umgewandelt wird« (p. 239). Der unge-

brochene Realismus, der dieser Behauptung zugrunde liegt, ist eines der Hauptargumente, das Mandelbaum gegen historischen Relativismus anführt.

6 Vgl. C. G. Hempel, »Explanation in Science and in History«, siehe William Dray (Hgb.), *Philosophical Analysis and History*, New York, London 1966, pp. 95–126, *passim;* Ernest Nagel, »Determinismus in History«, *ibid.*, pp. 347–82, *passim.*

7 Zitiert nach Butterfield, *Man on His Past ...*, Boston 1960, p. 60.

8 Vossler, »Rankes historisches Problem«, in Vossler, *Geist und Geschichte,* München 1964, S. 189–90.

9 Butterfield, a.a.O., p. 104.

10 Zitiert nach Stern (Hgb.), *The Varieties of History,* New York 1956, p. 57.

11 Gooch, *History and Historians in the Nineteenth Century,* Boston 1959, p. 74. Gooch, *ibid.*, pp. 74–75, nennt das Buch von Ranke »eine handliche Zusammenfassung der hauptsächlichen äußeren Fakten«, die wenig zur Interpretation hergibt; und er berichtet, daß Ranke »ein halbes Jahrhundert später nur unter Schwierigkeiten zu überreden war, das Buch in seine gesammelten Schriften aufzunehmen«. Vossler, a.a.O., bes. S. 190 f., arbeitet die Implikationen von Rankes Verlangen heraus, zu zeigen, »wie es eigentlich gewesen«; er betont, daß Ranke weder eine »reine« Geschichte für gut befand, die sich in der »photographischen« Aufnahme der Fakten erschöpfte, noch eine »immanente« Geschichtsphilosophie verwarf – die aus vertrautem Umgang mit den gegebenen Daten erwüchse, anstatt ihr von außen auferlegt zu sein.

12 Heine, »Lutezia«, *Heines Werk in 10 Bänden,* hgb. von O. Walzel, Leipzig 1910, 9. Bd., S. 8 f.

13 In dem Maße, wie die folgenden Seiten von den photographischen Medien handeln, beruhen sie hauptsächlich auf dem Material der ersten beiden Kapitel meines Buches *Theorie of Film ...*, New York 1960 (Frankfurt/M. 1964).

14 Zitiert aus der Rede von Gay-Lussac in der französischen Adelskammer vom 30. Juli 1839, nach Eder, *History of Photography,* New York 1945, p. 242.

15 Zitiert nach Eder, *ibid.*, p. 341.

16 Zitiert nach Sadoul, *L'Invention du cinéma,* Paris 1948,

p. 246. (Vgl. auch Verf., *Theory of Film*, p. 31, und *Theorie des Films*, S. 58.)

17 Zitiert aus der Rede von Gay-Lussac vom 30. Juli 1839, nach Eder, a.a.O., p. 242.

18 Siehe Freund, *La Photographie en France au dix-neuvième siècle...*, Paris 1936, pp. 117–19. (Der Artikel von Delacroix ist jetzt zugänglich in Heinz Buddemeier, *Panorama, Diorama, Photographie. Entstehung und Wirkung neuer Medien im 19. Jahrhundert*, München 1970, S. 250–52.)

19 Zu einer Analyse von Prousts Zugang zur Photographie siehe Kracauer, *Theory of Film*, pp. 14–15 *(Theorie des Films*, S. 39–42).

20 Droysen, *Historik...*, München 1960, S. 285, sagt: »Also die erzählende Darstellung will nicht ein Bild, eine Photographie dessen, was einst gewesen ist, geben, ... sondern unsere Auffassung bedeutender Geschehnisse von diesem Standpunkt, von diesem Gesichtspunkt aus.«

21 Namier, *Avenues of History*, London 1952, p. 8.

22 Bloch, *Apologie pour l'histoire...*, Paris 1964, p. 72.

23 Zitiert von Freund, a.a.O., p. 103.

24 Siehe Marrou, *De la connaissance historique*, Paris 1962, p. 53.

25 Siehe Newhall, *The History of Photography...*, New York 1949, p.71.

26 *Ibid.*, pp. 75–76; Freund, a.a.O., p. 113.

27 Der experimentelle Photograph Andreas Feininger, »Photographic Control Processes«, *The Complete Photographer* (New York 1942), vol. 8, Heft 43, 2802, erklärt unumwunden, daß das Ziel der Photographie »nicht das Erreichen höchstmöglicher ›Ähnlichkeit‹ der abgebildeten Vorlage, sondern Schaffung eines abstrakten Kunstwerkes ist, das Komposition statt Dokumentation betont«.

28 Zu einer Analyse der französischen Avantgarde der zwanziger und frühen dreißiger Jahre siehe Kracauer, a.a.O., pp. 177–92 *(Theorie des Films*, S. 239–58).

29 Vgl. Geyl, »Huizinga as Accuser of His Age«, *History and Theory* (Den Haag 1963), vol. II, no. 3, 231–62, *passim*; bes. pp. 241-45, 257.

30 *Ibid.*, p. 262.

31 Kracauer, a.a.O., p. 12–13 *(Theorie des Films,* S. 36–38).
32 Zitiert von Newhall, a.a.O., p. 144, aus der Besprechung von John A. Tenant einer Stieglitz-Ausstellung in New York 1921.
33 *Ibid.*, p. 150, zitiert aus einem Artikel des Photographen Paul Strand in *Seven Arts* (1917), vol. 2, 524–25.
34 Zitiert nach Stern (Hgb.), *The Varieties of History*, p. 57.
35 Vgl. Panofsky, *Renaissance and Renascences in Western Art*, Stockholm 1960, pp. 84, 87 ff.
36 Zitiert aus Caillois, »Le cinéma, le meurtre et la tragédie«, *Revue internationale de filmologie,* vol. II, no. 5 (Paris [1948]), p. 187.
37 Conversations-Lexikon der Gegenwart (Brockhaus), Leipzig 1840, Bd. 4, Artikel: »Raumer, Friedrich von«. (Verfasser aus den Initialen nicht identifizierbar.) Ich schulde Prof. Reinhard Kosellek großen Dank, daß er mich auf diesen frühen Hinweis auf die Beziehungen zwischen Historiographie und Photographie aufmerksam machte.
38 Siehe Sève, »Cinéma et méthode«, *Revue internationale de filmologie* (Paris, Juli-August 1947), vol. I, no. 1, 45; siehe auch pp. 30–31.

3. Kapitel

1 Burckhardt, *Die Kultur der Renaissance in Italien,* Wien: Phaidon (1934), S. 1.
2 Vgl. Berlin, »History and theory: the concept of scientific history«, *History and Theory* (Den Haag 1960), vol. I, no. 1, 27.
3 Siehe Croce, *History: Its Theory and Practice,* New York 1960, p. 19.
4 Ibid., p. 12.
5 Collingwood, *The Idea of History,* New York 1956 (Galaxy Book). Siehe zum Beispiel p. 305.
6 *Ibid.*, p. 282 ff.
7 Vgl. *ibid.*, pp. 328–34.
8 Croce, a.a.O., p. 25.
9 Vgl. zum Beispiel Marrou, »Comment comprendre le métier

d'historien«, in Samaran (Hgb.), *L'Histoire et ses méthodes*, Paris 1961, p. 1505; Carl L. Becker, »What Are Historical Facts?« in Meyerhoff (Hgb.), *The Philosophy of History in Our Time*, Garden City, N. Y., 1959, p. 133.

10 Carr, *What is History?*, New York 1962, p. 54. Im übrigen geht Carr beim Befolgen seines eigenen Rates bis an die Grenze oder noch darüber hinaus; er hält es für angebracht, Ansichten, die Meinecke 1907 teilte und in den zwanziger und dreißiger Jahren änderte, aus den gleichzeitig sich vollziehenden kurzfristigen Veränderungen seiner politischen Umwelt abzuleiten (*ibid.*, pp. 48–49). Nach Carr ist der Historiker nicht nur das Kind seiner Zeit, sondern eher chamäleonartiger Abkömmling ihrer Fraktionen.

11 Butterfield, *Man on His Past ...*, Boston 1960, p. 25.

12 Collingwood, a.a.O., p. 229.

13 Gooch, *History and Historians in the Nineteenth Century*, Boston 1959, p. 21.

14 Marrou, a.a.O., p. 1506. (Zu Edward Gibbon: Angespielt ist auf seine *History of the Decline and Fall of the Roman Empire*, 6. Bde., London 1776–88.)

15 Vgl. Carr, a.a.O., p. 44, und Gooch, a.a.O., p. 461.

16 Zitiert nach Gooch, *ibid.*, p. 461.

17 Marc Bloch, *Feudal Society*, Chicago 1964, vol. II, p. 307.

18 Finley, *Thucydides*, Ann Arbor, Mich. 1963, p. 74.

19 Zitiert nach Hexter, *Reappraisals in History*, Evanston, Ill., 1961, p. 2. Die Hinweise auf Maitland und Stubbs habe ich Prof. Sigmund Diamond zu verdanken.

20 In seinem »Vorwort« zu Hexter, *Reappraisals ...*, wirft Prof. Laslett (Trinity College, Cambridge) eine Frage auf, die in diese Richtung weist. Er fragt, »ob nicht das ganze Unternehmen, die dramatischen Ereignisse der Mitte des 17. Jahrhunderts in England aufzuzeichnen, in gewisser Hinsicht eine falsche Auffassung bezeugt. Tut man gut daran, landläufig anzunehmen, daß eine langfristige Gesamterklärung unbedingt gerufen kommt?« Und er fügt hinzu: »daß es nicht gerechtfertigt sein könnte, ... hinter großen Ereignissen große Anlässe zu vermuten« (p. xiii).

21 Persönliche Mitteilung von Prof. France V. Scholes, der mir freundlicherweise gestattete, hier davon Gebrauch zu machen.

22 Collingwood, a.a.O., pp. 269–70. – Blumenberg, »Das Fernrohr und die Ohnmacht der Wahrheit«, betont »den Moment des ausbrechenden kopernikanischen Pathos bei Galilei«. Er, der »Begründer der Naturwissenschaft« (a.a.O., S. 73), ist nach Blumenberg »nicht der Mann des schlichten Hinsehens und des geduldigen Sichüberlassens an seinen Gegenstand; was er sieht, steht immer schon im Vorgriff des Kontextes einer Theorie, strahlt auf den komplexen Verbund ihrer Thesen aus«. In: Galileo Galilei, *Sidereus Nuncius,* Frankfurt/M. 1965, S. 21.

23 Collingwood, a.a.O., pp. 243, 266–68.

24 *Ibid.*, p. 281.

25 MacDonald, *Murder Gone Mad,* New York 1965, p. 39 (Avon Book).

26 Collingwood, a.a.O., pp. 304–05.

27 Vgl. die Bemerkungen von Lord Acton zu diesem Thema wie Butterfield sie, *Man on His Past,* p. 220, zitiert. Siehe auch Marrou, »Comment comprendre le métier d'historien«, a.a.O., p. 1521.

28 Ratner, »History as Inquiry«, in Hook (Hgb.), *Philosophy and History,* New York 1963, p. 329.

29 Valéry, *Œuvres II,* Paris 1960 (Pléiade), p. 917: »L'histoire alimente l'histoire«.

30 Nietzsche, »Vom Nutzen und Nachteil der Historie für das Leben«, *Unzeitgemäße Betrachtungen,* Zweites Stück, Leipzig 1930, S. 137.

31 *Ibid.*, S. 156.

32 *Ibid.*, S. 177.

33 Vgl. Aron, *Dimensions de la conscience historique,* Paris 1961, p. 13.

34 Burckhardt, »Historische Fragmente aus dem Nachlaß«, in *Jacob Burckhardt Gesamtausgabe,* Bd. VII, Stuttgart, Berlin und Leipzig 1929, S. 225.

35 Droysen, *Historik,* München 1960, S. 306, hält zum Beispiel die »didaktische Darstellung« für eine legitime Form der historischen Schilderung und erklärt, ihr Ziel sei, »daß sie das Wesentliche und die Summe der Vergangenheit von dem hier und jetzt erreichten Standpunkt aus auffaßt und das jetzt Erreichte als das Ergebnis der durchlebten Vergangenheiten,

das in der Gegenwart Seiende und Erworbene durch sein Gewordensein erklärt und vertieft«.

36 (Meineckes Zitat in vollem Wortlaut: »Das schaffende Leben selbst erzeugt zwar nicht die höchsten Kulturwerte, aber es ist die erste und dringendste der Aufgaben, Kulturwerte in und an ihm zu erzeugen.«) Friedrich Meinecke, »Kausalitäten und Werte in der Geschichte«, in *Staat und Persönlichkeit*, Berlin 1933, S. 51.

37 Bloch, im Original zitiert: »Naturellement il le faut, ce choix raisonné des questions, extrêment souple ... L'itinéraire que l'explorateur établit, au départ, il sait bien d'avance qu'il ne le suivra pas de point en point.« *Apologie pour l'histoire ou métier d'historien*, Paris [5]1964, p. 26.

38 Die »Ideal-Typen« von Max Weber geben zu den gleichen Zweifeln Anlaß.

39 Hexter, a.a.O., p. 8 n., der sich gegen die Anhänger der Croce-Collingwood-Schule wendet, definiert diesen Unterschied mit unübertrefflicher Klarheit: »Ich will in keinem Augenblick zu verstehen geben, daß das gegenwärtige Dilemma keine *Probleme* zur historischen Untersuchung aufgeworfen hätte. Es versteht sich, daß ein jedes solches Dilemma zu den zahlreichen und gänzlich legitimen Ausgangspunkten historischer Studien gehört. Die eigentliche Streitfrage jedoch hat nichts mit dem Ausgangspunkt historischer Studien zu tun, sondern mit der Art, in der historische Probleme angegangen werden.«

40 Siehe Burckhardt, »Weltgeschichtliche Betrachtungen«, *Jacob Burckhardt* Gesamtausgabe, Band VII, S. 13.

41 Vgl. zum Beispiel Geyl, *Debates with Historians*, New York 1958 (Meridian Paperback), pp. 196 und 221; Bury, *The Ancient Greek Historians*, New York 1958 (Dover paperback), pp. 246–47; Marrou, »Comment comprendre le métier d'historien«, a.a.O., pp. 1505, 1506; Aron, *Dimensions de la conscience historique*, a.a.O., pp. 11, 13, 24, 172.

42 Burckhardt, a.a.O., S. 206.

43 Huizinga, *Im Bann der Geschichte* ..., Basel 1943, S. 92.

44 Siehe Brooke über Namier, zitiert bei Mehta, »The Flight of Crook-Taloned Birds«, *The New Yorker* (15. Dez. 1962), p. 93.

45 Harnack, *History of Dogma*, New York 1961 (Dover books), vol. I, p. 39.

46 Lovejoy, »Present Standpoints and Past History«, in Meyerhoff (Hgb.), *The Philosophy of History in Our Time*, a.a.O., p. 174.

47 *Ibid.*, p. 180. – Geyl, a.a.O., p. 196, äußert sich ähnlich.

48 Zu einer Analogie zu diesem Phänomen im Bereich Film siehe Kracauer, *Theory of Film*, pp. 151–52, unter der Überschrift: »Music recaptured« (*Theorie des Films*, S. 208, »Wiedergefundene Musik«).

49 Rostovtzeff, *The Social and Economic History of the Roman Empire*, Oxford 1926, p. 541.

50 Proust, *Auf der Suche nach der verlorenen Zeit*, Frankfurt 1953 ff., II. Bd., S. 426 f.

51 von Ranke-Graves, *Griechische Mythologie. Quellen und Deutung*. Reinbek, 1963, Bd. I, S. 98.

4. Kapitel

1 Siehe Stern, »Introduction«, in Stern (Hgb.), *The Varieties of History* (Meridian Book), New York 1956, p. 31.

2 Geyl, *Debates with Historians* (Meridian Book), New York 1958, pp. 39–40. – Wie zu erwarten sind die Meinungen zu Macaulay geteilt. Hale zum Beispiel in seiner »Introduction« zu Hale (Hgb.), *The Evolution of British Historiography* (Meridian Book), Cleveland und New York 1964, p. 45, lobt ihn genau wegen seiner Wißbegierde als Reisender.

3 Vgl. Gadamer, *Wahrheit und Methode*, Tübingen 1960, S. 198.

4 Vossler, »Rankes historisches Problem«, in Vossler, *Geist und Geschichte ...*, München 1964, S. 194–95, betont stark die religiösen Grundlagen in Rankes Ansatz.

5 Siehe Dilthey, *Gesammelte Schriften*, Stuttgart und Göttingen, Bd. 5, 1957 und 1961, S. 281, 281–82 Fn. – Als neueren Kommentar zu dieser Erklärung Rankes siehe Gerhard Ritter, »Scientific History ...«, *History and Theory* (Den Haag 1961), vol. I, no. 3, 265, der sie glühend unterstützt, offensichtlich in der Absicht, das Schwelgen in Konstruktionen und die Überempfindlichkeit bestimmter zeitgenössischer Historiker

herabzusetzen. (Das Referat von Ritter ist ursprünglich 1958 in Deutschland publiziert. Vgl. Bibliographie.)

6 Proust, *Auf der Suche nach der verlorenen Zeit*, a.a.O., Bd. 3, S. 203–205. – Vgl. auch Kracauer, *Theory of Film*, pp. 14–15 (*Theorie des Films*, S. 39–40).

7 Vgl. Schütz, »The Stranger«, *The American Journal of Sociology* (Mai 1944), vol. XLIX, no. 6, 499–507.

8 Zitiert nach Toynbee (Hgb. u. Übersetzer), *Greek Historical Thought* (Mentor Book), New York 1952, p. 42. – Es versteht sich, daß Polybios ein weiterer Fall ist, der hierhergehört. Siehe zum Beispiel Bury, *The Ancient Greek Historians* (Dover Book), New York 1958, pp. 191-219.

9 Als John Brooke und Toynbee von Mehta interviewt wurden, erklärten sie sich in diesem Sinn. Siehe Mehta, »The Flight of Crook-Taloned Birds«, *The New Yorker* (15. Dez. 1962), pp. 74, 82. – In diesem Zusammenhang scheint mir Burckhardts Hinweis auf das häufige Auftreten von Emigranten in Italien zur Zeit der Renaissance und seine Betonung ihrer großen Leistungen von großem Interesse zu sein. Siehe Burckhardt, *Die Kultur der Renaissance in Italien*, Wien 1934, S. 78, und Kaegi, *Jacob Burckhardt, Eine Biographie*, Basel 1956, III. Band, S. 715.

10 Schopenhauer, *Sämtliche Werke*, Wiesbaden 1949, II. Bd., S. 464–65: »Die Welt als Wille und Vorstellung«, 3. Buch, Kap. 34.

11 Vgl. Bailyn, »The Problems of the Working Historian: A Comment«, in Hook (Hgb.), *Philosophy and History*, New York 1963, p. 98.

12 Bloch, *The Historians Craft*, New York 1959, pp. 65–66.

13 Mills, *The Sociological Imagination*, New York, 1959 p. 196.

14 Zitiert von Willey, *The Seventeenth Century Background* (Doubleday Anchor Book), Garden City, N. Y. 1953, p. 43.

15 Burckhardt, *Griechische Kulturgeschichte* (Kröners Taschenbuchausgabe, Bde. 58, 59, 60) Leipzig 1929, Bd. 58, S. 7–8. – Siehe auch Löwith, *Jacob Burckhardt* ..., Luzern 1936 (und Stuttgart 1966), S. 186–87.

16 Harnack, *History of Dogma* (Dover Book), New York 1961, Buch I, vol. I, pp. 37–38, bemerkt dazu klug: »... der Hi-

storiker verfällt der Vagheit, sobald er hinter den aufzeigbaren Ideen und Zielen, die einen Zeitraum bewegten, andere zu suchen beginnt und dies offen zugibt, von denen jener Zeitraum selbst überhaupt nichts wußte.«

17 Droysen, *Historik* . . ., München 1960, S. 245.

18 Burckhardt in einem Brief vom 30. März 1870 an Bernhard Kugler. Zitiert nach Jacob Burckhardt, *Briefe.* Ausgewählt und hgb. von Max Burckhardt, Bremen 1965, S. 275.

19 Butterfield, »Moral Judgements in History«, in Meyerhoff (Hgb.), *The Philosophy of History in Our Time* (Doubleday Anchor Book), Garden City, N. Y. 1959, p. 229. – Der Ausschnitt ist entnommen Butterfield, *History and Human Relations,* London 1931.

20 Butterfield, *Man on His Past* (Beacon Book), Boston 1960, p. 139.

21 *Ibid.*, p. 139.

22 Zitiert bei Kracauer, *Theory of Film,* p. 202 *(Theorie des Films,* S. 271) nach Ivens, »Borinage – A Documentary Experience«, *Film Culture* (New York 1956), vol. II, no. 1, 9.

23 Butterfield, »Moral Judgements . . .« (Siehe Anm. 19), p. 244, spielt auf diese Möglichkeit an, wenn er sagt, daß der (technische) Historiker die Sache der Moralität unterstützen könne, indem er bis ins konkrete Detail und auf objektive Weise ein gewaltiges Massaker, die Folgen religiöser Verfolgung oder die Vorgänge in einem Konzentrationslager beschreibt. Im übrigen entspringt Butterfields Idee von technischer Geschichte einer verwickelten Mischung theologischer und szientifischer Begriffe.

24 Strauss, »On Collingwood's Philosophy of History«, *The Review of Metaphysics* (Montreal, Juni 1952), vol. V, no. 4, 583.

25 Zitiert aus Hale, »Introduction« (siehe Anm. 2), p. 42, wo er einen Brief von Carlyle an John Stuart Mill zitiert, in dem Carlyle schreibt: Geschichte »wendet sich (buchstäblich vom Himmel her, denn hat Gott nicht alles vorbestimmt?) an unseren *ganzen* inneren Menschen; an jede Fertigkeit von Kopf und Herz, von der tiefsten bis zur geringsten . . .«

26 Dilthey, *Gesammelte Schriften,* Stuttgart und Göttingen, 1958 und 1961, Bd. VII, S. 164, schreibt: »Freudige Erzählkunst,

bohrende Erklärung, Anwendung des systematischen Wissens auf sie, Zerlegung in einzelne Wirkungszusammenhänge und Prinzip der Entwicklung, diese Momente summieren sich und verstärken sich untereinander.« – Vgl. auch Berlin, »History an theory ...«, *History and Theory* (Den Haag 1960), vol. I, no. I, 24, wo er sich ähnlich ausdrückt.

27 Siehe zum Beispiel Kolko, »Max Weber on America: Theory and Evidence«, *History and Theory* (Den Haag 1961), vol. 1, no. 3, 243–60, *passim*, bes. pp. 259–60.

28 Vgl. zum Beispiel Blumenberg, *Die Kopernikanische Wende*, Frankfurt/M. 1965, und seine *Paradigmen zu einer Metaphorologie*, Bonn 1960. – Ich sollte auch erwähnen, daß Jonas, *Gnosis und spätantiker* Geist, Band I und II, Göttingen [3]1964 und 1954, hervorragende Beispiele historisch-morphologischer Analyse bietet.

29 Graves, *I, Claudius* (Vintage Book), New York 1961, p. 116.

30 Berlin, »History and theory ...« (siehe Anm. 26), p. 24. – Ähnliche Hinweise auf das Gewicht breiter menschlicher Erfahrung bei Marrou, *De la connaissance historique*, Paris 1962, pp. 79–80 (wo er aus Versehen die »boutade« von Graves: »Geschichte ist das Spiel eines alten Mannes« dem Kaiser Claudius zuschreibt); Hexter, *Reapraisals in History*, Evanston, Ill. 1961, pp. 43, 199.

31 Siehe Zitat bei Löwith, *Jacob Burckhardt* ..., Luzern 1936 (und Stuttgart 1966), S. 188: »›Kein Nachschlagewerk der Welt kann mit seinen Zitaten die chemische Verbindung ersetzen, welche eine von uns selbst gefundene Aussage mit unserem Ahnen und Aufmerken eingeht, so daß sich ein wirkliches geistiges Eigentum bildet.‹« Löwith zitiert nach der *Burckhardt Gesamtausgabe*, Basel 1929–33, Bd. 8, S. 8.

32 Berlin, a.a.O., p. 24.

33 Huizinga, »The Task of Cultural History«, in Huizinga, *Men and Ideas* (Meridian Book), New York 1959, pp. 53–54.

34 Aydelotte, »Notes on the Problem of Historical Generalization«, in Gottschalk (Hgb.), *Generalization on the Writing of History*, Chicago 1963, p. 167.

35 Siehe Festugière, *La révélation d'Hermès Trismégiste*. Tome 1: L'*Astrologie et les science occultes*, Paris 1949, pp. 7, 356.

36 Zu einem Kommentar zum Gültigkeitsbereich historischer Ver-

allgemeinerungen siehe zum Beispiel Dilthey, *Gesammelte Schriften*, Bd. VII (siehe Anm. 26), S. 188, wo er von der Begriffsbildung in den Geisteswissenschaften handelt. »Die Begriffsbildung ist daher nicht eine einfache Generalisation, welche das Gemeinsame aus der Reihe der einzelnen Fälle gewinnt. Der Begriff spricht einen Typus aus.« – Vgl. auch Benjamin, »Ursprung des deutschen Trauerspiels«, in Benjamin, *Schriften*, Frankfurt/M. 1955, Bd. I, S. 141–365. In der »Erkenntniskritischen Vorrede« zu diesem Traktat (S. 141–74) hält Benjamin emphatisch fest an der Differenz von »Generalisierung« und »Idee«. Siehe bes. S. 155-64.

37 Siehe Hexter, *Reappraisals in History* (siehe Anm. 30), pp. 202, 204.

38 Huizinga, »Renaissance and Realism«, in Huizinga, *Men and Ideas* (siehe Anm. 33), p. 288.

39 Huizinga, »The Problem of the Renaissance«, in Huizinga, a.a.O., p. 287.

40 Persönliche Mitteilung von Prof. P. O. Kristeller.

41 Huizinga, »Renaissance and Realism« (siehe Anm. 38), pp. 288–89. Von den Meistern, zu denen Burckhardt aufrückte, sagt Huizinga, daß »man nicht länger danach fragt, was die Meinungen solcher Männer waren, sondern, was ihr Geist ist«.

42 Berlin, *Karl Marx: His Life and Environment* (Galaxy Book), New York 1959, pp. 43-44.

43 Berlin, »History and theory ...« (siehe Anm. 26), p. 24.

44 Bultmann, *History and Eschatology* ... (Harper Torchbook), New York 1962, p. 122.

5. Kapitel

1 Aron, *Dimensions de la conscience historique*, Paris 1961, p. 19.

2 Obwohl Toynbee die Notwendigkeit von Mikro-Geschichte zugibt (siehe dazu den Exkurs zum »Quantitätsproblem«, in *Reconsiderations*, pp. 125–128), ist sein emotionales Vorurteil dagegen tatsächlich sehr stark. Mehta, »The Flight of Crook-Taloned Birds«, *The New Yorker* (8. Dez. 1962) p. 92, berichtet, daß in der Unterhaltung mit ihm Toynbee »sich mit

dem Gedanken tröstete, daß die Tage der Mikroskop-Historiker wahrscheinlich gezählt sind«.

3 Jedin, *Bischöfliches Konzil oder Kirchenparlament?*, Basel 1963.

4 Hexter, »The Education of the Aristocracy in the Renaissance«, in Hexter, *Reappraisals in History, Evanston*, Ill., 1961, pp. 45–70.

5 Tolstoy, *War and Peace*, Baltimore 1951, vol. II, p. 1400–1401.

6 *Ibid.*, p. 1425. – Vgl. Berlin, *The Hedgehog and the Fox*, New York 1953, pp. 19, 26, 29.

7 Tolstoy, a.a.O., p. 1425.

8 Kracauer, *Theory of Film*, New York 1960, pp. 63–64. (*Theorie des Films*, S. 99–100). – Zum Zitat siehe Léger. »A propos du cinéma«, in L'Herbier (Hgb.), *Intelligence du cinématographe*, Paris 1946, p. 340. (Zuerst in der Zeitschrift *Plans*, Jan. 1931.)

9 Tolstoy, a.a.O., p. 977.

10 Berlin, a.a.O., p. 31.

11 Tolstoy, a.a.O., p. 1440.

12 Vgl. Berlin, a.a.O., pp. 68-72.

13 Tolstoy, a.a.O., p. 886.

14 Mehta (siehe Anm. 2), pp. 82–83.

15 John Brooke, wie von Mehta zitiert, *ibid.*, pp. 74, 87, geht auf den Einfluß von Marx auf Namier ein.

16 Talmon, »The Ordeal of Sir Lewis Namier«, *Commentary* (New York, März 1962) vol. 33, no. 3, pp. 242, 243.

17 Mehta, a.a.O., p. 93.

18 *Ibid.*, p. 78.

19 Namier, »Human Nature in Politics«, in Stern (Hbg.), *The Varieties of History*, New York 1956, p. 382.

20 *Ibid.*, pp. 382, 384.

21 *Ibid.*, p. 384.

22 *Ibid.*, p. 386.

23 Talmon, a.a.O., p. 242.

24 Mehta, a.a.O., p. 106.

25 Butterfield, *George III and the Historians*, New York 1959, p. 210.

26 *Ibid.*, p. 213.

27 *Ibid.*, p. 213.

28 Mehta, a.a.O., p. 119. – Vgl. Butterfield, *Christianity and History*, New York 1949, *passim.*

29 Zu einer Diskussion dieser Frage siehe die Referate »Methodological Individualism: Definition and Reduktion« von Max Brodbeck und »Societal Laws« von Maurice Mandelbaum in Dray (Hgb.) *Philosophical Analysis and History*, New York 1966. Beide Autoren betonen, und liegen hierbei mit meiner Behauptung auf einer Linie, daß bestimmte historische und soziologische Makro-Begriffe sich eines Minimums an Unabhängigkeit erfreuen und ihrer Auflösung in Mikro-Elemente widerstehen. Bei beiden aber nehmen formales Argument und logische Tüftelei gegen eigentliche materiale Analyse überhand.

30 Marrou, »Comment comprendre le métier d'historien«, in Samaran (Hgb.), *L'Histoire et ses méthodes*, Paris 1961, p. 1499.

31 Proust, *Contre Sainte-Beuve*, Paris 1954, pp. 176-77.

32 Butterfield, *Man on His Past* (Beacon Paperback), Boston 1960, p. 44.

33 Zitiert aus Bacon, »Advancement in Learning« von Hale in der »Introduction« zu Hale (Hgb.), *The Evolution of British Historiography from Bacon to Namier*, Cleveland und New York 1964 (Meridian Book), p. 17.

34 Gooch, *History and Historians in the Nineteenth Century* (Beacon Paperback), Boston 1959, p. 182.

35 Zitiert aus Sainte-Beuve, *Causeries*, Band I, nach Gooch, *ibid.*

36 Hale, a.a.O., p. 17.

37 Marrou, a.a.O., p. 1532.

38 Butterfield, *Georg III and the Historians*, p. 205.

39 Zitiert in Kracauer, *Theory of Film*, p. 51, nach Freund, *La photographie en France au dix-neuvième, siècle*, Paris 1936, p. 92. (Verf. zitiert aber richtig aus W. Pudowkin, *Filmregie und Filmmanuskript*, Berlin 1928, I. Teil, S. 68 f. Vgl. seine *Theorie des Films*, S. 83 f. und S. 410.)

40 *Ibid.*

41 Marrou, a.a.O., p. 1529.

42 Vgl. Bark, *Origins of the Medieval World* (Doubleday Anchor Book), Garden City, N. Y. 1960, *passim;* besonders die Kritik an der These von Pirenne im Kapitel »The Problem of Medieval Beginning«.

43 Zu Panofsky vgl. hier Kapitel 2, S. 62, und Anm. 35; zu Jedin, *Bischöfliches Konzil oder Kirchenparlament?*, besonders seine Analyse des *Haec Sancta Dekretes*, S. 10–13.

44 Proust, *Auf der Suche nach der verlorenen Zeit*, Bd. 1, S. 270.

45 Das Beispiel stammt von Professor Diamond.

46 Ferguson, »Introduction«, in Alfred von Martin, *Sociology of the Renaissance*, New York und Evanston 1963 (Harper Torchbook), p. xiii.

47 Aron, a.a.O., p. 14.

47a (Vgl. Kracauer: »Wann immer in Mikro-Analyse gewonnene Details in die Makro-Dimension transportiert werden, kommen sie dort oben leicht beschädigt an.« In: *Immanente Ästhetik, ästhetische Reflexion. Lyrik als Paradigma der Moderne.* Kolloquium Köln 1964, ed. W. Iser, München 1966, S. 412.)

48 Vgl. Kracauer, a.a.O., pp. 47–48 (*Theorie des Films, S.* 78 f.).

49 Vgl. Toynbee, *Reconsiderations*, New York 1964, bes. pp. 124, 134–35.

50 Kracauer, a.a.O., p. 231 (*Theorie des Films*, S. 304 f.).

51 Lévi-Strauss, *La Pensée Sauvage*, Paris 1962, p. 346 (*Das wilde Denken*, Frankfurt/M. 1968, S. 301).

52 *Ibid.*, p. 347 (*Das wilde Denken*, S. 301-302).

53 Zu dem ganzen Vorgang siehe Blumenberg, »Lebenswelt und Technisierung unter Aspekten der Phänomenologie«, in *Sguardi su la filosofia contemporanea*, vol. LI (1963) bes. pp. 20 ff.; und Blumenberg, »Das Fernrohr und die Ohnmacht der Wahrheit«, in Galilei, *Sidereus Nuncius*, Frankfurt/M. 1965, bes. S. 44-45 und S. 72-73.

54 Jonas, *Gnosis und spätantiker Geist*, Teil II, 1, Göttingen 1954, S. 189.

55 Siehe Nivikoff, »The Concept of Integrative Levels and Biologie«, in *Science*, vol. 101 (1945), pp. 209-15.

56 Harnack, *History of Dogma*, New York 1961 (Dover Book), vol. I, p. 132.

57 Hexter, a.a.O., p. 210.

58 Vgl. Toynbee, a.a.O. (siehe Anm. 49), »The Problems of Quantity in the Study of Human Affairs«, *passim.*

59 *Ibid.*, p. 134.

60 Siehe hier Kapitel 4, S. 89.

61 Vgl. zum Beispiel Bullock, »The Historian's Purpose: History and Metahistory«, in Meyerhoff (Hgb.), *The Philosophy of History in Our Time*, Garden City, N. Y. 1959 (Doubleday Anchor Book), p. 293: »die desolaten Verschwendungen einer trockenen historischen Gelehrsamkeit«.

62 Bloch, *The Historian's Craft*, New York 1959, p. 86.

63 Huizinga, *Im Bann der Geschichte*, Basel 1943, S. 12.

64 Meinecke, »Kausalitäten und Werte in der Geschichte«, in *Staat und Persönlichkeit*, Berlin 1933, S. 34.

65 *Ibid.*, S. 34 und S. 28. (Das Zitat im vollen Wortlaut: »Aber unser historisches Interesse gilt hier nicht der Erforschung dieser Kausalität, sondern der Erfassung und Wiederbelebung eines großen geistigen Wertes der Vergangenheit. Diese Erfassung muß natürlich auch wieder kausale Mittel verwenden und den zeitgeschichtlichen Ursprung einer solchen Leistung zu ermitteln versuchen – aber die Kausalforschung ist hier wieder nur Mittel zum Zweck der vollen Herstellung eines geistigen Wertes« S. 34). Meineckes Position, die technische Geschichte interpretativer unterordnen würde, läuft parallel eine Erklärung von Guthrie zum gleichen Thema: »Es gibt die natürlichen Gelehrten, deren Sorge ist, den Text eines Autors zu sichern oder eine Reihe von Krügen zu datieren; und es gibt andere, die sich mehr verantwortlich fühlen, die Ergebnisse solcher wissenschaftlicher Arbeit in größerem Rahmen zu sehen, ihren Ort in der klassischen Tradition und ihre Relevanz für die Gegenwart abzuwägen ... Man möge mir vergeben, wenn ich feststelle, daß wir gerade jetzt den interpretativen Typus besonders nötig haben.« Guthrie, »People and Traditions«, in Guthrie – van Groningen, *Tradition and Personal Achievement in Classical Antiquity*, London 1960, pp. 9–10.

66 Bloch, a.a.O., p. 86.

67 Bury, »History as Science«, in Stern (Hgb.), a.a.O., p. 219.

68 Bury, *The Ancient Greek Historians*, New York 1958 (Dover Book), p. 246.

69 Siehe Marrou, *De la connaissance historique*, Paris [4]1962, p. 235: »Es ist nur natürlich, daß historische Forschung, wie jede intellektuelle Disziplin, die kontinuierliche Entwicklung kennt, mit der Zeit vorangeschritten ist ...« – Pirenne, »What

Are Historians Trying to Do?«, in Meyerhoff (Hgb.), *The Philosophy of History in Our Time* (siehe Anm. 61), p. 98: »Je mehr sich die Darstellungen vermehren, desto mehr ist die infinite Realität von ihren Hüllen befreit.« – Kristeller, »Some Problems of Historical Knowledge«, *The Journal of Philosophy*, vol. LVIII, no. 4 (16. Febr. 1961), p. 97: »Es ist die ständige Aufgabe historischer Forschung, die Grenze des etablierten Wissens vorzurücken und den Bereich nicht verifizierter Meinung zu reduzieren.« – Hexter, a.a.O., p. 190: »... hinsichtlich deutlich zeitbegrenzter Konzeptionen findet ein Sichtungsprozeß statt. Sie werden mit der Zeit ausgesondert; doch bleibt ein beträchtliches Residuum, das nicht von ihnen kontaminiert wurde, zurück.«

70 Vgl. Pirenne, a.a.O., p. 99: »Die vergleichende Methode erlaubt Geschichte, in ihrer wahren Perspektive zu erscheinen.« Zur Ansicht von Bloch siehe Anm. 71.

71 Bloch glaubt, daß vergleichende Geschichte Teamarbeit bedingt. Bei der Bestimmung des Auftretens feudaler Phasen in der Geschichte außereuropäischer Gesellschaften sagt er in *Feudal Society*, Chicago 1964, vol. II, p. 446: »Es ist keineswegs unmöglich, daß Gesellschaften, die sich von unseren unterscheiden, eine Phase durchlaufen haben könnten, die der gerade definierten sehr nahe käme. In diesem Fall wäre es legitim, sie während jener Phase feudal zu nennen. Aber die Arbeit des Vergleichens, die sich derart abzeichnet, geht deutlich über die Kräfte eines einzelnen hinaus.« – Marrou, »Comment comprendre le métier d'historien« (siehe Anm. 30), pp. 1515–16, sagt: »... selbst ein historisches Werk von sehr persönlichem Charakter, das aus den Quellen von einem Forscher erdacht und ausgeführt wurde, ist nichtsdestoweniger der Kulminationspunkt einer immensen Kollektivanstrengung ... Der Historiker erscheint uns als ein Architekt, der ... eine ganze Reihe getrennter Berufe um sich sammeln muß.« – Ein Aspekt, den Kristeller, a.a.O., p. 88, betont, ist, daß »die verschiedenen historischen Disziplinen, eben wie die verschiedenen Wissenschaften, sich aus besonderen sozialen, historischen und intellektuellen Umständen entwickelten und von persönlichen, nationalen, religiösen, institutionalen oder beruflichen Interessen gestützt werden. Einige davon überschnei-

den sich, andererseits gibt es keinen bewohnten Landstrich, der noch nicht durch irgendeines dieser Interessen eingenommen wäre. Nur durch eine graduelle Ausdehnung des Wissens und durch einen zunehmenden Grad an interdisziplinärer Zusammenarbeit können wir hoffen, einem gemeinsamen historischen Wissen näher zu kommen.«

72 Pirenne, a.a.O., p. 99.

73 Lévi-Strauss, a.a.O., p. 341 (*Das wilde Denken*, S. 296.)

74 Carr, *What is History?*, New York 1962, p. 165.

75 Valéry, »Discours de l'Histoire« (1932), in *Œuvres I*, p. 1130 (»Mais puisque nous ne pouvons tout retenir, et qu'il faut se tirer de l'infini des faits par un jugements de leur utilité ultérieure ...«).

6. Kapitel

1 Vgl. zum Beispiel Kristeller, »The Moral Thought of Renaissance Humanism«, in *Chapters in Western Civilization*, vol. I, New York [3]1961, p. 290, wo er, unter anderen, von der Prämisse ausgeht, daß wir »Kontinuität als grundlegend für Geschichte« akzeptieren müssen. Vgl. aber in diesem Kapitel Anm. 21 zu einem anderen Aspekt von Kristellers Ansicht.

2 Vgl. besonders Vidal-Naquet, »Temps des dieux et temps des hommes. Essai sur quelques aspects de l'expérience temporelle chez les Grecs«, in *Revue de l'histoire des religions*, vol. CLVII, no. 1 (Jan.-März 1960), 55–80, *passim*.

3 Siehe Blumenberg, »›Säkularisation‹, Kritik einer Kategorie historischer Illegitimität«, in Kuhn und Wiedmann (Hgb.), *Die Philosophie und die Frage nach dem Fortschritt*, München 1964, S. 243, wo auf die Unterschiede zwischen Fortschrittsidee und Eschatologie eingegangen wird.

4 Siehe Marrou, »Das Janusantlitz der historischen Zeit bei Augustin«, in Andresen (Hgb.), *Zum Augustin-Gespräch der Gegenwart*, Darmstadt 1962, besonders S. 376–77.

5 Bloch, *Feudal Society*, Chicago 1964, vol. I, p. 91.

6 Malinowski, *Magic, Science and Religion*, Garden City, N. Y. 1954 (Doubleday Anchor Book), besonders pp. 26, 28–30, 33–35.

7 Marrou, »Comment comprendre le métier d'historien«, in Samaran (Hgb.), *L'Histoire et ses méthodes*, Paris 1961, p. 1476.
8 Ranke, Vorrede zur *Weltgeschichte*, 1. Teil, 1. Abteilung, 3. Aufl., Leipzig 1883, S. ix.
9 Siehe Pirenne, »What Are Historians Trying To Do?«, in Meyerhoff (Hgb.), *The Philosophy of History in Our Time*, Garden City, N.Y. 1959 (Doubleday Anchor Book), pp. 88–89.
10 Bloch, *The Historian's Craft*, New York 1959, p. 47.
11 Focillon, *The Life of Forms in Art*, New York 1948, p. 10.
12 *Ibid.*, p. 10.
13 *Ibid.*, p. 55.
14 *Ibid.*, p. 60.
15 *Ibid.*, p. 63.
16 Kubler, *The Shape of Time* ..., New Haven und London 1962, *passim.*
17 Kubler, a.a.O., p. 12.
18 Lévi-Strauss, *La Pensée sauvage*, Paris 1962, p. 345 *(Das wilde Denken*, S. 300).
19 *Ibid.*, p. 344 *(Das wilde Denken*, S. 299).
20 Vgl. die auf p. 343 (dt., S. 298) gegebenen Beispiele und besonders pp. 344–345 (dt., S. 299–300), wo die Stufe der Größenordnung moderner und zeitgenössischer Geschichte mit jener der Vorgeschichte verglichen wird: »Die berühmtesten Episoden der neueren und der Zeitgeschichte verlieren ihre Relevanz, wenn sie im System der Vorgeschichte kodiert werden, abgesehen vielleicht ... von einigen massiven Aspekten der im Weltmaßstab betrachteten demographischen Entwicklung, der Erfindung der Dampfmaschine, der Elektrizität und der Atomenergie.« – Auch Marc Bloch, a.a.O., pp. 183–84, geht auf das Bedürfnis ein, sich Geschichten verschiedener Größenordnungen vorzustellen, und zwar im Kontext seiner Diskussion der unabhängigen Errichtung unabhängiger Sequenzformen für jeden Bereich. Wie er witzig formuliert: »Eine Religionsgeschichte der Herrschaft des Philippe Auguste? Eine Wirtschaftsgeschichte der Herrschaft Louis XV.? Warum nicht: »Tagebuch von Louis Pasteur über die Vorfälle in meinem Laboratorium während der zweiten Präsidentenschaft von

Grévy?‹ Oder umgekehrt: ›Diplomatische Geschichte Europas von Newton bis Einstein.‹«

21 Kristeller, a.a.O., p. 291, anläßlich der Erklärung, warum mittelalterliche und moderne Züge in der Renaissance wie die ihr eigenen anhalten, bestätigt dies zumindest insofern, als »in einer komplexen, doch artikulierten Zivilisation jeder Kulturbereich seine eigene Entwicklungslinie haben mag.«

22 Persönliche Mitteilung von Prof. Diamond.

23 W. von Leyden, »History and the Concept of Relative Time«, *History and Theory* (Den Haag 1963), vol. II, no. 3, 279–80, zitiert aus Herders »Metakritik«, *Herders Sämtliche Werke,* Stuttgart und Tübingen 1830, 16. Teil [= Band], 1. Teil, S. 84 f.

24 Valéry, »La politique de l'esprit, notre souverain bien«, in *Œuvres I,* Paris 1957 (Pléiade), p. 1018.

25 Lichtenberg, *Aphorismen, Briefe, Schriften,* Stuttgart 1953, S. 21.

26 Bloch, a.a.O., p. 151.

27 Curtius, *Europäische Literatur und Lateinisches Mittelalter,* Bern und München [6]1967, S. 24.

28 Meyer Schapiro, »Style«, in Kroeber (Hgb.), *Anthropology Today,* Chicago 1953, p. 295.

29 Aron, *Dimension de la conscience historique,* Paris 1961, pp. 115–16 und 270.

30 Mandelbaum, »The History of Ideas, Intellectual History, and the History of Philosophy«, *History and Theory,* Beiheft 5 (Den Haag 1965), pp. 50–52.

31 Dilthey, »Der Aufbau der geschichtlichen Welt in den Geisteswissenschaften«, in *Gesammelte Schriften,* Bd. VII, Stuttgart und Göttingen 1961, S. 178. Vgl. auch S. 183.

32 Benjamin, »Geschichtsphilosophische Thesen«, in *Schriften,* Frankfurt/M. 1955, Bd. I, S. 502.

33 Laslett, »Commentary«, in Crombie (Hgb.), *Scientific Change* (Symposium on History of Science, University of Oxford, 9.–15. Juli 1961), London 1963, p. 863.

34 *Ibid.*

35 Vgl. Kaegi, *Jacob Burckhardt,* II. Bd., Basel 1950, S. 185.

36 Zitiert bei Kaegi, a.a.O., II. Bd., Basel 1956, S. 95.

37 Siehe zum Beispiel Kristeller, »Changing Views of the Intel-

lectual History of the Renaissance since Jacob Burckhardt«, in Helton (Hgb.), *The Renaissance: A Reconsideration of the Theories and Interpretation of the Age*, Madison 1961, pp. 29–30.

38 Kubler, a.a.O., p. 28.

39 *Ibid.*, p. 122.

40 Bloch, a.a.O., p. 152.

41 Dilthey, a.a.O., S. 185.

42 Bloch, *Feudal Society* (siehe Anm. 5), vol. II, pp. 306–07.

43 Vgl. Lovejoy, *Essays in the History of Ideas*, New York 1960 (Capricorn Book), p. 320.

44 Siehe Rand, *Founders of the Middle Ages*, New York 1957 (Dover Book), p. 17.

45 Edelstein, »The Greco-Roman Concept of Scientific Progress«, *Ithaca* (Paris, 26. VIII. – 2. IX. 1962), p. 57.

46 Dilthey, ›Einleitung in die Geisteswissenschaften«, in *Gesammelte Schriften* (siehe Anm. 31), Bd. I, S. 256.

47 Schmidt, *Der Begriff der Natur in der Lehre von Marx*, Frankfurt/M. 1962, S. 27.

48 Jonas, *Gnosis und spätantiker Geist*, Teil 1, Göttingen 1964, S. 24–25.

49 *Ibid.*, S. 37.

50 Blumenberg, »Epochenschwelle und Rezeption«, *Philosophische Rundschau*, Bd. VI, Nr. 1/2 (1958), S. 94.

51 Kracauer, *Theory of Film*, New York 1960, pp. 200-201 (*Theorie des Films*, S. 268–69).

52 Zitiert von Gadamer, *Wahrheit und Methode*, Tübingen 1960, S. 192, aus Ranke, *Weltgeschichte*, Band IX, S. xiii f.

53 Siehe Croce, *History: Its Theory and Practice*, New York 1960, *passim*.

54 *Ibid.*, Part II, pp. 165–314.

55 Siehe Jauss, *Zeit und Erinnerung in Marcel Proust's ›A la recherche du temps perdu‹*, Heidelberg 1955, passim. Ich habe großen Vorteil aus dieser bemerkenswerten Monographie, einem Modell konziser und verständiger Analyse, gezogen. Vgl. auch Poulet, »Proust«, in *Etudes sur le temps humain*, tome 1, Paris 1956.

56 Jauss, a.a.O., S. 87.

7. Kapitel

1 Mandelbaum, »The History of Ideas, Intellectual History, and the History of Philosophy«, *History and Theory*, Beiheft 5 (Den Haag 1965), p. 42.

2 Siehe Hale, »Introduction«, in Hale (Hgb.), *The Evolution of British Historiography from Bacon to Namier* (Meridian Book), Cleveland und New York 1964, p. 59; und Hexter, *Reappraisals in History*, Evanston, Ill., 1961, p. 195.

3 Mandelbaum, a.a.O., p. 44.

4 Pirenne, *Geschichte Europas von der Völkerwanderung bis zur Reformation*, Berlin und Frankurt/M. 1956, S. 30.

5 Hexter, a.a.O., p. 213.

6 Nilsson, *Geschichte der griechischen Religion*, München 1961, II. Bd., S. 324. In Verbindung mit dieser Passage vgl. den allgemeinen Kommentar von Marrou, »Comment comprendre le métier d'historien«, in Samaran (Hgb.), *L'histoire et ses méthodes*, Paris 1961, pp. 1530–31: »Wie viele Theoretiker der Zivilisation haben nicht ein organizistisches Schema als etwas Selbstverständliches angenommen und das historische Phänomen, das so komplex ist, etwas Lebendigem verglichen, das geboren wird, wächst, verfällt und stirbt ... Was die Reduktion einer ganzen Zivilisation auf eine einzige Idee betrifft, falls das der Traum des Philosophen wäre, wie man uns weismachen will, muß der Historiker sie als nichts denn ein gefährliches Trugbild betrachten.«

7 Wendland, *Die hellenistisch-römische Kultur ...* (Handbuch zum Neuen Testament, 1. Bd.: 2. und 3. Teil), Tübingen 1912, S. 152.

8 Dodds, *The Greeks and the Irrational* (Beacon Paperback), Boston 1957, pp. 252–55.

9 Bloch, *Feudal Society* (Phoenix Book), Chicago 1964, vol. II, pp. 41–42.

10 Ranke, *Deutsche Geschichte im Zeitalter der Reformation*, Köln 1957, S. 128–30.

11 Siehe Ranke, *Die römischen Päpste im Zeitalter der Reformation*, Köln 1954, S. 193–204, *passim*. Zur Musik von Palestrina sagt Ranke, S. 203: »Es ist als ob die Natur Ton und Stimme bekäme, als ob die Elemente sprächen und die Laute

des allgemeinen Lebens sich in freier Harmonie der Anbetung widmeten, bald wogend wie das Meer, bald in jauchzendem Jubel aufsteigend gen Himmel.«

12 Vgl. Kaegi, *Jacob Burckhardt. Eine Biographie*, Basel 1950, Bd. II, S. 71.

12a (Vgl. hierzu: »Thomas Mann hat in immer neuen Abwandlungen den ästhetischen Typus dargestellt und zugleich auch seine tiefste Sehnsucht enthüllt: die Sehnsucht nach der Bürgerlichkeit.« Kracauer, »Vom Erleben des Kriegs«, in: *Preußische Jahrbücher*, 161. Bd. (1915), S. 419).

13 Lietzmann, *Geschichte der Alten Kirche*, Berlin [3]1961, 3. Bd., S. 16.

14 Wendland, a.a.O., S. 49.

15 *Ibid.*, S. 62.

16 Graves, *I, Claudius* (Vintage Book), New York 1934 und 1961, pp. 108–09.

17 Vgl. Bury, *The Ancient Greek Historians* (Dover Paperback), 1958, pp. 81, 91, 106, 112, 118–19.

18 Vgl. zum Beispiel Gooch, *History and Historians in the Nineteenth Century* (Beacon Paperback), Boston 1959, p. 175 und *passim*. Auf seine altmodische Art scheint Gooch eine Verschmelzung gelehrter und künstlerischer Absichten gutzuheißen; folglich preist er die »künstlerische und historische Einheit« in Michelets Geschichte der Französischen Revolution.

19 Vgl. Gershoy, »Some Problems of a Working Historian«, in Hook (Hgb.), *Philosophy and History* ..., New York 1963, p. 75, wo er von der »dualen Natur der Geschichte als Kunst und Wissenschaft, als persönliches Engagement und objektive Forschung ...« spricht.

20 Siehe Meinecke, »Kausalitäten und Werte in der Geschichte«, in *Staat und Persönlichkeit*, Berlin 1933, S. 30, 33, 50.

21 Bloch, *The Historian's Craft*, New York 1959, pp. 26–27.

22 Namier, »History«, in Namier, *Avenues of History*, London 1952, p. 8.

23 Burckhardt, *Briefe*, ausgewählt und herausgegeben von Max Burckhardt, Bremen 1965, S. 165.

24 Taubmann, »History as Literature«, *The New York Times*, 30. März 1966.

25 Kaegi, *Jacob Burckhardt. Eine Biographie*, Basel 1956, Bd. III, S. 691.

26 Croce, *History: Its Theory and Practice*, New York 1960, p. 35.

27 Nilsson, a.a.O., Bd. II, S. 324–25.

28 Pirenne, *Geschichte Europas* ... (siehe Anm. 4), S. 270.

29 *Ibid.*, S. 433.

30 Vgl. Kracauer, *Theory of Film*, New York 1960, p. 220 (*Theorie des Films*, S. 291).

31 Rostovtzeff, *Rome* (Galaxy Book), New York 1960, p. 120.

32 Proust, *Auf der Suche nach der verlorenen Zeit*, Bd. 1, passim.

33 Auerbach, *Mimesis: Dargestellte Wirklichkeit in der abendländischen Literatur*, Bern 1946, S. 489.

34 White, »The Burden of History«, *History and Theory* (Middletown, Conn. 1966), vol. V, no. 2, erhärtet diese Ansicht in dem Maße, wie er die Diskrepanz betont, die zwischen modernen ästhetischen Konzeptionen und den ziemlich überholten stilistischen Präferenzen einer Mehrheit der Historiker herrscht. So erklärt er, p. 126, daß viele Historiker, die von der »Kunst« der Geschichte sprechen, »anscheinend an eine Kunstkonzeption denken, die wenig mehr als den Roman des 19. Jahrhunderts als beispielhaft gelten läßt«. Im übrigen weicht sein Ansatz beträchtlich von meinem ab.

35 Valéry. Die Passage ist seinem Brief an André Lebey, datiert September 1906, entnommen. Zum originalen Wortlaut siehe Valéry, *Œuvres II*, Paris 1960 (Pléiade), p. 1543: »... j'ai tiré du fruit de la lecture, ça et là, d'histoires particulières de l'architecture, de la géometrie, de la navigation, de l'Économie politique, de la tactique. Dans chacun de ces domaines, les choses sont filles visibles les unes des autres«, wohingegen in »l'histoire générale chaque enfant semble avoir mille pères et réciproquement«. (Valéry fährt fort: »C'est le diable.«)

36 Vgl. Bloch, *The Historian's Craft* (siehe Anm. 21), p. 32, wo er sagt: »In jeder Studie, die den Ursprüngen einer menschlichen Aktivität nachgeht, lauert die ... Gefahr, Abstammung fälschlich für Erklärung zu halten.«

37 Siehe Hexter, a.a.O., pp. 39, 202, 213.

38 Siehe wieder Laslett, »Commentary«, in Crombie (Hgb.), *Scientific Change* ..., London 1963, pp. 861–65; siehe bes. p. 864. Vgl. auch Laslett, »Foreword«, in Hexter, a.a.O., pp. xi-xiv; bes. p. xiii.

39 Vgl. Jauss, »Ursprung und Bedeutung der Fortschrittsidee in der ›Querelle des Anciens et des Modernes‹«, in Kuhn und Wiedmann (Hgb.), *Die Philosophie und die Frage nach dem Fortschritt*, München 1964, S. 51–72, *passim*.

40 Siehe Blumenberg, »›Säkularisation‹, Kritik einer Kategorie historischer Illegitimität«, in Kuhn und Wiedmann (Hgb.), a.a.O., S. 240–65, *passim*. Vgl. auch hier Kapitel 6, S. 147, und Anm. 50.

41 Mehta, »The Flight of the Crook-Taloned Birds«, *The New Yorker* (15. Dez. 1962), zitiert Kommentare von A. J. P. Taylor (p. 70) und Herbert Butterfield (p. 111) zu dieser Eigentümlichkeit des Werkes von Namier.

42 Burckhardt, *Griechische Kulturgeschichte* (Kröners Taschenbuchausgabe, Bde. 58, 59, 60), Leipzig (1929), Bd. I, S. 175.

43 *Ibid*., S. 271–72.

44 Vgl. Burckhardt, »Weltgeschichtliche Betrachtungen«, *Jacob Burckhardt Gesamtausgabe*, Stuttgart ... 1929, Bd. VII, S. 192–208.

45 Berlin, »History and theory ...«, *History and Theory* (Den Haag 1960), vol. I, no. 1, 31.

46 Hexter, a.a.O., pp. 22–23.

47 Merton, *On the Shoulders of Giants* ..., New York 1965, pp. 163–64.

48 Sterne, The *Life and Opinions of Tristram Shandy* ... (Odyssee Paperback), New York 1940, pp. 36–37. (Zitiert nach L. Sterne, *Das Leben und die Ansichten Tristram Shandys*. Deutsch von Rudolf Kassner, Bremen (1958), S. 37 f.)

49 Es gibt zwischen dem Vorgehen des Historikers nach Art des Tristram Shandy und dem Filmkünstler, wie ich ihn woanders beschrieben habe, eine frappierende Familienähnlichkeit. Um mich selbst zu zitieren: »Man mag sich den wahren Filmkünstler als einen Mann vorstellen, der mit dem Erzählen einer Geschichte beginnt, während der Dreharbeit aber so überwältigt wird von seinem eingeborenen Verlangen, die gesamte physische Realität einzubeziehen – und auch von

dem Gefühl, er müsse sie einbeziehen, um die Story, jede Story überhaupt, filmgerecht zu erzählen –, daß er sich immer tiefer in den Dschungel der materiellen Phänomene hineinwagt, auf die Gefahr hin, sich unrettbar darin zu verlieren, wenn er nicht mittels großer Anstrengungen zur Landstraße zurückfindet, die er verlassen hat.« (Siehe Kracauer, a.a.O., (siehe Anm. 30), p. 255. (Zitiert nach *Theorie des Films*, S. 336.)

8. Kapitel

1 Kracauer, *Theory of Film*, New York 1960 (und *Theorie des Films*, Frankfurt/M. 1964), *passim*.

2 Marcel, »Possibilités et limites de l'art cinématographique«, *Revue internationale de filmologie*, vol. V, no. 18/19 (Juli-Dezember 1954), p. 164.

3 Dilthey, »Abhandlungen zur Grundlegung der Geisteswissenschaften (Die geistige Welt. Einleitung in die Philosophie des Lebens, Teil I)«, in *Gesammelte Schriften*, Band V, Stuttgart und Göttingen, 1957, S. 365.

4 Zur neueren Diskussion siehe Mink, »The Autonomy of Historical Understanding«, *History and Theory* (1966), vol. V, no. 1, besonders pp. 24–27.

5 Jaeger, *Paideia. Die Formung des griechischen Menschen*, 3 Bde., Berlin und Leipzig, II. Bd., 1944, S. 84. – Marrou, *De la connaissance historique*, Paris [4]1962, charakterisiert den Kontrast zwischen spekulativen Geschichtsphilosophen und professionellen Historikern (»historiens de métier«) und sagt, daß erstere sich »jene totale und gemeinsame Erklärung, die dem Geist schmeichelt und seinen geheimen Wünschen Genüge tut«, vornehmen, was besagt, daß sie »ein Schema, das für authentische Geschichte keine Gültigkeit besitzt«, substituieren. Marrou fügt hinzu, »wozu soll Geschichte denn gut sein, wenn uns die Philosophie im voraus erzählt, was ihr Gehalt im wesentlichen sein sollte!«, a.a.O., pp. 198–99. – Ähnlich Froude, wie zitiert bei Hale (Hgb.), *The Evolution of British Historiography . . .*, Cleveland und New York 1963 (Meridian Book), p. 52. In einem Vortrag erklärte er: »Ich bin gegen

alle historischen Theorien. Ich bin gegen sie, weil sie auf eine Beeinträchtigung der Beobachtung der Fakten hinauslaufen.«

6 Halévy, wie in *La jeunesse de Proudhon*, Paris 1913; ders., *Charles Péguy et les Cahiers de la Quinzaine*, Paris 1918; ders., *Vie de Frédéric Nietzsche*, Paris 1909, und ders., *Nietzsche*, Paris 1944; und ders., *Le mariage de Proudhon*, Paris 1955.

7 Bury, *The Idea of Progress*, New York 1955 (Dover Book).

8 Vgl. Kracauer, »Katholizismus und Relativismus« (1921), nachgedruckt in ders., *Das Ornament der Masse*, Frankfurt/M. 1963, S. 187–96.

9 Vgl. Rickert, *Die Probleme der Geschichtsphilosophie. Eine Einführung*, Heidelberg 1924. Rickert glaubt, daß Historismus in Nihilismus und völligem Relativismus enden muß: »Er [der Historismus] macht als Weltanschauung die Prinzipienlosigkeit zum Prinzip und ist daher von der Geschichtsphilosophie wie von der Philosophie überhaupt auf das entschiedenste zu bekämpfen« (a.a.O., S. 130). Entsprechend betont Rickert als idealistischer Philosoph das Bedürfnis nach objektiver Geschichtsphilosophie und Universalgeschichte.
»Es ließe sich also eine *Kulturpsychologie* denken, welche die Gesamtheit der allgemeinen Kulturwerte erforscht und systematisch darstellt und damit zugleich ein System der Prinzipien des historischen Geschehens liefert ...«, *ibid.*, S. 116.

10 Troeltsch, »Der Historismus und seine Probleme« in *Gesammelte Schriften*, 3. Bd., Tübingen 1922, argumentiert wie folgt: »Der empirische Historiker wird in der Erkenntnis und Darstellung dieser Einzelentwicklungen jeweils seine Leistung sehen ... Aber ... er wird ... nicht umhinkönnen, seine eigene Gegenwart und Zukunft in diese Zusammenhänge einzustellen und hinter und unter den dünnen empirischen Zusammenhängen eine tiefere Bewegung zu erkennen ... Er wird auf einen universalen Entwicklungsbegriff hinarbeiten und diesen aus den dünnen und zerbrechlichen Kontinuitäten zwischen den empirischen Entwicklungskreisen energisch herausarbeiten, um daran die eigene Lage und die Zukunft anzuknüpfen ... Dazu aber bedarf er letztlich eines metaphysischen Glaubens, der ihn hoch über die empirischen Feststellungen und Charakteristiken emporträgt ...« (S. 174 f.).

11 Meineckes Konzept von »Weltgeschichte« verrät, was alles er deutschem Idealismus verdankt. Dieses idealistische Konzept von Weltgeschichte vermengt sich mit einer theologischen Konzeption, die ihrerseits sich an die Idee säkularen Fortschritts hängt. Vgl. zum Beispiel »Kausalitäten und Werte in der Geschichte«, in Meinecke, *Staat und Persönlichkeit*, Berlin 1933, S. 46: »Kultur und Natur, wir können auch sagen, Gott und Natur sind wohl eine Einheit, aber eine in sich gespaltene Einheit. Gott ringt sich aus der Natur empor mit Ächzen und Stöhnen und mit Sünde beladen und darum in jedem Augenblick in Gefahr, in die Natur zurückzusinken. Das ist für den rücksichtslos und ehrlich Betrachtenden das letzte Wort – aber es kann noch nicht überhaupt das letzte Wort sein. Nur ein Glaube, der aber immer allgemeiner in seinem Inhalte geworden ist und mit stetem Zweifel ringen muß, kann den Trost bieten, daß es eine transzendente Lösung des für uns unlösbaren Lebens- und Kulturproblems gibt.«

12 Vgl. zum Beispiel »Einleitung in die Geisteswissenschaften«, in *Gesammelte Schriften* (siehe Anm. 3), Bd. I, S. 403; und »Der Aufbau der geschichtlichen Welt in den Geisteswissenschaften«, in *Gesammelte Schriften*, Bd. VII, S. 105, 116 und 262.

13 Ders. Bd. VII, S. 290. Vgl. auch Gerhard Bauer, *Geschichtlichkeit*, Berlin 1963, S. 39–72, besonders S. 70–71; Gadamer, *Wahrheit und Methode*, Tübingen 1960, S. 250 ff.

14 Dilthey, »Der Aufbau der geschichtlichen Welt ...«, Bd. VII, S. 262.

15 Ders., »Die geistige Welt ...«, Bd. V, Teil I, S. 406.

16 Jonas, *The Phenomenon of Life*, New York 1966, p. 258.

17 Mannheim, »Historismus«, Archiv für Sozialwissenschaft und *Sozialpolitik*, Bd. 52, Nr. 1 (1924); siehe besonders S. 12, 13, 25 ff., 40–41, 43, 44, 46–47 und 54–60.

18 Siehe Anm. 12.

19 Zur Erklärung dieser Begriffe vgl. besonders Dilthey, »Der Aufbau der geschichtlichen Welt ...«, in Bd. VII, S. 137–38. Siehe auch *ibid.*, S. 165, wo Dilthey sagt: »Faßt man dann näher die Art des Wirkungszusammenhangs ins Auge, wie er in den größten Begebenheiten der Geschichte, der Entstehung des Christentums, der Reformation, der Französischen Revo-

lution, den nationalen Befreiungskämpfen vorliegt, so kann man nun denselben als die Bildung einer Totalkraft auffassen, die in ihrer einheitlichen Richtung alle Widerstände niederwirft.«

20 Hegel, ›Vorrede‹ zu den »Grundlinien der Philosophie des Rechts«, in *Sämtliche Werke,* hgb. v. H. Glockner (Jubiläumsausgabe), Stuttgart 1952, Bd. 7, S. 33.

21 Zu Kafka vgl. S. 200–202.

22 Vgl. das Referat von Jonas, »Heidegger and Theology«, wo er zum Schluß die Heideggerianischen Theologen ermahnt, nicht alle objektiven Symbole aufzulösen, denn »bei Strafe des Immanentismus ... ist das Verstehen von Gott nicht auf das Selbstverständnis des Menschen zu reduzieren«. Siehe Jonas, a.a.O., p. 261.

23 Vgl. Löwith, *Gesammelte Abhandlungen,* Stuttgart 1960. Löwiths Argument geht, S. 178, auf die Frage hinaus: »Wer sagt uns aber, daß die Welt auf den Menschen und seine Geschichte hin angelegt ist und nicht auch ohne uns sein könnte, nicht aber der Mensch ohne Welt, in der er und durch die er überhaupt da ist.«

24 Die hier diskutierte Konzeption von Dialektik wurde besonders dargelegt in Adorno, *Negative Dialektik,* Frankfurt/M. 1966, *passim.*

25 Ein Beispiel einer Passage, die Fortschritt über alles Vergangene bestätigt, in Dilthey, »Der Aufbau der geschichtlichen Welt ...«, Bd. VII, S. 274: »Zwei Ereignisse haben die Schranken aufgehoben, welche den Begriff einer alle Gebiete umfassenden Entwicklung zurückhielten, der gleichsam lange an der Pforte des historischen Bewußtseins stand: der nordamerikanische Unabhängigkeitskampf und zwei Jahrzehnte danach die Französische Revolution. In einem neuen und dem wichtigsten Bezirk des Geistes, in dem der Realisierung der Ideen in Wirtschaft, Recht und Staat, hatte sich ein Fortschritt über alles Vergangene hinaus vollzogen. Die Menschheit gelangte zum Bewußtsein ihrer inneren Kräfte.«

26 Siehe zum Beispiel »Die geistige Welt ...«, Dilthey, Bd. V, Teil I, S. 404, wo er von den beiden Grundtypen von Weltanschauungen, die er voneinander abhebt, namentlich jene, die Materialismus, Naturalismus, Positivismus umfaßt, von

jener, die objektiven Idealismus und »Idealismus der Freiheit« umfaßt, sagt: »Und jede von ihnen [Weltanschauungen] hat darin Anziehungskraft und Möglichkeit folgerichtiger Entwicklung, daß sie das vieldeutige Leben von einer unserer Verhaltensweisen aus nach dem in dieser enthaltenen Gesetze gedankenmäßig erfaßt.«

27 Blumenberg, »›Säkularisation.‹ Kritik einer Kategorie historischer Illegitimität«, in Kuhn und Wiedmann (Hgb.), *Die Philosophie und die Frage nach dem Fortschritt*, München 1964, S. 249.

28 Zitiert nach Erich Meuthen, »Nikolaus von Kues und die Einheit«, *Neue Zürcher Zeitung*, 9. August 1964.

28a (Siehe Kracauer, »National Types as Hollywood Presents Them«, *The* Public Opinion Quarterley (1949), vol. 13, no. 1, 53–72.)

29 Kracauer, *Soziologie als Wissenschaft. Eine erkenntnistheoretische Untersuchung*, Dresden 1922. Siehe besonders das Kapitel »Problematik der Soziologie«, das die Schwierigkeiten erörtert, aus »dem Bereich der reinen oder formalen Soziologie« zurückzukehren zu einer *»materialen* Soziologie..., die erkenntnismäßige Bewältigung der unmittelbar erfahrenen sozialen Lebenswirklichkeit anstrebt.« A.a.O., S. 133. (Jetzt in Kracauer, *Schriften*, Band I, Frankfurt/M. 1971, S. 78.)

30 Zum Beispiel »Einleitung in die Geisteswissenschaften«, Dilthey, Bd. I, S. 96: »Die anspruchsvollen Allgemeinbegriffe der Philosophie der Geschichte sind nichts als die notiones universales, welche Spinoza so meisterhaft in ihrem natürlichen Ursprung und in ihrer verhängnisvollen Wirkung auf das wissenschaftliche Denken geschildert hat. – Natürlich heben diese Abstraktionen, welche den Verlauf der Geschichte ausdrücken,... stets nur eine Seite heraus, und so sondert jede Philosophie eine etwas andere Abstraktion aus diesem Gewaltigen, Wirklichen aus.«

31 Kant, »Idee zu einer allgemeinen Geschichte in weltbürgerlicher Absicht« *(Berlinische Monatsschrift IV*, Nov. 1784), in ders., *Gesammelte Schriften*, hgb. von der (Königlich) Preußischen Akademie der Wissenschaften, Berlin 1902 ff., Bd. VIII, S. 17–31.

32 *Ibid.*

33 Wittram, *Das Interesse an der Geschichte,* Göttingen 1963, S. 128.

34 Marquand, *Point of No Return,* Boston 1949.

35 Vgl. Heimpel, *Zwei Historiker,* Göttingen 1962, S. 37–39.

36 Vgl. zum Beispiel Burckhardts Argument zur sozialen Wirkung der Niederlage des Arianismus in »Historische Fragmente«, *Jacob Burckhardt Gesamtausgabe,* Berlin und Leipzig 1929, Bd. VII, S. 264: »Das ganze orthodoxe Mittelalter hat dann die Juden unten gehalten und periodisch verfolgt, das heißt zu vernichten gesucht. Hätte sich dagegen der (westeuropäische) Arianismus behauptet, so wären die Juden schon in einem oder zwei Jahrhunderten die Herren des ganzen Besitzes geworden und hätten schon damals Germanen und Romanen für sich arbeiten lassen.«

37 Burckhardt verteidigt in »Weltgeschichtliche Betrachtungen«, *Gesamtausgabe,* Bd. VII, S. 125, »gute« Kriege wie folgt: »Sodann hat der Krieg ... eine enorme sittliche Superiorität über den bloßen gewaltsamen Egoismus des einzelnen; er entwickelt die Kräfte im Dienst eines Allgemeinen, und zwar des höchsten Allgemeinen und innerhalb einer Disziplin, welche zugleich die höchste heroische Tugend sich entfalten läßt; ja er allein gewährt den Menschen den großartigen Anblick der allgemeinen Unterordnung unter ein Allgemeines. – Und da ferner nur wirkliche Macht einen längeren Frieden und Sicherheit garantieren kann, der Krieg aber die wirkliche Macht kontrastiert, so liegt in einem solchen Krieg der künftige Friede. – Nur müßte es womöglich ein gerechter und ehrenvoller Krieg sein, etwa ein Verteidigungskrieg ...«.

38 Burckhardt, *Briefe,* Bremen 1965, S. 237.

39 Burckhardt, »Weltgeschichtliche Betrachtungen«, in *Gesamtausgabe,* Bd. VII, S. 13.

40 Wind, *Art and Anarchy,* London 1963, p. 5, bemerkt beim Kommentar zur Bemerkung von Platon, das großes Übel eher der Fülle der Natur entspringt als schwachen Naturen, die weder zum sehr großen Guten, noch zum sehr großen Übel fähig sind, mit einigem Recht: »Es wird aus dieser Bemerkung offenbar, daß Platon die Art Erfahrung erspart blieb, die Jacob Burckhardt dazu bewog, Mediokrität als *die* diabolische Kraft in der Welt zu definieren.«

41 Vgl. Kaegi, *Jacob Burckhardt*, Basel 1956, Bd. III, S. 289 f.

42 Burckhardt, »Weltgeschichtliche Betrachtungen«, *Gesamtausgabe*, Bd. VII, S. 192.

43 Ders., »Historische Fragmente«, *ibid.*, S. 251.

44 Ders., »Weltgeschichtliche Betrachtungen«, *ibid.*, S. 3.

45 Ders., »Historische Fragmente«, *ibid.*, S. 225. (Bei Burckhardt steht die letztere Phase des Zitates zuerst.)

46 Ders., »Weltgeschichtliche Betrachtungen«, *ibid.*, S. 1.

47 Ders., »Weltgeschichtliche Betrachtungen«, *ibid.*, S. 2. (Der Verf. vertauschte die Folge der Sätze im Burckhardt-Zitat, das hier restituiert wurde.)

48 Ders., »Weltgeschichtliche Betrachtungen«, *ibid.*, S. 67, eine typische Passage: »Es fragt sich hierbei nicht, ob Weltmonarchien überhaupt wünschbar seien, sondern, ob die römische *ihren* Zweck, die große Ausgleichung der alten Kulturen und die Verbreitung des Christentums, welche allein deren Hauptteile gegenüber den Germanen retten konnte, erfüllt habe oder nicht.«

49 Ders., zitiert bei Wind, a.a.O., p. 109. (Hier zitiert nach Burckhardt, »Weltgeschichtliche Betrachtungen«, *Gesamtausgabe*, Bd. VII, S. 3.)

50 Zitiert nach Kaegi, *Historische Meditationen, 2. Folge*, Zürich (1946), S. 28.

51 Huizinga, »The Task of Cultural History«, in ders., *Men and Ideas* (Meridian Book), New York 1950, pp. 54–55.

52 *Ibid.*, p. 55.

53 Siehe Kracauer, »The Challenge of Qualitative Content Analysis«, in *The Public Opinion Quarterley*, vol. 16, no. 4 (Winter 1952–53), p. 631–42.

54 Kracauer, »Die Gruppe als Ideenträger« (1922), in ders., *Das Ornament der Masse* (siehe Anm. 8), S. 123–56.

55 Blumenberg, »Melanchthons Einspruch gegen Kopernikus«, in *Studium Generale*, Jg. 13, Nr. 3 (1960), S. 174. Das Zitat in dieser Passage aus Blumenbergs Aufsatz ist aus Basil Willey, *The Seventeenth Century Background*, London 1953, p. 22.

56 Persönliche Mitteilung von Alfred Schmidt.

57 Brod, *Franz Kafka. Eine Biographie*, Frankfurt/M. und Hamburg 1963, S. 54.

58 Siehe Löwith, *Jacob Burckhardt*, Luzern 1936 (und Stuttgart 1966), S. 20.

59 *Ibid.*, S. 78.

60 Kafka, »Die Wahrheit über Sancho Pansa«, in ders., *Beim Bau der chinesischen Mauer*, Berlin 1931, S. 38. (Jetzt in ders., *Hochzeitsvorbereitungen auf dem Lande und andere Prosa aus dem Nachlaß*, Frankfurt/M. (1953), S. 76 f. Siehe Kracauer, »Franz Kafka« (1931) in ders., *Das Ornament der Masse*, S. 263 f.)

61 Vgl. Kierkegaard, *Tagebücher*. Eine Auswahl. – Ausgewählt und übersetzt von Elisabeth Feuersenger, Wiesbaden 1947, S. 200 f. (»... Sobald jedoch ein Mensch erscheint, der etwas Primitives mitbringt, so daß er also nicht sagt: man muß die Welt nehmen, wie sie ist..., sondern der sagt: wie die Welt auch tut, ich stehe in Beziehung zu einer Ursprünglichkeit, die ich nicht, wie es der Welt wohl gefällt, zu ändern gedenke; in demselben Augenblick, sobald dieses Wort vernommen wird, kommt gleichsam im ganzen Dasein eine Verwandlung zustande. Wie im Märchen – wenn das Wort ausgesprochen wird, das hundert Jahre lang verzauberte Schloß sich öffnet und alles wieder auflebt: so gerät das Dasein in den Mittelpunkt des Aufmerkens. Die Engel werden geschäftig, blicken neugierig herein, was das werden soll, denn dies beschäftigt sie. Auf der anderen Seite: finstere, unheimliche Dämonen, die längst ohne Wirksamkeit dasaßen und an ihren Fingern kauten – sie springen empor, recken die Glieder – denn da gibt es etwas für uns, sagen sie...« [1854]). Der Nachweis des Zitates im Werk von Kierkegaard ist Professor Hermann Schweppenhäuser zu verdanken.

Nachbemerkung

Wie der Photograph und der Historiker arbeitet nicht zuletzt der Übersetzer in einem der vermittelnden Bereiche, die zu benennen und zu rehabilitieren Kracauer sich zeit seines Lebens mühte. Auch das Medium der Übersetzung fällt der Entfremdung anheim, Vorfindliches »realistisch« wie »formgebend« (Kracauer) nachzuzeichnen. Für sein letztes, posthum veröffentlichtes Werk gilt dies in dem besonderen Sinn einer doppelten »Errettung«: zum einen nimmt Kracauer in Sprache und Stil Gedankengänge seiner phänomenologischen Anfänge auf, die in sein Spätwerk ungebrochen übernommen werden, zum anderen stützt er sich auf Schriften von Autoren jener Zeit, die er seinem originalen Werk übersetzt inkorporierte. Eine deutsche Fassung hat mithin die Errettung des Originals der Quellen wie die Entfremdung des Originals der Darstellung zu spiegeln und diese Art des Übersetzens als ein Doppelspiel der »philologischen Mimen« (wie Friedrich Schlegel Übersetzungen definierte) darzustellen, deren Masken zwar durchsichtig werden, aber vorgehalten bleiben. – Bezog der Autor sich explizit auf seine Frühschriften, so versucht die Übersetzung, die Kracauer eigene Begrifflichkeit zu restituieren – selbst dort, wo sie heute zu irritieren vermag. Seine Sprachgebung, gerade im Englischen, ist weder allerorten zeitgemäß, noch überholt; sie scheint mitunter ›zeitenthoben‹ und vermeidet auch Eigentümlichkeiten des Stils wie Archaismen, Katachresen, Pleonasmen, Paradoxa nicht.

Im übrigen erklärt die Vorbemerkung, in welchem Maß die endgültige Redaktion des Textes von den Herausgebern zu übernehmen war. An anderer Stelle kommt zur Sprache, wovon im Vorwort dieses Buches keine Rede ist, daß nämlich Paul Oskar Kristeller es nach dem Tod des Autors fertigstellte. (Vgl. die bibliographischen Angaben zu S. Kracauer in L. Rohner [Hgb.], *Deutsche Essays*, Neuwied 1968, 4. Bd., S. 487.) – Die nicht streng philologische Konzeption des Apparates wie der Bibliographie, die hin und wieder verwirrend ist, machte Eingriffe technischer Natur erforderlich. Druckfehler bei (fremdsprachigen) Zitaten, irrige Titelangaben, Namen, Jahreszahlen, Druckorte, Seitennachweise etc. sind stillschweigend getilgt, bzw. korrigiert worden. So stellte sich (was für den englischsprachigen Leser eher wichtig wird) zum Beispiel heraus, daß Nietzsche nicht vom »Wüstenstrom des Werdens« (»arid stream of becoming«, *History*, p. 75), sondern vom »wüsten Strom des Werdens« sprach.

Die Zitate aus Kracauers englischen Schriften wurden sämtlich, soweit übersetzt, nach der vom Autor autorisierten deutschen Fassung wiedergegeben. Gelegentlich finden sich zusätzliche Verweise auf seine Schriften, die durch Klammern (...) als vom Übersetzer hinzugefügt gekennzeichnet sind. Zitate aus englischen und französischen Quellen sind, soweit sie nach der zitierten Übersetzung zu finden waren, aus dem jeweiligen Original übersetzt oder, soweit erreichbar, nach entsprechenden deutschen Ausgaben, wie in der Bibliographie hinzugefügt, zitiert. Wenn nicht ausdrücklich vermerkt – wie etwa bei ›Geschichte‹ (*story)* –, steht in der Übersetzung durchweg ›Geschichte‹ für *History, the history, history* und ›Geschichten‹ für *histories*. Die deutsche Ausgabe wurde, gegenüber dem amerikanischen Original, um ein Register der erwähnten, zitierten, angespielten Personen und Autoren erweitert; Ableitungen wie Kantianer, Marxist, plotinisch etc. blieben dabei unberücksichtigt. Auf ein Sachregister, mittels dessen allein der Autor sein Buch auf den Begriff brächte, ist verzichtet worden.

Was in der Form eines vorläufigen Statements »Concerning History« (Kern der späteren »Introduction« zu *History)* als »kleine Exkursion in andere Gegenden« (Kracauer an Adorno, 1961) begann, wuchs in den letzten, dem Autor verbliebenen Jahren zu einem Buch sich aus, das Kracauer »als sein eigentümlichstes und wichtigstes empfand, eine dicht am Material gearbeitete Geschichtsphilosophie« (Th. W. Adorno, 1966).

Meine Arbeit gilt dem Andenken an Frau Elizabeth Kracauer, die im März 1971 in New York verstarb.

Karsten Witte

Bibliographie

Acton, Lord John Emerich, *Cambridge Modern History*, Cambridge 1934.

Adorno, Theodor W., *Negative Dialektik*, Frankfurt/M. 1966.

Aron, Raymond, *Dimensions de la conscience historique*, Paris 1961 (Recherches en sciences humaines, 16).

Auerbach, Erich, *Mimesis. Dargestellte Wirklichkeit in der abendländischen Literatur*, Bern 1946.

Aydelotte, William O., »Notes on the problem of historical generalization«, in Gottschalk, Louis (Hgb.), *Generalization in the Writing of History*, Chicago 1963, pp. 145–77.

Bacon, Sir Francis, »Advancement of Learning«, zitiert in »Introduction« von J. R. Hale in ders. (Hgb.), *The Evolution of British Historiography from Bacon to Namier*, Cleveland und New York 1964, p. 17 (Meridian Book).

Bagby, Philip, *Culture and History: Prolegomena to the Comparative Study of Civilizations*, Berkeley und Los Angeles 1959.

Bailyn, Bernard, »The Problems of the working historian: a comment«, in Hook, Sidney (Hgb.), *Philosophy and History*, New York 1963, pp. 92–101.

Bark, William Carroll, *Origins of the Medieval World*, Garden City, New York 1960 (Doubleday Anchor Book). Zuerst Stanford, Calif. 1958 (Stanford studies in history, economics and political science, 14).

Bauer, Gerhard, *Geschichtlichkeit*, Berlin 1963.

Becker, Carl L., »What are historical facts?«, in Meyerhoff, Hans (Hgb.), *The Philosophy of History in Our Time* (Geschrieben 1926). Garden City, New York 1959 (Doubleday Anchor Book).

Benjamin, Walter, *Schriften* (Teilsammlung in 2 Bänden). Hgb. von Th. W. und G. Adorno, Frankfurt/M. 1955.

– »Geschichtsphilosophische Thesen«, in *Schriften*, Bd. I, S. 494–506.

– »Ursprung des deutschen Trauerspiels«, in *Schriften*, Bd. I, S. 141-365.

Berlin, Isaiah, *The Hedgehog and the Fox: An Essay on Tolstoy's View of History*, New York 1953.
– »History and theory: the concept of scientific history«, in *Theory and History* (Den Haag 1960), vol. I, no. 1, 1–31.
– *Karl Marx: His Life an Environment*, New York 1959 (Galaxy Book). (Erstveröffentlichung 1939.)
– *Karl Marx*, Deutsche Ausgabe, München 1959 (Sammlung Piper) und dass., Frankfurt/M. und Berlin 1968 (Ullstein-Buch 4003 a).
Besson, Waldemar (Hgb.), *Geschichte*, Frankfurt/M. 1961 (Das Fischer-Lexikon).
Bloch, Marc, *The Historian's Craft*, New York 1959. Ders., Original: *Apologie pour l'histoire ou métier d'historien*, Paris 1950 und 1964 (Cahiers des Annales, 3).
– *Feudal Society*, Chicago 1964, vol. I und II (Phoenix Book). Ders., Original: *La Société Féodale*, Paris 1949.
Blumenberg, Hans, »Epochenschwelle und Rezeption«, in *Philosophische Rundschau* (Tübingen 1958), 6. Jg., Heft 1–2, 94–120.
– »Das Fernrohr und die Ohnmacht der Wahrheit«, in Galileo Galilei, *Sidereus Nuncius*, Frankfurt/M. 1965 (sammlung insel, Bd. 1).
– »Lebenswelt und Technisierung unter Aspekten der Phänomenologie«, in *Sguardi su la filosofia contemporanea*, vol. LI, Turin 1963.
– »Melanchthons Einspruch gegen Kopernikus. Zur Geschichte der Dissoziation von Theologie und Naturwissenschaft«, in *Studium Generale* (Berlin, Göttingen, Heidelberg 1960), 13. Jg., Heft 3, 174–82.
– *Paradigmen zu einer Metaphorologie*, Bonn 1960.
– »›Säkularisation‹, Kritik einer Kategorie historischer Illegitimität«, in Kuhn und Wiedmann (Hgb.), *Die Philosophie und die Frage nach dem Fortschritt*, München 1964, S. 240–65.
– *Die Kopernikanische Wende*, Frankfurt/M. 1965 (edition suhrkamp, Bd. 138).
Bock, Kenneth E., *The Acceptance of Histories: Toward a Perspective for Social Science*, Berkeley und Los Angeles 1956.
Brod, Max, *Franz Kafka. Eine Biographie*, Frankfurt/M. 1963 (Fischer Bücherei 552).
Brodbeck, Max, »Methodological individualisms: definition and

reduction«, in Dray, William H. (Hgb.), *Philosophical Analysis and History*, New York 1966, pp. 297–329.

Brooke, John, »Namier and Namierism«, in *History and Theory* (Den Haag 1964), vol. III, no. 3, 331–47.

Buckle, Henry Thomas, *History of Civilization in England*, London 1901 (zuerst London 1857–61, 2 Bde.).

– Deutsche Ausgabe: *Geschichte der Civilisation in England*, von Heinrich (!) Thomas Buckle, Übersetzung von Arnold Ruge, Leipzig und Heidelberg 1861.

Bullock, Alan, »The historian's purpose: history and metahistory«, in Meyerhoff, Hans (Hgb.), *The Philosophy of History in Our Time*, pp. 292–99 (in *History Today* (Febr. 1951), vol. VII, 5–11).

Bultmann, Rudolf, *History and Eschatology: The Presence of Eternity*, New York 1962 (Harper Torchbook). (Erstveröffentlichung New York 1957 und Edinburgh 1957 (The Gifford lextures, 1955).

Burckhardt, Jacob, *Briefe*, ausgewählt und herausgegeben von Max Burckhardt, Bremen 1965 (Sammlung Dieterich, Bd. 6).

– *Griechische Kulturgeschichte*, Leipzig 1929 (Kröners Taschenbuchausgabe, Bde. 58, 59, 60).

– »Historische Fragmente aus dem Nachlaß«, in ders., *Gesamtausgabe*, Bd. VII, Stuttgart, Berlin, Leipzig 1929, S. 225–466.

– *Die Kultur der Renaissance in Italien*, Wien: Phaidon (1934).

– »Weltgeschichtliche Betrachtungen«, in ders., *Gesamtausgabe*, Bd. VII, S. 1–208.

– »Die Zeit Constantins des Großen«, in ders., *Gesamtausgabe*, Bd. II, Stuttgart, Berlin, Leipzig 1929.

Bury, John Bagnell, *The Ancient Greek Historians*, New York 1958 (Dover Paperback).

– *The Idea of Progress: An Inquiry Into Its Origin and Growth*, New York 1955 (Dover Paperback).

– »The science of history«, in Stern, Fritz (Hgb.), *The Varieties of History: From Voltaire to the Present*, New York 1956, pp. 210–23 (Meridian Book). (In Temperley (Hgb.), *Selected Essays of J. B. Bury*, Cambridge 1930, pp. 3–22).

Butterfield, Herbert, *Christianity and History*, New York 1949 und 1950. Deutsche Ausgabe, Stuttgart 1952.

– *George III and the Historians*, New York 1959.
– *Man on His Past: The Study of the History of Historical Scholarship*, Boston 1960 (Beacon Paperback). (Erstveröffentlichung Cambridge 1955 [Wiles Lectures, 1954]).
– »Moral Judgments in History«, in Meyerhoff, Hans (Hgb.), *The Philosophy of History in Our Time*, pp. 228–49 (in *History and Human Relations*, London 1931, pp. 101–30).

Caillois, Roger, »Le cinéma, le meurtre et la tragédie«, in *Revue internationale de filmologie* (Paris [1948]), vol. II, no. 5. pp. 187–91.
Carlyle, Thomas, (Brief) an John Stuart Mill, zitiert in »Introduction«, in Hale, J. R. (Hgb.), *The Evolution of British Historiography from Bacon to Namier*, p. 42 (Meridian Book).
Carr, Edward Hallett, *What Is History?*, New York 1962. Ders., deutsche Ausgabe: *Was ist Geschichte?* Stuttgart 1963 (Urban-Bücher, 67).
Collingwood, Robin George, *The Idea of History*, New York 1956 (Galaxy Book). (Erstveröffentlichung 1946.) Ders., deutsche Ausgabe: *Philosophie der Geschichte*, Stuttgart 1955.
Comte, Auguste, *Cours de philosophie positive*, Paris 1877.
Conversations-Lexikon der Gegenwart, Leipzig (Brockhaus) 1840, Bd. 4, Artikel: »Friedrich von Raumer«. (Die Initialen des Verfassers sind nicht auszumachen.)
Croce, Benedetto, *History: Its Theory and Practice*, New York 1960. Ders., Originaltitel: *Teoria e storia della storiografia*, Bari 1917. Ders., deutsche Ausgabe: *Theorie und Geschichte der Historiographie und Betrachtungen zur Philosophie der Politik*, Tübingen 1930. (Gesammelte philosophische Schriften in deutscher Übertragung, Bd. 4).
Curtius, Ernst Robert, *Europäische Literatur und Lateinisches Mittelalter*, Bern 1948, [6]1967.

Dilthey, Wilhelm, »Einleitung in die Geisteswissenschaften«, in *Gesammelte Schriften*, Bd. I, Stuttgart und Göttingen 1959, 1962.
– »Die geistige Welt«, in *Gesammelte Schriften*, Bd. V, 1961; Bd. VI, 1959, 1962.

– »Der Aufbau der geschichtlichen Welt in den Geisteswissenschaften«, in *Gesammelte Schriften*, Bd. VII, 1958, 1961.

Dodds, Eric Robertson, *The Greeks and the Irrational*, Boston 1957 (Beacon Paperback). (Erstveröffentlichung Berkeley 1951).

Dray, William H., (Hgb.), *Philosophical Analysis and History*, New York 1966.

Droysen, Johann Gustav, *Historik. Vorlesungen über Enzyklopädie und Methodologie der Geschichte*, München 1937 und Darmstadt 1960.

Edelstein, Ludwig, »The Greco-Roman concept of scientific progress«, in *Ithaca* (Paris, 26. 8.–2. 9. 1962), p. 47–61.

Eder, Josef Maria, *History of Photography*, New York 1945. Ders., Original: *Geschichte der Photographie*, Halle/Saale [4]1932 (Ausführliches Handbuch der Photographie, Bd. I, 1. Teil, 1. Hälfte).

Feininger, Andreas, »Photographic control processes«, in *The Complete Photographer* (New York 1942), vol. 8, Heft 43, pp. 2795–2804.

Ferguson, Wallace K., »Introduction«, in Alfred von Martin, *Sociology of the Renaissance*, New York 1963, pp. v-xiii (Harper Torchbook).

Festugière, André Jean, *La révélation d'Hermès Trismégiste*, tome 1: *L'astrologie et les sciences occultes*, Paris 1949–54.

Finley, John H. Jr., *Thucydides*, Ann Arbor, Mich. 1963 (Ann Arbor Paperback), (Cambridge, Mass. [2]1947).

Focillon, Henri, *The Life of Forms in Art*, New York 1963. Ders., Original, *La Vie des formes*, Paris 1939. Ders., Deutsche Ausgabe: *Das Leben der Formen*, München 1954 (Dalp-Taschenbücher, 305).

Frankfort, Henri, »The Dying God« (Teil eines Artikels »Three Lectures by Henri Frankfort, 1897–1954.«), in *Journal of the Warburg and Courtauld Institutes* (London 1958), vol. XXI, no. 3/4, 141–51.

– *The Birth of Civilization in the Near East*, Garden City, New York 1950 (Doubleday Anchor Book).

Freund, Gisèle, *La photographie en France au dix-neuvième*

siècle. Essai de sociologie et d'esthétique, Paris 1936. Deutsche (originale) Fassung, *Photographie und bürgerliche Gesellschaft. Eine kunstsoziologische Studie*, München 1968 (Passagen).

Froude, James Anthony, zitiert in »Introduction« in Hale, J. R. (Hgb.), *The Evolution of British Historiography from Bacon to Namier*, p. 52.

– »The science of history, scientific method as applied to history« (Lectures), in *Short Studies on Great Subjects*, London 1898, vol. 1, 2.

Gadamer, Hans-Georg, *Wahrheit und Methode*, Tübingen 1960.

Gallie, W. B., »The historical understanding«, in *History and Theory* (Den Haag 1964), vol. III, no. 2, pp. 149–202.

Gardiner, Patrick (Hgb.), *Theories of History*, Glencoe, Ill. 1959.

Gershoy, Leo, »Some problems of a working historian«, in Hook, Sidney (Hgb.), *Philosophy and History*, pp. 59–75.

Geyl, Pieter, *Debates with Historians*, New York 1958 (Meridian Paperback). Deutsche Ausgabe: *Die Diskussion ohne Ende. Auseinandersetzungen mit Historikern von Pieter Geyl*, Darmstadt 1958.

– »Huizinga as Accuser of his Age«, in *History and Theory* (Den Haag 1963), vol. II, no. 3, pp. 231–62.

Gooch, George Peabody, *History and Historians in the Nineteenth Century*, Boston 1959 (Beacon Paperback). (Erstveröffentlichung London 1913, zweite, rev. Aufl., London 1952). Ders., deutsche Ausgabe: *Geschichte und Geschichtsschreiber im 19. Jahrhundert*, Frankfurt/M. 1964.

Gottschalk, Louis (Hgb.), *Generalization in the Writing of History*, Chicago 1963 (A Report of the Committee on Historical Analysis of the Social Science Research Council).

Graves, Robert, *I, Claudius*, New York 1934 und 1961 (Vintage Book). Ders., deutsche Ausgabe: *Ich, Claudius, Kaiser und Gott*, Frankfurt/M. 1960.

– *The Greek Myths*, Baltimore, Maryland 1955, 2 Bde. (Penguin Books). Ders., deutsche Ausgabe: Robert von Ranke-Graves, *Griechische Mythologie*. Quellen und Deutung, 2 Bde., Reinbek 1963 (Rowohlts deutsche Enzyklopädie, 113, 114).

Guizot, François, *L'histoire de la révolution d'Angleterre*,

6 Bde., Brüssel 1850 und Paris 1850–56. Ders., deutsche Ausgabe: *Geschichte der englischen Revolution bis zum Tode Karls des Ersten,* Leipzig 1850 (Historische Hausbibliothek, 14).
– *L'histoire de la civilisation en Europe depuis la chute de l'empire romain jusqu'à la révolution française,* Paris 1864.
Guthrie, W. K. C., »People and traditions«, in Guthrie, W. K. C. und B. A. van Groningen, *Tradition and Personal Achievement in Classical Antiquity,* London 1960, pp. 7–22.

Hale, John Rigby (Hgb.), *The Evolution of British Historiography from Bacon to Namier,* Cleveland und New York 1964 (Meridian Book).
Halévy, Daniel, *La jeunesse de Proudhon,* Paris 1913.
– *Charles Péguy et les Cahiers de la Quinzaine,* Paris 1918. Ders., deutsche Ausgabe: *Charles Péguy. Leben und Werk,* München 1960.
– *La Vie de Frédéric Nietzsche,* Paris 1909.
– *Nietzsche,* Paris [6]1944.
– *Le mariage de Proudhon,* Paris 1955.
Harnack, Adolf von, *History of Dogma,* New York 1961, Bde. 1–7, gebunden in 4 Bde., deutsche (originale) Ausgabe: *Dogmengeschichte,* Tübingen [7]1931 (Grundriß der theologischen Wissenschaften, Reihe 1, Abtlg. 3).
Hegel, Georg Wilhelm Friedrich, »›Vorrede‹ zu den Grundlinien der Philosophie des Rechts«, in *Sämtliche Werke,* hgb. von H. Glockner (Jubiläumsausgabe), 7. Bd., Stuttgart 1952.
– »Vorlesungen über die Philosophie der Geschichte«, 11. Bd. *Sämtliche Werke,* Stuttgart [3]1949.
Heimpel, Hermann, *Zwei Historiker,* Göttingen 1962.
Heine, Heinrich, »Lutezia«, in *Heines Werke in 10 Bänden,* hgb. von Oskar Walzel, 9. Bd., Leipzig 1910.
Hempel, Carl G., »Explanation in science and in history«, in Dray, William H. (Hgb.), *Philosophical Analysis and History,* pp. 95–126.
Herder, »Metakritik«, in *Johann Gottfried von Herders Sämmtliche Werke,* Stuttgart und Tübingen 1830, 16. Teil (= Band), 1. Teil.
Hexter, Jack H., »The education of the aristocracy in the Renaissance«, in ders., *Reappraisals in History,* pp. 45–70.

– *Reappraisals in History*, Evanston, Ill. 1961.
History and Theory, Studies in the Philosophy of History (Middletown, Conn. und Den Haag), vol. 1, no. 1, 1960 ff.
Hook, Sidney (Hgb), *Philosophy and History: A Symposium*, New York 1963.
Huizinga, Johan, *Im Bann der Geschichte. Betrachtungen und Gestaltungen*, Basel 1943.
– »The Problem of the Renaissance«, in ders., *Men and Ideas*, New York 1959, pp. 243–87 (Meridian Book). (Erstveröffentlichung in *De Gids*, LXXXIV, 1920, Teil 4, S. 107–33, 231–55).
– »The Task of Cultural History«, in *Men and Ideas*, pp. 17–76 (Erstveröffentlichung in Johan Huizinga, *Cultuurhistorische verkenningen*, Haarlem 1929).
– »Renaissance and Realism«, in *Men and Ideas*, pp. 288–309 (Erstveröffentlichung in *Cultuurhistorische verkenningen*).
– *The Waning of the Middle Ages*, Garden City, New York 1954 (Doubleday Anchor Book). Ders., deutsche Ausgabe: *Herbst des Mittelalters. Studien über Lebens- und Geistesformen des 14. und 15. Jahrhunderts in Frankreich und den Niederlanden*, Stuttgart [7]1953.
Husserl, Edmund, *Die Krisis der europäischen Wissenschaften*, Husserliana, Bd. VI, Den Haag 1962.

Ivens, Joris, »Borinage – A documentary experience«, *Film Culture* (New York 1956), vol. II, no. 1, 6–9.

Jauss, Hans Robert, *Zeit und Erinnerung in Marcel Prousts »A la recherche du temps perdu«*. Ein Beitrag zur Theorie des Romans. Heidelberg 1955 (Heidelberger Forschungen, Bd. 3).
– »Ursprung und Bedeutung der Fortschrittsidee in der ›Querelle des Anciens et des Modernes‹«, in Kuhn, Hellmut und Franz Wiedmann (Hgb.), *Die Philosophie und die Frage nach dem Fortschritt*, München 1964, S. 51–72.
Jaeger, Werner, *Paideia. Die Formung des griechischen Menschen*, 3 Bde., Berlin und Leipzig 1934, 1944 und 1947.
Jedin, Hubert, *Bischöfliches Konzil oder Kirchenparlament? Ein Beitrag zur Ekklesiologie der Konzilien von Konstanz und Basel*, Basel und Stuttgart 1963 (Vorträge der Aeneas Silvius-Stiftung an der Universität Basel, 2).

Jonas, Hans, *Gnosis und spätantiker Geist*, Bd. I (3. verbesserte und vermehrte Aufl.) Göttingen 1964, Bd. II, Teil 1, Göttingen 1954.
– *The Phenomenon of Life*, New York 1966.

Kaegi, Werner, *Jacob Burckhardt. Eine Biographie*, 3 Bde., Basel 1947, 1950 und 1956.
– *Historische Meditationen. Zweite Folge*, Zürich 1946.

Kafka, Franz, »Die Wahrheit über Sancho Pansa«, in ders., *Beim Bau der chinesischen Mauer*, Berlin 1931, S. 38, und in ders., *Hochzeitsvorbereitungen auf dem Lande und andere Prosa aus dem Nachlaß*, Frankfurt/M. (1953), S. 76 f.

Kant, Immanuel, »Idee zu einer allgemeinen Geschichte in weltbürgerlicher Absicht« (*Berlinische Monatsschrift* IV, Nov. 1784), in ders., *Gesammelte Schriften*, hgb. von der (Königlich) Preußischen Akademie der Wissenschaften, Berlin 1902 ff., Bd. VIII, S. 17–31.

Kierkegaard, Søren, *Tagebücher. Eine Auswahl.* Ausgewählt und übersetzt von Elisabeth Feuersenger, Wiesbaden 1947.

Klapper, Joseph T., *The Effects of Mass Communication*, Glencoe, Ill. 1960 (Foundations of communications research, 3).

Kolko, Gabriel, »Max Weber on America: Theory and Evidence«, *History and Theory* (Den Haag 1961), vol. I, no. 3, 243–60.

Kracauer, Siegfried, *Soziologie als Wissenschaft. Eine erkenntniskritische Untersuchung*, Dresden 1922.
– »Katholizismus und Relativismus«, *Frankfurter Zeitung* v. 19. Nov. 1921. Wieder abgedruckt in ders., *Das Ornament der Masse*, S. 187–96.
– »Die Gruppe als Ideenträger«, *Archiv für Sozialwissenschaft und Sozialpolitik* (August 1922), Bd. 49, Heft 3, 594–622. Wieder abgedruckt in ders., *Das Ornament der Masse*, S. 123–56.
– »The Challenge of Qualitative Content Analyses«, *The Public Opinion Quarterley* (Princeton, N. J.), vol. 16, no. 4 (Winter 1952–53), 631–642.
– *Theory of Film: The Redemption of Physical Reality.* New York 1960. Ders., deutsche Ausgabe: *Theorie des Films. Die Errettung der äußeren Wirklichkeit*, Frankfurt/M. 1964.
– *Das Ornament der Masse. Essays*, Frankfurt/M. 1963.

– »Soziologie als Wissenschaft«, »Der Detektiv-Roman«, »Die Angestellten« in ders., *Schriften,* Band 1, Frankfurt/M. 1971.

Kristeller, Paul Oskar, »Some problems of historical knowledge«, in *The Journal of Philosophy* (16. Febr. 1961, New York), vol. LVIII, no. 4, 85–110.

– »The moral thought of Renaissance humanism«, in *Chapters in Western Civilization,* New York ³1961, vol. 1, pp. 289–335. (Wieder abgedruckt in Kristeller, Paul Oskar, *Renaissance Thought II,* Evanston und London 1965, pp. 20–68).

– »Changing view of the intellectual history of the Renaissance since Jacob Burckhardt«, in Helton, Tinsley (Hgb.), *The Renaissance,* Madison, Wisconsin 1961, pp. 27–52.

Kubler, George, *The Shape of Time: Remarks on the History of Things,* New Haven und London 1962.

Laslett, Peter, »Commentary (zu Teil 9: ›Problems in the Historiography of Science‹)«, in Crombie, A. C. (Hgb.), *Scientific Chance . . .,* London 1963, pp. 861–65.

– »Foreword«, in Hexter, J. H. *Reappraisals in History,* Evanston, Ill. 1961, p. xi–xix.

Léger, Fernand, »A propos du cinéma«, in L'Herbier, Marcel (Hgb.), *Intelligence du cinématographe,* Paris 1946, pp. 337–40 (Erstveröffentlichung 1931).

Lévi-Strauss, Claude, *La Pensée sauvage,* Paris 1962. Ders., deutsche Ausgabe: *Das wilde Denken.* Aus dem Französischen von Hans Naumann, Frankfurt/M. 1968.

Leyden, W. von, »History and the concept of relative time«, in *History and Theory* (Den Haag 1963), vol. II, no. 3, 279–80 (zitiert Herders »Metakritik«).

Lichtenberg, Georg Christoph, *Aphorismen, Briefe, Schriften,* Stuttgart 1953 (Kröners Taschenbuchausgabe, Bd. 154).

Lietzmann, Hans, *Geschichte der Alten Kirche,* 4 Bde., 3. Bd., Berlin ³1961.

Löwith, Karl, *Gesammelte Abhandlungen. Zur Kritik der geschichtlichen Existenz,* Stuttgart 1960.

– *Jacob Burckhardt. Der Mensch inmitten der Geschichte,* Luzern 1936 und Stuttgart 1966.

– »Mensch und Geschichte«, in *Gesammelte Abhandlungen,* S. 152–78.

Lovejoy, Arthur O., *Essays in the History of Ideas,* New York 1960 (Capricorn Book). (Erstveröffentlichung 1948).
– »Present standpoints and past history«, in Meyerhoff, Hans (Hgb.), *The Philosophy of History in Our Time,* Garden City, N. Y. 1959 (Erstveröffentlichung in *The Journal of Philosophy* (31. August 1939), vol. XXXVI, no. 18, 477–89).
Lowe, Adolph, *On Economic Knowledge,* New York 1965. Ders., deutsche Ausgabe: *Politische Ökonomie,* Frankfurt/M. und Wien 1968.

Macaulay, Thomas Babington, *History of England from the Accession of James II,* 4 Bde. London 1849–55. Passage aus Kapitel 3 in Hale, J. R. (Hgb.), *The Evolution of British Historiography from Bacon to Namier,* Cleveland und New York 1964, pp. 222–40 (Meridian Book). Ders., deutsche Ausgabe: *Geschichte von England seit dem Regierungsantritt Jacob's II,* Bde. 1–10, Braunschweig 1852–56.
MacDonald, Philip, *Murder Gone Mad,* New York 1965 (Avon Book).
MacPhee, William N., *Formal Theories of Mass Behavior,* Glencoe, Ill. 1963.
Maitland, Frederic William, *History of English Law before Time of Edward I* (1895). Zitiert in Hexter, J. H., *Reappraisals in History,* Evanston, Ill. 1961, p. 195.
Malinowski, Bronislaw, *Magic Science and Religion,* Garden City, N. Y. 1954 (Doubleday Anchor Book).
Mandelbaum, Maurice, »The History of Ideas, Intellectual History, and the History of Philosophy«, in *History and Theory,* Beiheft 5 (›The Historiography of the History of Philosophy‹), (Den Haag 1965), p. 33–66.
– *The Problem of Historical Knowledge: An Answer to Relativism,* New York, Evanston und London 1966 (Harper Torchbook). (Erstveröffentlichung New York 1938).
– »Societal Laws«, in Dray, William H. (Hgb.), *Philosophical Analysis and History,* New York 1966, pp. 330–46.
Mannheim, Karl, »Historismus«, in *Archiv für Sozialwissenschaft und Sozialpolitik,* Bd. 52, Nr. 1 (1924), S. 1–60.
Marcel, Gabriel, »Possibilités et limites de l'art cinématographi-

que«, in *Revue internationale de filmologie* (Paris Juli-Dez. 1954), vol. V, no. 18/19, pp. 163–76.

Marquand, John Philip, *Point of No Return*, Boston 1949 und 1961.

Martin, Alfred von, *Soziologie der Renaissance. Zur Physiognomik und Rhythmik bürgerlicher Kultur*, Stuttgart 1932 und Frankfurt ²1949.

Marrou, Henri-Irénée, »Comment comprendre le métier d'historien«, in Samaran, Charles (Hgb.), *L'histoire et ses méthodes*, Paris 1961, pp. 1467–1540.

– »Das Janusantlitz der historischen Zeit bei Augustin«, in Andresen, Carl (Hgb.), *Zum Augustin-Gespräch der Gegenwart*, Darmstadt 1962, S. 349–80.

– *De la connaissance historique*, 4è edition révisée, Paris 1962.

Mehta, Ved, »The flight of the crook-taloned birds«, in *The New Yorker*, Teil 1 (8. Dez. 1962), pp. 59–147; Teil 2 (15. Dez. 1962), pp. 47–129.

Meinecke, Friedrich, »Kausalitäten und Werte in der Geschichte«, in ders., *Staat und Persönlichkeit*, Berlin 1933, S. 29–53.

Merton, Robert King, *On the Shoulders of Giants: A Shandean Postscript*, New York 1965.

Meuthen, Erich, »Nikolaus von Kues und die Einheit«, in *Neue Zürcher Zeitung* v. 9. August 1964.

Meyerhoff, Hans (Hgb.), *The Philosophy of History in Our Time*, Garden City, N. Y. 1959 (Doubleday Anchor Book).

Mills, Charles Wright, *The Sociological Imagination*, New York 1959. Ders., deutsche Ausgabe: *Kritik der soziologischen Denkweise*, Neuwied und Berlin 1963 (Soziologische Texte, 8).

Mink, Louis O., »The Autonomy of Historical Understanding«, in *History and Theory* (Middletown, Conn. 1966), vol. V, no. 1, 24–47.

Mommsen, Hans, »Historische Methode«, in Besson, Waldemar (Hgb.), *Geschichte*, Frankfurt/M. 1961, S. 78–91 (Das Fischer-Lexikon).

Murray, Gilbert, *Five Stages of Greek Religion*, Garden City, N. Y. 1955 (Doubleday Anchor Book). (Dritte Auflage 1951, Erstveröffentlichung 1912).

Nagel, Ernest, »Determinism in History«, in Dray, William H.

(Hgb.), *Philosophical Analysis and History,* New York 1966, 347–82.

Namier, Sir Lewis Bernstein, »History« in Namier, *Avenues of History,* pp. 1–10.

– *Avenues of History,* London 1952.

– »Human nature in politics«, in Stern, Fritz (Hgb.), *The Varieties of History,* New York 1956, pp. 381–86 (Meridian Book). (Erstveröffentlichung in Namier, Sir Lewis B., *Personalities and Powers,* London 1955.).

– *The House of Commons 1754–1790,* 3 Bde., London 1964 (The History of Parliament).

Newhall, Beaumont, *The History of Photography from 1839 to the Present Day,* New York 1949. Verbesserte und erweiterte Auflage 1964.

Niebuhr, Reinhold, »The Diversity and Unity of History«, in Meyerhoff, Hans (Hgb.), *The Philosophy of History in Our Time,* pp. 313–31. (In Niebuhr [Hgb.], The *Nature and Destiny of Man,* New York 1953, II, pp. 301–21).

Nietzsche, Friedrich, »Vom Nutzen und Nachteil der Historie für das Leben« (Unzeitgemäße Betrachtungen, Zweites Stück), in ders., *Werke,* Leipzig 1930, 1. Bd., S. 95–195.

Nilsson, Martin P., *Geschichte der griechischen Religion* (zweite durchgesehene u. ergänzte Ausgabe), 2 Bde., München 1955, 1961.

Novikoff, Alex B., »The concept of integrative levels and biology«, in *Science* (Lancaster, Pa.), (2. März 1945), vol. 101, no. 2618, 209–15.

Panofski, Erwin, *Renaissance and Renascences in Western Art,* Stockholm 1960 (Figura 10). Uppsala ²1964.

Platon, *Der Staat.* Deutsch von A. Honeffer, Stuttgart 1965 (Kröners Taschenbuchausgabe, Bd. 111).

Pirenne, Henri, *L'histoire de l'Europe,* Paris 1938. Ders. deutsche Ausgabe: *Geschichte Europas von der Völkerwanderung bis zur Reformation.* Deutsch von W. Hirsch, Berlin und Frankfurt/M. 1956.

– »What are historians trying to do?«, in Meyerhoff, Hans (Hgb.), *The Philosophy of History in Our Time,* pp. 87–99. (In Stuart A Rice [Hgb.], *Methods in Social Science,* Chicago 1931, pp. 435–45).

Poulet, Georges, »Proust« in ders., *Etudes sur le temps humain*, tome 1, Paris 1956. Ders., deutsche Ausgabe: *Marcel Proust. Zeit und Raum*, Frankfurt/M. 1966 (Bibliothek Suhrkamp, Bd. 170).

Proust, Marcel, *Contre Sainte-Beuve*, Paris 1954. Ders., deutsche Ausgabe: *Gegen Sainte-Beuve*, Frankfurt/M. 1962 (Bibliothek Suhrkamp, Bd. 83).

– *A la recherche du temps perdu*, 3 Bde., Paris 1954 (Bibliothèque de la Pleiade). Ders., deutsche Ausgabe: *Auf der Suche nach der verlorenen Zeit*. Aus dem Französischen von Eva Rechel-Mertens, 7 Bde., Frankfurt/M. 1953–1962.

Rand, Edward Kennard, *Founders of the Middle Ages*, New York 1957 (Dover Book). (Erstveröffentlichung 1928).

Ranke, Leopold von, *Deutsche Geschichte im Zeitalter der Reformation*, Köln (1957).

– *Die römischen Päpste in den letzten vier Jahrhunderten*, Köln 1954.

– »The Ideal of Universal History«, in Stern, Fritz (Hgb.), *The Varieties of History*, New York 1956, p. 57 (Meridian Book).

– *Weltgeschichte*, 1. Teil, 1. Abteilung, Leipzig ^{3}1883.

Rickert, Heinrich, *Die Probleme der Geschichtsphilosophie. Eine Einführung* (dritte umgearbeitete Auflage), Heidelberg 1924.

Ritter, Gerhard, »Scientific history, contemporary history and political history«, in *History and Theory* (Middletown, Conn. und Den Haag 1961), vol. I, no. 3, 261–79.

– »Wissenschaftliche Historie, Zeitgeschichte und politische Wissenschaft«. Heidelberg 1959 (Sitzungsberichte der Heidelberger Akademie der Wissenschaften, 1957/58).

Rostovtzeff, Michail Ivanovič, *Greece*, New York 1963 (Galaxy Book).

– *The Social and Economic History of the Roman Empire*, 2 Bde., Oxford 1926; zweite rev. Aufl., Oxford 1957. Ders., deutsche Ausgabe: *Gesellschaft und Wirtschaft im römischen Kaiserreich*, 2 Bde., Heidelberg 1953 und Stuttgart 1955–56.

– *Rome*, New York 1960 (Galaxy Book). (Erstveröffentlichung 1927).

Sadoul, Georges, *L'Invention du cinéma 1832–1897 (Histoire générale du cinéma,* I), Paris 1946.

Sainte-Beuve, Charles-Augustin, *Causeries du lundi,* Paris 1881.

Samaran, Charles (Hgb.), *L'histoire et ses méthodes,* Paris 1961 (Encyclopédie de la Pléiade).

Schapiro, Meyer, »Style«, in Kroeber, A. L. (Hgb.), *Anthropology Today,* Chicago 1953, pp. 287–312.

Schlesinger, Arthur Meier Jr., *The Age of Jackson,* Boston 1945.

Schmidt, Alfred, *Der Begriff der Natur in der Lehre von Marx,* Frankfurt/M. 1962 (Frankfurter Beiträge zur Soziologie, Bd. 11).

– »Zum Verhältnis von Geschichte und Natur im dialektischen Materialismus«, in *Existenzialismus und Marxismus. Eine Kontroverse zwischen Sartre, Garaudy, Hyppolite, Vigier und Orcel,* Frankfurt/M. 1965, S. 101–55 (edition suhrkamp, Bd. 116).

Schopenhauer, Arthur, »Die Welt als Wille und Vorstellung«, in *Sämtliche Werke,* 2. Bd., Wiesbaden 1949.

Schütz, Alfred, »The Stranger«, in *The American Journal of Sociology* (Mai 1944), vol. XLIX, no. 6, 499–507.

Sève, Lucien, »Cinéma et méthode«, in *Revue internationale de filmologie* (Paris) vol. 1 (Juli-Aug. 1947), no. 1. 42–46; (Sept. bis Okt. 1947), no. 2, 171–74; (Okt. 1948), no. 3/4, 351–55.

Snow, Charles Percy, *The Two Cultures and a Second Look: An Expanded Version of the two Cultures and the Scientific Revolution,* Cambridge 1964.

Spengler, Oswald, »The world-as-history«, in Gardiner, Patrick (Hgb.), *Theories of History,* Glencoe, Ill. 1959, pp. 188–200 (aus *Der Untergang des Abendlandes*).

Stern, Fritz (Hgb.), *The Varieties of History: From Voltaire to the Present,* New York 1956 (Meridian Book).

– »Introduction«, in Stern, Fritz (Hgb.), *The Varieties of History ...,* pp. 11–32.

Sterne, Laurence, *The Life and Opinions of Tristram Shandy, Gentleman.* Edited by James Aiken Work, New York 1940 (Odyssee Paperback). Ders., deutsche Ausgabe: *Das Leben und die Ansichten Tristram Shandys.* Deutsch von Rudolf Kassner, Bremen 1958 (Sammlung Dieterich, Bd. 189).

Strand, Paul, »The Photographer's Problem ...«, in *Seven Arts*

(1917), vol. 2, pp. 524–25. Zitiert bei Beaumont Newhall, *The History of Photography from 1839 to the Present Day*, New York 1949, p. 150.

Strauss, Leo, »On Collingwood's philosophy of history«, in *The Review of Metaphysics* (Montreal Juni 1952), vol. V, no. 4, pp. 559–86.

Stubbs, William, *The Constitutional History of England*, Oxford 1929 (Erstveröffentlichung 1874–78). Zitiert in »Introduction«, in Hale, J. R. (Hgb.), *The Evolution of British Historiography from Bacon to Namier*, Cleveland und New York 1964, p. 59 (Meridian Book).

Talmon, J. L., »The ordeal of Sir Lewis Namier: the man, the historian, the jew«, in *Commentary* (New York, März 1962), vol. 33, no. 3, 237–46.

Taubmann, Howard, »History as Literature«, *The New York Times* v. 30. März 1966.

Tennant, John A., »Review of a New York Stieglitz exhibition«, in *Photo-Miniature*, no. 183 (1921), 138–39. Zitiert bei Newhall, *The History of Photography* . . ., p. 144.

Tilly, Charles, »The Analysis of a Counter-Revolution«, in *History and Theory* (Den Haag 1963), vol. III, no. 1, 30–58. (Diese Studie ist erweitert zu dem Buch:)

– *The Vendée*, Cambridge, Mass. und London 1964.

Toqueville, Alexis de, *Souvenirs d'Alexis de Toqueville*, Paris 1893 und 1944. Ders., deutsche Ausgabe: *Erinnerungen*, Stuttgart 1954.

Tolstoi, Lev Nikolaevič, *Anna Karenina*, München 1955.

– *Krieg und Frieden*, München 1956.

Tolstoy, Leo Nikolaevich, *War and Peace*, 2 Bde., translated by Rosemary Edmonds, Baltimore, Md. 1957 (Penguin Books).

Toynbee, Arnold J. (Hgb. und Üb.), *Greek Historical Thought*, New York 1952 (Mentor Book).

– *Reconsiderations. A Study of History*, vol. XII, London, New York, Toronto 1961 und New York 1964 (Galaxy Book).

Troeltsch, Ernst, »Der Historismus und seine Probleme«, in *Gesammelte Schriften*, 3. Bd., Tübingen 1922 (Nachdruck Aalen 1961).

Valéry, Paul, *Oeuvres I, II*, ed. par J. Hytier, Paris 1957 und 1960 (Bibliothèque de la Pléiade).

Vico, Giambattista, *Principi di una scienza nuova d'intorno alla commune natura delle nazioni*, Erstausgabe Neapel 1725. Ders., deutsche Ausgabe: *Die neue Wissenschaft über die gemeinschaftliche Natur der Völker*. Übersetzt von Erich Auerbach nach der Ausgabe von 1744, Reinbek 1966 (Rowohlts Klassiker der Literatur und Wissenschaft, Bd. 196/197).

Vidal-Naquet, Pierre, »Temps des dieux et temps des hommes«, in *Revue de l'histoire des religions*, vol. CLVII, no. 1 (Jan.-März 1960), pp. 55–80.

Vossler, Otto, *Geist und Geschichte. Von der Reformation bis zur Gegenwart. Gesammelte Aufsätze*, München 1964.

– »Rankes historisches Problem«, in *Geist und Geschichte* ..., S. 184–214.

Weizsäcker, Carl Friedrich von, *Die Geschichte der Natur*, Göttingen 1958 (Kleine Vandenhoeck-Reihe, Bd. 1).

Wendland, Paul, *Die hellenistisch-römische Kultur in ihren Beziehungen zu Judentum und Christentum*, Tübingen 1912 (Handbuch zum Neuen Testament, Bd. 1, Teil 2 und 3).

White, Hayden V., »The Burden of History«, in *History and Theory* (Middletown, Conn. 1966), vol. V., no. 2, 111–34.

Willey, Basil, *The Seventeenth Century Background*, Garden City, N. Y. 1953 (Doubleday Anchor Book). (Erstveröffentlichung London 1934).

Wind, Edgar, *Art and Anarchy*, London 1963 (The Reith Lectures, revised and enlarged, 1960).

Wittram, Reinhard, *Das Interesse an der Geschichte*, Göttingen 1958, zweite durchgesehene Aufl. 1963 (Kleine Vandenhoeck-Reihe, Bd. 59–61).

Register

Zeittafel

1889 geboren in Frankfurt am Main als Sohn des Kaufmanns Adolf K. Schwierige Kindheit; hemmender Sprachfehler. Studium der Architektur, Philosophie und Soziologie in Darmstadt, Berlin und München.

1911 Diplom-Ingenieur-Examen in München.

1915 Promotion zum Dr.-Ing. an der Technischen Hochschule Berlin-Charlottenburg. Pläne, sich für Philosophie zu habilitieren, zerschlugen sich. Als Architekt in Hannover, Osnabrück, Frankfurt und München.

1921 Eintritt in die Feuilleton-Redaktion der »Frankfurter Zeitung«. Beziehungen zu Benjamin, Bloch, Adorno und Horkheimer. Arbeiten zum Film, zur Soziologie und Philosophie.

1922 *Soziologie als Wissenschaft. Eine erkenntnistheoretische Untersuchung.*

1928 *Ginster. Von ihm selbst geschrieben* (Anonym).

1930 Übernahme der Feuilleton-Redaktion der FZ in Berlin. *Die Angestellten. Aus dem neuesten Deutschland.*

1933 Emigration nach Paris. Publikationen in französischen und Schweizer Zeitschriften. Arbeit an der Offenbach-Biographie. Emigration via Marseille, Lissabon in die USA. Verlust zahlreicher Manuskripte.

1937 *Jacques Offenbach und das Paris seiner Zeit.*

1941 New York. Wissenschaftlicher Mitarbeiter der Film-Library des Museum of Modern Art. Stipendiat der Rockefeller- und Guggenheim-Stiftungen zur Vorbereitung des Caligari-Buches.

1942 *Propaganda and the Nazi War Film.*

1943 *The Conquest of Europe on the Screen. The Nazi Newsreel 1939—1940.*

1947 *From Caligari to Hitler. A Psychological History of the German Film.*

1950–1952 Forschungsarbeit und Analysen für die Voice of America.

1956 *Satellite Mentality. Political Attitudes and Propaganda Susceptibilities of Non-Communists in Hungary, Poland and Czechoslovakia* mit P. L. Berkman.

1952–1958 Research Director am Bureau of Applied Social Research der Columbia University. Stipendiat der Chapelbrook- und Bollingen-Stiftungen zur Vorbereitung der Filmtheorie. Seit 1962 Arbeit an der Geschichtsphilosophie.

1960 *Theory of Film. The Redemption of Physical Reality.*

1963 *Das Ornament der Masse. Essays* (1920–1931).
Frankfurt am Main, Suhrkamp 1963.

1964 Teilnahme am Kolloquium Poetik und Hermeneutik in Köln. *Straßen in Berlin und anderswo* (Essays aus der FZ von 1926 bis 1932).

1965 Associate Member des Seminars für Hermeneutik der Columbia University.

1966 Teilnahme am Kolloquium Poetik und Hermeneutik in Lindau. 26. November in New York einer Lungenentzündung erlegen.

1971 Siegfried Kracauer *Schriften 1 (Soziologie als Wissenschaft, Der Detektiv-Roman, Die Angestellten).*
Schriften 4 (Geschichte. Vor den letzten Dingen).

Bibliographie

I. Einzelausgaben:

Die Entwicklung der Schmiedekunst in Berlin, Potsdam und einigen Städten der Mark Brandenburg vom 17. Jahrhundert bis zum Beginn des 19. Jahrhunderts. Worms: Wormser Verlags- und Druckerei GmbH 1915.

Soziologie als Wissenschaft. Eine erkenntnistheoretische Untersuchung. Dresden: Sibyllen-Verlag 1922. 2.Aufl. in S.K., *Schriften I*, Frankfurt am Main, Suhrkamp 1971.

(Anonym) *Ginster. Von ihm selbst geschrieben.* Berlin: S. Fischer 1928. (Übersetzt ins Französische und Italienische). 2. Aufl. *Ginster* (ohne das Schlußkapitel), 1963, Bibliothek Suhrkamp 107.

Die Angestellten. Aus dem neuesten Deutschland. 1. und 2. Aufl. Ffm.: Societäts-Verlag 1930. (Übersetzt ins Tschechische). 3. Aufl. Allensbach und Bonn: Verlag für Demoskopie 1959; 4. Aufl. Berlin: 1970 (Raubdruck, ohne Vorwort des Verf.); 5. Aufl. in S. K., *Schriften I*, Frankfurt am Main, Suhrkamp 1971.

Jacques Offenbach und das Paris seiner Zeit. Amsterdam: Allert de Lange 1937. (Übersetzt ins Französische, Englische und Schwedische). 2. Auflage als *Pariser Leben. Jacques Offenbach und seine Zeit. Eine Gesellschaftsbiographie*, München: List 1962; 3. Aufl. Berlin: Deutsche Buchgemeinschaft 1964.

Propaganda and the Nazi War Film. New York: Museum of Modern Art Film Library 1942.

The Conquest of Europe on the Screen. The Nazi Newsreel 1939 bis 1940. Washington, D. C.: The Library of Congress 1943.

From Caligari to Hitler. A Psychological History of the German Film. Princeton, N. J.: Princeton University Press 1947. (Übersetzt ins Italienische, Polnische, Spanische, Französische). Deutsche Fassung (stark gekürzt): *Von Caligari bis Hitler. Ein Beitrag zur Geschichte des deutschen Films*, Hamburg: Rowohlt 1958, r. d. e. 63.

mit P. L. Berkman: *Satellite Mentality. Political Attitudes and Pro-*

paganda Susceptibilities of Non-Communists in Hungary, Poland and Czechoslovakia. New York: Praeger 1956.

Theory of Film. The Redemption of Physical Reality. New York: Oxford University Press 1960. (Übersetzt ins Italienische). Deutsche, vom Verf. revidierte Übersetzung: *Theorie des Films. Die Errettung der äußeren Wirklichkeit.* Frankfurt am Main, Suhrkamp 1964.

Das Ornament der Masse. Essays. (1920–1931).
Frankfurt am Main, Suhrkamp 1963.

Straßen in Berlin und anderswo. (Essays aus der FZ von 1926–1932). 1964, edition suhrkamp 72.

History. The Last Things Before the Last. New York: Oxford University Press 1969. Übersetzung: *Geschichte. Vor den letzten Dingen.* Frankfurt am Main, Suhrkamp 1971 als Band 4 der *Schriften.*

Der Detektiv-Roman. Ein philosophischer Traktat. (1922–1925) Erstdruck in S. K., *Schriften 1,* Frankfurt am Main, Suhrkamp 1971.

II. Zahlreiche Abhandlungen in den Zeitschriften:

Logos, Neue Rundschau, Preußische Jahrbücher, Frankfurter Zeitung, Neue Zürcher Zeitung, Mercure de France, Figaro, Revue Internationale de Filmologie, The Penguin Film Review, Magazine of Art, Social Research, Partisan Review, Commentary, The New Republic, Sight and Sound, Public Opinion Quarterly, Political Science Quarterly, Saturday Review, Kenyon Review, New York Times Book Review, Theatre Arts, Filmkritik.

III. Unveröffentlichte Schriften:

Georg Simmel. Ein Beitrag zur Deutung des geistigen Lebens unserer Zeit. 1920.
Über das Werden der Persönlichkeit. Eine Abhandlung. (1925?).
Georg. Ein Roman aus der Weimarer Republik. 1930–1934.
Popular Images formed by Foreign Peoples of the U.S. 1948–1949.
On the Relation of Analysis to the Situational Factors in Case Studies. 1958.

Bio-Bibliographie von Karsten Witte.

Siegfried Kracauer im Suhrkamp Verlag

Siegfried Kracauer: *Schriften 1*
Soziologie als Wissenschaft
Der Detektiv-Roman
Die Angestellten
1971, 304 S.

Schriften 3
Theorie des Films. Die Errettung der äußeren Wirklichkeit.
Vom Verfasser revidierte Übersetzung
von Dr. Friedrich Walter und Ruth Zellschan.
Herausgegeben von Karsten Witte.
1973, 465 S. und 61 Abbildungen.

Schriften 4
Geschichte. Vor den letzten Dingen.
Aus dem Amerikanischen von Karsten Witte
1971, 259 S.

stw 1 Jürgen Habermas
Erkenntnis und Interesse
Mit einem neuen Nachwort
420 Seiten
Einzig als Gesellschaftstheorie ist radikale Erkenntniskritik möglich, heißt die Grundthese von Habermas. Damit greift er nicht nur in die an Methodenfragen orientierte Positivismus-Diskussion ein, sondern auch in die auf Praxis gerichtete politische Diskussion.

stw 2 Theodor W. Adorno
Ästhetische Theorie
Mit einem Begriffsregister
Herausgegeben von Gretel Adorno und Rolf Tiedemann
568 Seiten
Die Ästhetische Theorie ist die letzte große Arbeit Adornos, die bei seinem Tode kurz vor ihrer Vollendung stand. Sie sollte neben der Negativen Dialektik und einem geplanten moralphilosophischen Werk das darstellen, was Adorno »in die Waagschale zu werfen« hatte.

stw 3 Ernst Bloch
Das Prinzip Hoffnung
3 Bände. 1655 Seiten
»Die Utopie, das philosophisch bisher noch nicht zureichend bedachte Zukünftige, ohne das es kein Gegenwärtiges geben kann, steht im Zentrum des riesigen Buches . . . Wie verwandelt sich Träumen in Begehren, Begehren in Wünschen? Wie gelangt das Streben nach Glück, ohne dessen messianischen Vorschein kein Jammertag ertragbar wäre, zu der Entschlossenheit, eine gewaltige Veränderung zu wagen?«
Walter Jens in »Die Zeit«

stw 4 Walter Benjamin
Der Begriff der Kunstkritik in der deutschen Romantik
Herausgegeben von Hermann Schweppenhäuser
120 Seiten
Man muß den Begriff der Kunstkritik zusammen sehen mit Lukács' *Theorie des Romans* oder den kunstphilosophischen Teilen von Blochs *Geist der Utopie:* schon in dieser frühen

Arbeit Benjamins scheint die neue Ästhetik auf, das Bemühen, Ästhetik und Geschichtsphilosophie zu verknüpfen, wie er selber es dann in inzwischen geradezu klassisch gewordener Weise im *Ursprung des deutschen Trauerspiels* verwirklichte.

stw 5 Ludwig Wittgenstein
Philosophische Grammatik
Herausgegeben von Rush Rhees
491 Seiten
Die *Philosophische Grammatik* gibt Auskunft über Wittgensteins Weg von der Konzeption einer Idealsprache zur Theorie der Sprachspiele und zur mathematischen Grundlagenforschung der Spätzeit.

stw 6 Jean Piaget
Einführung in die genetische Erkenntnistheorie
Vier Vorlesungen
Aus dem Amerikanischen von Friedhelm Herborth
104 Seiten
»Die Forschungen über genetische Erkenntnistheorie versuchen, die Mechanismen zu analysieren, nach denen Erkenntnis – sofern sie zu wissenschaftlichem Denken gehört – sich entwickelt . . .« Bärbel Inhelder

stw 7 J. Laplanche – J.-B. Pontalis
Das Vokabular der Psychoanalyse
Aus dem Französischen von Emma Moersch
2 Bände. 652 Seiten
Dieses Vokabular ist nicht nur ein Wörterbuch. Hier wird eine Theorie, die unser aller Denken verändert hat, von ihrer Sprache her erforscht. Damit ist dem Fachmann wie dem Laien ein Arbeitsinstrument zur Verfügung gestellt, das bisher fehlte.

stw 8 G.W.F. Hegel
Phänomenologie des Geistes
622 Seiten
Die Phänomenologie ist »ein Werk, das im philosophischen Schrifttum nicht seinesgleichen hat, vielsträhnig und zentral, dithyrambisch und streng geordnet zugleich. Nirgends kann genauer gesehen werden, was großer Gedanke im Aufgang ist, und nirgends ist sein Lauf bereits vollständiger«.
Ernst Bloch

stw 9 *Materialien zu Hegels ›Phänomenologie des Geistes‹*
Herausgegeben von Hans Friedrich Fulda
und Dieter Henrich
445 Seiten
Die hier zusammengestellten Aufsätze zu Hegels Phänomenologie wollen dem Leser die Irrwege, Umwege und Holzwege ersparen, auf die andere in ihrem Bemühen, sich dieses »dunkelste und tiefsinnigste« Werk Hegels (Ernst Bloch) zugänglich zu machen, geraten sind.

stw 10 *Einführung in den Strukturalismus*
Mit Beiträgen von Ducrot, Todorov, Sperber,
Safouan und Wahl
Aus dem Französischen von Eva Moldenhauer
480 Seiten
Die Essays zum Strukturalismus gehen nicht von einer Apriori-Definition einer so zu nennenden strukturalen Methode aus, was nach Ansicht der Autoren nicht möglich ist. Vielmehr überprüfen die Verfasser – alle Strukturalisten der zweiten Generation – an ihrem jeweiligen Forschungsgebiet, was ihr Strukturalismus überhaupt sei.

stw 12 Niklas Luhmann
Zweckbegriff und Systemrationalität
Über die Funktion von Zwecken in sozialen Systemen
390 Seiten
Mit seinem Entwurf einer Systemtheorie erneuert Luhmann den von der gegenwärtigen Soziologie vernachlässigten Versuch, Gesellschaft im ganzen zu begreifen. Er untersucht die Funktion der Zweckorientierung in sozialen Systemen und bestimmt sie als Reduktion von Komplexität, als Vereinfachung, die das System handlungsfähig macht.

stw 13 Gershom Scholem
Zur Kabbala und ihrer Symbolik
303 Seiten
Scholems Studien zur Kabbala, der jüdischen Mystik des Mittelalters, deren esoterische Lehren in verschiedenen Schulen verbreitet wurden, erläutern die wiederkehrenden Bilder und Symbole im kabbalistischen Judentum aus einem lebendigen Zusammenhang der mystischen Tradition. Sie sind ein faszinierender Beitrag zum Verständnis der Geschichte und Psychologie des jüdischen Volkes.

stw 14 Claude Lévi-Strauss
Das wilde Denken
334 Seiten
Aus dem Französischen von Hans Neumann
Thema dieses inzwischen berühmt gewordenen Werkes ist das Denken in seinem »wilden Zustand«, das in jedem Menschen, ob zeitgenössisch oder vorgeschichtlich, wirksam ist als ein Element der nichtkultivierten und nicht domestizierten Geistestätigkeit.